果樹園芸博物学

元農林水産省
果樹試験場長　間苧谷　徹　著

養賢堂

はじめに

　果樹園芸学を初めて学ぶ人や果樹に興味をもち始めた人が，より果樹への興味を高めるような本があれば，というのが稿を起こした動機である．当初，それが何であるか考えあぐねた．果樹の生理・生態，栽培技術に関する書籍は多くあり，それらの知識自体は極めて重要である．しかし，それらだけでは著者が求める本として何か欠けるように思うのである．

　ある果樹が現在の形に至るまでには，誕生から各地に伝来し，その地方の自然環境に適応して様を変え，人と文化に影響を与えながら，また逆に人に変えられながら，延々たる歴史を歩んできている．食卓にあがっている何気ない果物も，多くの歴史を背負っているのである．となると，果樹のこれらの歴史と果樹の生理・生態，栽培技術とを融和させた本ができれば，より多くの人に果樹への興味をもって頂けると思う．

　このような趣旨に基づき，本書の構成は以下のようにした．最初に，年間の果樹栽培の作業に沿って必須の知識と技術を記述した．年間の作業に沿って記述したのは，個々の知識・技術を連続したものとして理解して欲しかったからである．次に果樹の種類ごとに，その果樹の「原生地と伝搬」，その果樹に特有なあるいは重要な「生理・生態等」を記述した．以上で果樹園芸学の知識は一通り記述したことになる．最後に「こぼれ話」と称して記載した逸話や民話等は，果樹と人間との関わりを理解して頂くためのものである．

　わが国が世界との関わりの中で大きな転換期を迎えたのは，明治時代以降であろう．果樹栽培の急速な発展も明治時代以降と考えてよく，明治時代以降の果樹発達史は著者が力を入れた部分であるが，紙面の関係で表として入れさせて頂いた．全体として果樹園芸学の入門書としての知識・技術は十分に記したつもりであるし，また一般の人には「原生地と伝搬」「こぼれ話」の項を読んで頂ければ，果樹の面白さが分かって頂けるものと期

はじめに

待している．本書を目にされ，さらに果樹園芸学や果樹産業に興味を抱いて下されば幸いである．

　本書を書き上げるのに，多くの方々にご協力を頂いた．特に，佐賀大学の松本亮司教授（果樹基礎知識），（独）果樹研究所の今田　準カンキツ研究官（病理），足立　礎室長（虫害），田中敬一室長（機能性），山口正巳室長（核果類），佐藤義彦室長（ナシ・クリ・ビワ），日本園芸農業協同組合連合会の木原武士技術主管（カンキツ），（独）農林水産業研究センターの米本仁巳室長（熱帯・亜熱帯果樹）にご校閲を頂いた．最後に本書の出版を快諾して頂いた（株）養賢堂社長　及川　清氏，ならびに編集にあたり一方ならぬご尽力を頂いた部長　池上　徹氏，奥田暢子氏に深く謝意を表する．

平成17年3月

　　　　　　　　　　　　　　　　（社）日本果樹種苗協会専務理事
　　　　　　　　　　　　　　　　元　農林水産省果樹試験場長
　　　　　　　　　　　　　　　　　　　間苧谷　徹

目　次

果樹の基礎知識 …………………………………………………… 1
  I．栽植前に必要な知識 ………………………………………… 2
    1．適地適作 …………………………………………………… 2
    2．品種の選択と育種法 ……………………………………… 4
    3．苗木の繁殖 ………………………………………………… 8
  II．1年間の栽培管理作業と必要な知識 …………………… 13
    1．整枝・剪定 ………………………………………………… 15
    2．開花・結実 ………………………………………………… 17
    3．果実の生長の仕組み ……………………………………… 20
    4．生理的落果と隔年結果の防止 …………………………… 22
    ………………………………………………………………… 23
    ………………………………………………………………… 25
    ………………………………………………………………… 27
    ………………………………………………………………… 34
    ………………………………………………………………… 39
    ………………………………………………………………… 41
    ………………………………………………………………… 47

> 『果樹園芸博物学』訂正のお願い
> 174頁本文中のクロミノウグイスカズラを
> クロミノウグイスカグラに訂正して下さい。

    1．リンゴ（林檎，Apple） …………………………………… 47
    2．ナシ（梨，Pear） ………………………………………… 55
    3．モモ（桃，Peach） ………………………………………… 63
    4．ウメ（梅，Mume，Japanese apricot） ………………… 69
    5．アンズ（杏，Apricot） …………………………………… 74
    6．スモモ（李，Plum） ……………………………………… 77
    7．オウトウ（桜桃，Cherry） ……………………………… 81
    8．クリ（栗，Chestnut） …………………………………… 86
    9．クルミ（胡桃，Walnut） ………………………………… 92

10．他のナッツ類 ……………………………………… 95
11．カキ（柿，Persimmon） ………………………… 103
12．ブドウ（葡萄，Grape） …………………………… 110
13．キウイフルーツ（Kiwifruit） …………………… 119
14．イチジク（無花果，Fig） ………………………… 123
15．ブルーベリー（Blueberry） ……………………… 128
16．カンキツ …………………………………………… 130
17．ビワ（枇杷，Loquat） …………………………… 159
18．特産果樹 …………………………………………… 163
19．アボカド（Avocado） …………………………… 189
20．チェリモヤ（Cherimoya） ……………………… 192
21．ドリアン（Durian） ……………………………… 194
22．パイナップル（Pineapple） ……………………… 196
23．パッションフルーツ（Passion fruit） ………… 199
24．バナナ（Banana） ………………………………… 201
25．パパイア（Papaya） ……………………………… 206
26．マンゴー（Mango） ……………………………… 208
27．他の熱帯・亜熱帯果樹 …………………………… 211
参考－1 果実の機能性成分と効用 …………………… 228
参考－2 明治時代以降の果樹園芸の変遷 …………… 230
参考－3 果樹の栽培に適する自然的条件に関する基準 … 239
参考文献 ………………………………………………… 240
索　引 …………………………………………………… 241

果樹の基礎知識

　果樹の生理や1年間の栽培管理のための作業は，果樹の種類により多少異なるが，ウンシュウミカン（温州ミカン）を例にとると，冬期に寒害が発生する地域ではこも等で樹に防寒を行い，2〜3月に整枝・剪定，この間春肥の施用．4月末〜5月中旬に開花．その頃，摘蕾・摘花．6月末〜8月上旬に摘果，夏肥施用．9月中旬〜10月中旬に夏枝・秋枝の剪定．9月中旬〜12月に収穫．収穫後，秋肥の施用や土作りを行う．年間を通じ，病気や害虫の発生状況をみながら防除のための薬剤散布や，雑草防除を数回行う．

　他の果樹では，その他の作業として人工受粉や袋掛け，ブドウでは無核果生産のためにジベレリン等の処理を行う．なお，実際の栽培には多くの知識と技術が必要となり，さらに，園地に果樹を栽植する以前にも，開園，品種の選択，苗木の育成等多くの問題を解決しなければならない．そこで，本項では，果樹栽培にとって必須の基礎知識を，1年間の果樹の生育に沿って述べる．

　最初に，果樹の定義を述べておく．果樹とは，木本性植物あるいは多年生草本性の一部の植物のうち，食用とする果実および種実を産する作物をいう．

　◆**果樹と野菜の果菜類の違い**◆わが国ではイチゴは果菜類に属し，パイナップルやバナナはイチゴと同じ草本性植物でありながら果樹に属する．果樹と果菜類の区別について確たる定義はない．杉山（1966）は『蔬菜総論』の中で，"イチゴはヨーロッパや北アメリカでは，多年生栽培の形をとり，キイチゴ等とともにベリー類として果樹に入れるのが普通であるが，わが国では年々作付けを行って1年生の取扱いとしているところが多いため，習慣上蔬菜として取扱われている．"と述べている．バナナ，パイナップルは慣行の栽培では植え付けてから果実の収穫が可能になるまでに，2〜3年を要する．以上のことから，作付けが1年生作物の取扱いをされてきたものが果菜類で，植え付けてから収穫するまでに2年間以上を要し，収穫後も同じ個体

(2) 果樹の基礎知識

で栽培を継続するものを果樹としているものと推察される．

Ⅰ．栽植前に必要な知識

　果樹栽培を行う前に必要な知識・技術として果樹の適地性，育種法，苗木の育成法，等多くある．これらの中で，最も重要な知識・技術について記述する．

1．適地適作

1）気象条件

　果樹・品種を決定する際に重要なことは，それらが園地の気象条件に適しているかである．農林水産省の『果樹農業振興基本方針』(2005)の中で定められた，主要果樹の栽培に適する自然的条件を参考－3に示した．この条件を勘案しながら，個々の果樹・品種について，適地性を検討する必要がある．

　もう1つ注意すべきことは，地球温暖化の問題である．世界各国の気象学者で構成された気象変動に関する委員団（政府間パネル，IPCCという）によると，2001年現在，"過去50年間に観測された温暖化の大部分は，温室効果ガスの濃度増加に起因している可能性が高い"という見解を報告している．今後とも，地球温暖化が進むと，果樹の適地が変わる可能性が出てくる．なお，温室効果ガスとは，炭酸ガス，オゾン，メタン，一酸化二窒素，フロン等をさす．

◆**地球温暖化**◆果樹研究所の杉浦ら（2003）の解析結果によると，
①リンゴ栽培に適する地域の年平均気温は，6℃以上，14℃以下の温度域とされている（参考－3）．解析結果によると，2040年代には東北南部が，2060年代には東北中部の平野部までが，14℃以上でリンゴ栽培の不適地となり，北海道のほぼ全域が栽培適地になると推定されている．
②参考－3による温州ミカンの栽培に適する年平均気温は，15〜18℃とされている．この温度域は，現在の主産地と概ね一致する．しかし，解析結果によると，2020年代には山陰地方等の日本海沿岸が，2040年代には関東および北陸の平野部全域が，2060年代には東北地方南部の沿岸部までが温

州ミカンの栽培適地となる．
③一方，18℃以上の地域は，現在，南西諸島と九州の南端部のみであるが，2060年代には現在の温州ミカンの主産地の多くが18℃以上となり，より高温を必要とする中晩生カンキツの産地と同等か，少し高温になると推定されている．

◆**果樹の種類（樹種）による耐寒性の差異**◆厳寒期の耐寒性は落葉果樹が強く，枝葉はリンゴ，ラズベリーでは－35℃に，モモ，カキでは－15～－20℃に耐え，ニホンナシ，ブドウはそれらの中間である．カンキツやビワ等の常緑果樹，キウイフルーツは弱く，多くは－7～－9℃で被害を受ける．果実や根の耐寒性は，枝葉より弱い．

2）土壌条件

果樹の栽植に当たっては，土壌条件が重要である．土壌母材，有効土層の深さ，土壌の透水性・排水性等を十分に検討する．必要に応じ農道の整備，明きょ・暗きょの施工，防風対策等を行う必要がある．土壌改良が必要な場合は，樹種により農林水産省が定めた基準があるので，それを参考にするとよい（基準値は省略）．

◆**樹種による耐干性，耐湿性の差異**◆耐干性は，ブドウ，カンキツが強く，モモ，アンズ，スモモ，クリが比較的強く，次がリンゴ，ナシ，オウトウで，カキ，イチジク，キウイフルーツは弱い．耐湿性（耐水性）はカキ，ブドウが強く，次がリンゴ，ナシで，温州ミカンはやや弱く，モモ，アンズ，イチジク，キウイフルーツは弱い．ただ，核果類の中ではスモモは強い．これらの耐性は，台木によっても差異が生じる．

◆**生育適正土壌pH**◆樹種別による生育適正土壌pHを示すと，下記のようになる．

	適正土壌pH	樹　種
酸性を好む	4.0～5.0	ブルーベリー，クランベリー
微酸性を好む	5.0～6.0 5.5～6.0 5.5～6.5	リンゴ，オウトウ，クリ，カキ モモ，パイナップル ナシ，温州ミカン，ビワ
中性を好む	6.5～7.0	ブドウ，キウイフルーツ
アルカリ性を好む	7.0～7.5	イチジク

(4) 果樹の基礎知識

2．品種の選択と育種法

　果樹栽培は，1年生作物とは異なり，一度植え付けると長年その樹で栽培を行うため，品種の選択が極めて重要となる．将来の消費者し好を見通し，果実品質，栽培の難易等を勘案しながら品種を決定する．このように品種は果樹栽培の成否を決めるため，公の研究機関や民間で積極的に育種が行われている．

　果樹の育種法としては，有用な形質を有する種子親と花粉親を交雑する交雑育種法が広く実施されている．リンゴの'ふじ''つがる'，ニホンナシの'幸水''豊水'，モモの'白鳳''あかつき'，オウトウの'佐藤錦'，クリの'筑波''丹沢'，カキの'太秋'，ブドウの'巨峰''ピオーネ'，カンキツの'不知火''清見'，等多くの品種は交雑育種法によって育成されている．

　交雑育種法以外に，枝変わりや偶発実生による新品種も育成されている．枝変わりとは，芽の生長点の分裂組織において遺伝子の一部が自然に変異することで，芽条変異ともいう．後述するキメラも一種の芽条変異である．枝変わりは多くの場合，交雑育種のように両親の遺伝子が入り混じり形質が大きく変異することは少なく，成熟期，果皮の色，樹勢，甘味等一部の形質が変化するに過ぎない．枝変わりによる新品種の育成は，温州ミカンで最も多く行われており，温州ミカンでは47,000樹当たり1枝の頻度で枝変わりが出現するとされている．一方，偶発実生とは，厳密には両親が明らかでなく，偶然に発見された個体をいう．ニホンナシの'二十世紀''長十郎'，カンキツのハッサク，ヒュウガナツ等多数ある．花粉親だけが分からない時にも偶発実生の中に入れるが，正確には「…品種の自然交雑実生」という．例えば，モモの'白桃'は'上海水蜜桃'の，ウメ'南高'は'内田梅'の自然交雑実生である．新品種の育成には，今後とも交雑育種法が主流となるので，交雑育種法にもう少し触れておく．

1）交雑育種法

　品種改良を行うに当たって，まず将来の消費動向等を勘案しながら，どういう形質の品種を育成するかを決定する必要がある．求める形質が得ら

れそうな種子親（母品種）と花粉親（父品種）を決める（先だって各形質の遺伝様式を解明しておくことが大切）．次に開花直前の蕾を選び，花弁と雄ずいを除去した後，柱頭に花粉親の花粉をすりつけ，紙袋をかぶせ他品種の受粉を防ぐ．成熟した果実を採取し，貯蔵しておく．種子の休眠が完了した後，播種して発芽・伸長させて植物体に育てる．この植物体を実生という．実生が開花・結実するのに数年を要する．この開花しない期間を幼若相といい，後述する．

　結実した果実の形質を調べるとともに，数年間，樹体の生理や栽培特性を調査する．その結果，新品種として価値があるものについては種苗法に基づき品種登録を申請する．ただ，国の研究機関（現独立行政法人）と指定試験地（国が補助して育種を行う公立研究機関）の場合は，新品種として価値があると思われる個体について，さらに生理・生態の評価を系統適応性検定試験地で，病害虫耐性等の評価を特性検定試験地で5年前後調査する．試験地には公立研究機関が指定される．その結果，優秀と認められた系統は，農林水産省命名登録審査会で審議し，正式に品種として認められた場合には命名登録を行う．また，品種登録も申請する．このように命名登録品種の場合，受粉してから命名登録されるまでに，20年前後の年月がかかる．命名登録品種は，品種登録だけの品種に比べ公立研究機関で余分に数年間特性等を調査されているので，新品種の利点・欠点等がより明確になっている．ここで，育成された品種および育成者の権利を保護する種苗法について触れておきたい．

◆**種苗法**◆わが国における種苗関係の法律としては，昭和22年に制定された農産種苗法がある．この法律による登録を名称登録という．しかし，この法律には不備な点が多く，昭和53年に改正を行い，種苗法として公布されている．一方，品種育成者を保護するための国際条約としてUPOV条約があり，わが国は昭和56年（1981）に加盟している．平成3年（1991）のUPOV条約の改正（平成10年に発効）に伴い，平成10年に従来の種苗法を改正している．改正の主な点は，①永年生植物の保護期間を18年から25年に延長．②出願公表時から育成者を保護する仮保護制度の新設．③登録品種を利用して従属品種（突然変異，遺伝子組換え等わずかな特性を変化させて育成した新品種）を育成・登録するには，登録品種の育成者の許諾が必要．④権

利の行使を苗木で行えなかった場合，その生産物に権利を行使できる．平成15年に種苗法の一部改正が行われ，育成者の権利を一層保護するため，違反者には懲役等の刑事罰が強化された．

2）その他の育種法

（1）珠心胚実生選抜法：カンキツには，受精胚が多少分裂した頃，その周辺の珠心細胞の幾つかが分裂を開始し無性的に胚に発達する特異的な現象がある（単為生殖の一種）．この珠心胚を育てた実生（珠心胚実生）は原則として母親と同じ形質を示すが，その中には遺伝的変異を示すものがあり，この変異を利用して品種の改良が行われる．温州ミカンの'興津早生'は，'宮川早生'の珠心胚実生の中から選抜されたものである．

（2）バイテク育種法：細胞融合法と遺伝子組換え法がある．細胞融合法は，2品種の体細胞をペクチナーゼおよびセルラーゼを処理して細胞壁を取り除いた細胞（プロトプラストという．細胞壁がなくなるとお互いに融合しやすくなる）を電気的方法や化学的方法で融合させて雑種細胞を作り，この細胞を培養して個体を得る方法である（この個体を体細胞雑種という）．本法により，交雑育種では雑種が得られにくい種・属間の雑種の育成が可能となる．細胞融合による最初の植物は，ジャガイモとトマトの雑種'ポマト'で（Melchers, 1978），果樹では，オレンジとカラタチの雑種'オレタチ'が第1号である（現果樹研究所等，1985）．その後，同研究所で温州ミカンとネーブルオレンジの間で'シューブル'，グレープフルーツとネーブルオレンジの間で'グレーブル'が育成されている．

遺伝子組換え法は，細胞に遺伝子を挿入し，目的の形質を備えた品種を得る方法である．遺伝子を挿入する方法として，アグロバクテリウム（土壌細菌の一種）の菌体内にはTiプラスミドとよばれる遺伝子の運び屋（ベクター）が存在しこれを利用する方法と，直接に遺伝子を導入する方法とがある．遺伝子組換えで作出された植物を形質転換植物（トランスジェニック植物）という．

（3）人為突然変異育種法：植物体，種子，培養細胞等に変異原を処理して人的に突然変異を誘発させ，有用な個体を選抜する方法である．変異原

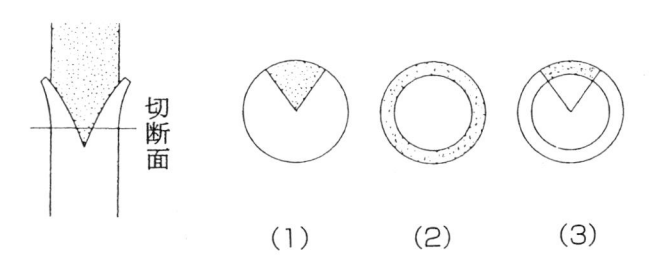

図1 キメラの種類
(1):区分キメラ (2):周縁キメラ (3):周縁区分キメラ
(岩波書店,生物学辞典より)

として，X線，γ線，熱中性子線，イオンビーム，エチルメタンスルホン酸が用いられる．黒斑病抵抗性品種'ゴールド二十世紀'は，黒斑病に罹病性の'二十世紀'にγ線を照射して得られた品種である．

(4) キメラ育種法：キメラとは，ギリシア神話に出てくるライオンの頭とヤギの胴とヘビの尾をもつ怪物キマイラの名にちなむもので，遺伝的に異なる組織が混在する個体をキメラという．植物でキメラを作るには，接ぎ木法が用いられる．台木と接穂が癒着してから癒着部を切断すると，切断面から出てくる芽は台木由来と接穂由来の細胞が混在しキメラとなる．キメラには，組織の混在の状態によって区分キメラ，周縁キメラ，周縁区分キメラがある（図1）．

カンキツでも，芽の生長点の分裂組織が突然変異を起こし，さまざまな変種を生じる．カンキツの分裂組織は3層にわかれている．果実では，第1層目は果皮の表皮と果肉を，第2層目は表皮以外の果皮（色素を含むフラベド，白い内側のアルベドの一部）と種子を，第3層目はアルベドの一部とじょうのう膜（果肉を包む袋）等を形成する．グレープフルーツにおいて，果皮と果肉とも淡黄色の品種である'マーシュ'から，果肉だけが赤色に変わった'トムソン'が発生した．これは'マーシュ'の第1層だけが赤色に変異した周縁キメラである．その他，果皮がナツダイダイ，果肉が温州ミカンのコバヤシミカンがある．現在，カンキツで，人為的に周縁キメラ（合成周縁キメラ）が育成されている．

(5) 倍数性育種法：植物の種に固有で生命活動に必要な最小限の染色体の1組をゲノムという．ゲノムを1組もつ個体を半数体，2組，3組，4組もつ個体を，それぞれ2倍体，3倍体，4倍体（これらを倍数体という）という．多くの果樹は，2倍体を基本として改良されてきた．ただ，倍数体にすることにより，果実等の形質が変化する．3倍体品種は一般に無核，大果，豊産，強樹勢になる．リンゴでは大果，豊産性等を，ブドウでは無核性を利用する目的で3倍体育種が行われ，カンキツでは無核になる．ブドウの4倍体品種は大粒で品質の優れたものが多いため，4倍体化が進められている．4倍体は2倍体のえき芽等をコルヒチンで処理すると得られる．また，3倍体は2倍体と4倍体の交雑で得られるが，リンゴやカンキツでは2倍体間の交雑でも低率ではあるが生じる．

なお，3倍体としてリンゴ'陸奥''ジョナゴールド''北斗''ハックナイン'，ブドウ'ハニーシードレス'，カンキツ'オロブランコ''タヒチライム'，4倍体として大粒系ブドウ'巨峰''ピオーネ'，6倍体としてカキの大半の品種（カキ'平核無'は9倍体）がある．

(6) その他

◆**胚培養法**◆種・属間交雑等で得られた雑種胚，未熟なまま退化する胚，3倍体の胚等のように，胚が正常に発育しない場合，胚を取り出して培養することにより，雑種実生を得る方法．

◆**葯培養法**◆開花前の葯を培養すると，花粉母細胞が分裂し，胚形成と同じ過程を経て半数体の植物となる．この植物にコルヒチン処理をすると2倍体の純系（対になる遺伝子が全て同一）が得られ，育種素材や遺伝解析等の重要な材料となる．

3. 苗木の繁殖

果樹栽培は，最初に苗木を植え付けることから始まる．苗木には，接ぎ木苗，実生苗，挿し木苗，取り木苗，株分け苗がある．果樹は遺伝的に雑ぱくであるため，種子から育成した実生苗は，両親とは異なった性質を示し，また開花・結実するのに長期間を要するため品種の繁殖には適さない．したがって，一部の熱帯・亜熱帯果樹等を除くと果樹の栽培では実生苗が

用いられることは少なく，枝等の栄養体を用いて苗木を育成する方法が取られる．この方法の中で，枝，根，葉の栄養体を土中に挿して発根させて苗木を育成する挿し木繁殖が簡便である．しかし，多くの果樹は，挿し木では発根しないこともあり，また，環境耐性等を付与させるために，普通，台木に穂木品種を接いだ接ぎ木苗が用いられる．

植え付けは，樹体への移植の害が少ない時期に行い，カンキツでは3〜4月頃，ビワでは2〜3月頃に植え付ける．落葉果樹では，地上部が休眠し，地下部の生育も停止している晩秋以降から早春までの間ならいつ植え付けてもよいが，秋植えした方が土壌に早くなじみ生長が早く始まる．ただ，積雪が多く雪害や野ねずみ等の食害がある地域，凍害のある地域では，3月以降の新根の発生や芽が動き始める前に植え付ける．

1）接ぎ木繁殖

接ぎ木繁殖で重要なことは，穂木がウイルス，ウイロイド等を保毒していないこと，目的に応じた台木を選ぶこと，台木と穂木品種との間に親和性があることである．

（1）台木の選定

台木に接ぎ木することにより，結果年齢（結実を開始する樹齢）が早まる傾向がある．また穂木品種の樹勢調節（強くする強勢台木，弱くするわい性台木），土壌病害虫抵抗性の付与，環境適応性の拡大，果実品質の向上等を目的にして接ぎ木が行われる．現在，最も普及している台木として，リンゴやカンキツのわい性台木（リンゴ：イギリスのイーストモーリング試験場（現国際園芸研究所－イーストモーリング）育成のM.系台木，現果樹研究所育成のJM系台木，カンキツ：カラタチ），ブドウの耐病虫性台木（テレキ系台木）等がある．

一方，台木と穂木品種との相性を接ぎ木親和性という．一般的に台木と穂木が植物学的に近縁なものほど接ぎ木親和性は高い．親和性は接ぎ木部の肥大状況により判定でき，穂木に比べ台木の肥大が著しい場合を台勝ち，逆の場合を台負けという．

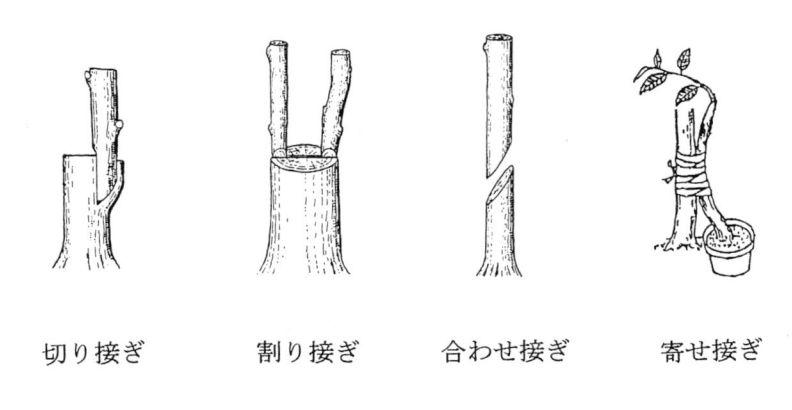

切り接ぎ　　割り接ぎ　　合わせ接ぎ　　寄せ接ぎ

図2　接ぎ方

(2) 接ぎ木の種類

①接ぎ木を行う場所：台木を掘り上げずその場で行う「居接ぎ」，台木を掘り上げて別の場所で行う「揚げ接ぎ」．②接ぎ木の時期：春期の発芽期前に行う「休眠期接ぎ」，秋期の発育期に行う「発育期接ぎ」．発育期接ぎは，芽，緑枝を用いて行う．③接ぎ木の位置：最も普通に行われる方法で台木の地際で接ぐ「普通接ぎ」，台木を切断せずに台木の途中で行う「腹接ぎ」，根部を台木とする「根接ぎ」，既に園地に植えられている接ぎ木樹に別な品種の穂木を接ぐ「高接ぎ」（二重接ぎ，古い品種を中間台という）．④用いる接穂：数芽を着けた枝（常緑樹では2葉ほど着けた枝）を穂木として用いる「枝接ぎ」と，芽を用いる「芽接ぎ」．⑤接ぎ方：くさび形に削った穂木の形成層を切断面の中央を割った台木の片側の形成層と合わせる「割り接ぎ」，くさび形の穂木の形成層を切断面の外側に近い部分を割った台木の形成層と合わせる「切り接ぎ」，台木と穂木を斜めに切断し双方の形成層を合わせる「合わせ接ぎ」，両個体とも根をつけたまま双方の枝をそいで形成層を合わせる「寄せ接ぎ」，等がある．

苗木生産で最も多い接ぎ木法は，「休眠期接ぎ」の「普通接ぎ」の「枝接ぎ」の「切り接ぎ」である．なお，モモは芽接ぎの方が活着率がよい．

(3) 接ぎ木の要領

　春期に接ぎ木を行う場合には，接ぎ木を行うまで穂木の芽が動かないこと（接ぎ木するまでは，乾燥しないようにして穂木を冷蔵庫に保存），秋期に行う場合には緑枝が充実していることが重要である．時期は前者が4～5月（モモ，ウメ，アンズ，オウトウ，ビワは3月中旬頃），後者は9～10月を適期とする樹種が多い．接ぎ木後は接ぎロウ，パラフィルム等で接ぎ木部を包み，接ぎ木部を乾燥させないようにする．

2) 実生繁殖

　実生繁殖は，主に台木の繁殖に用いる．ただ，実生から育成された台木は，個体ごとに樹勢等の性質が異なり，その差異が接ぎ木された穂木品種の生育，品質等に影響を及ぼす．そこで，台木として用いる場合は，生育の揃った個体を選び，穂木品種への影響を最小限にする必要がある．

　種子，特に落葉果樹の種子には，外観的に成熟していても，一定の期間低温に遭遇しないと発芽しない現象（休眠現象）がある．休眠を打破するためには，5℃前後の低温で2～3カ月間放置する必要のある果樹が多い．一方，カンキツ，ビワ，熱帯・亜熱帯果樹の多くは，成熟した果実から得られた種子なら，すぐに播種（取播という）しても発芽する．なお，カキ，ブドウの種子は休眠が浅く，取播のできる品種もあるが確実に発芽させるためには，低温に遭遇させた方がよい．種皮を除くと発芽しやすくなり（種皮に発芽抑制物質がある），核とよばれる硬い種皮をもつモモやアンズ等の核果類では，発芽を促すために3～4日間水に浸漬しておくことが重要である．多くの果樹では発芽後1年で接ぎ木可能な台木となるが，カンキツ，カラタチ，ビワは生育が遅く2～3年を要する．

3) 挿し木繁殖

　挿し木に用いる材料により，枝挿し（冬期に成熟硬化した1年生枝を挿す休眠枝挿しと，6～7月に新梢を挿す緑枝挿し），葉挿し，根挿しがあるが，挿し穂の基部をインドール酪酸に浸漬すると発根しやすい．多くは休眠枝挿しを行う．挿し木苗で経済栽培されている果樹として，キウイフルーツ，イチジク，ブルーベリー，クロミノウグイスカズラ等がある．ブドウは容

易に挿し木繁殖できるが，わが国でもフィロキセラ（別名：ブドウネアブラムシ）が増加傾向にあることから，フィロキセラ抵抗性台木に接ぎ木した苗木を用いる方がよい．

挿し木繁殖が可能な果樹として，ブドウ，アケビ，カリン，グミ，ザクロ，スグリ，フサスグリ，ナツメ，マルメロ，ハシバミ類，レモン・ユズ・ダイダイ（サワーオレンジ）・スイートオレンジ・シトロン・ライム等のカンキツ，オリーブ等がある．台木として挿し木繁殖されているものに，JM系台木・マルバカイドウ（ともにリンゴの台木），マンシュウマメナシ（ニホンナシの台木），モモ台木筑波系，アオバザクラ・イーストモーリング試験場育成のわい性台木コルト（ともにオウトウの台木），台木用ブドウ等がある．普通，幼若相の樹から採取した枝の方が，挿し木繁殖は容易である．挿し木繁殖が極めて困難なものにカキ，クリ等がある．

◆**株分け繁殖**◆かん木性の果樹では，毎年，親株の地際から新梢を生じ，その基部から発根して株が大きくなる．株分けは，この新梢を休眠期（12～3月）に根ごと親株から分離し苗木とする方法で，ラズベリー・ブラックベリー等のキイチゴ，スグリ，フサスグリ等で行われる．根に生じた不定芽が発育（根が先に，次に新梢が形成）した吸枝（ひこばえ）を母樹から切り離し苗木とする方法もあり，キイチゴ，グミ，ザクロ，ナツメ，ハシバミ類，ポポー，ユスラウメ，ニワウメ等で行われる．この方法は，次の取り木繁殖と同じく，一度に多数の苗木が生産できず，繁殖効率が悪い．

◆**取り木繁殖**◆母樹から枝を切り離すことなく枝を土に伏せて発根させる圧条法，枝に環状剥皮しその部分を湿った水ごけで包み発根させる高取り法，枝が多数発生した主幹基部に盛り土をし発根させる盛り土法があり，根が発根し後に枝を母樹から切り離し苗木とする方法である．この繁殖はリンゴのM.系等の台木品種やアケビ，多くのキイチゴ，スグリ，フサスグリ，マンゴー・レイシ・リュウガン等の熱帯・亜熱帯果樹等で行われている．

実生苗の場合，種子を播種して開花・結実するまでに数年を必要とする．この性質を幼若性といい，このような栄養生長期のことを幼若期，栄養期間を幼若相（幼若期間）という．幼若相が終わると，開花・結実する成熟相に入る．幼若相の間は，果実はならないので収益はない．一方，成熟相の枝を接いだ苗木の場合には，1～3年で開花・結実するが，当初は結実量が少ないため，早く成木並みの収量が得られるように色々な工夫がされてい

る．その例として，苗木の場合，予め数年間育てておきかなり収量が得られる大きな苗木を植える大苗育苗法，また成木に高接ぎする場合，ある太さ以下の枝を全部切り落とし，切断部分に予定している穂木品種を一挙に接ぎ木する一挙更新法，元の品種の果実を収穫しながら数年かけて更新する漸次更新法とがある．ただ，高接法では，ウイルスを保毒している穂木を接ぎ木し，高接病を発症し樹が枯死することがあるので注意する必要がある．

◆**幼若性**◆ "モモ，クリ3年，カキ8年"という諺は，幼若相を表わしたものである．幼若相の長い順では，カンキツで7～10年以上，リンゴで7～8年，ニホンナシで6～8年，カキ，イチジクで5～7年，モモ・ウメ・オウトウ等の核果類，ビワで4～5年，クリ，ブドウで3～4年である．幼若相のリンゴ，セイヨウナシ，スモモ，カンキツの枝にはトゲが見られる．また，幼若相の樹から採取した枝は発根しやすいことは前述した．

なお，成熟相に達した樹から採取した枝を接いだ苗木でも，一定期間開花しない．この期間を幼樹期といい，実生の幼若相とは区別している．そのメカニズムは不明である．

永年生作物の幼若性は，育種の効率化を妨げるだけでなく，農家にとっても未収益期間が長くなるため，幼若性のメカニズムの解明とその打破は果樹研究の中でも最重要課題である．花芽形成に関する研究は，突然変異が起こりやすいシロイヌナズナを用い，花に関する突然変異が起こった変異株で研究が進められた（シロイヌナズナは，ゲノムサイズが小さく遺伝子の単離が容易であるという利点もある）．その結果，花芽形成に関与する一連の遺伝子が明らかになった．この研究成果に刺激を受け，色々の植物で研究が進展し，果樹においても果樹研究所（2002）は，花芽形成に関連した遺伝子をリンゴ実生に導入し，8～11カ月で開花させることに成功している．

グレープフルーツ等では，播種後1年で開花する現象があり，この現象を幼樹開花という．開花後は他のカンキツと同様に幼若期に入り，数年間開花しない．この現象が起こるメカニズムは不明である．

II．1年間の栽培管理作業と必要な知識

園地に苗木を栽植し，開花・結実するようになると，食味のよい，外観の美しい果実を連年多収するために色々な作業を行う．最初に行う作業として，整枝・剪定がある．

表1 主要果樹の結果習性 (小林を一部修正)

	花芽の種類			備考
	純正花芽[1] (発芽した場合に枝葉を含まない)	混合花芽[2] (発芽した場合に枝葉の先端に花を着ける)	混合花芽[2] (発芽した場合に枝葉の葉えきに花を着ける)	
頂生花芽[3]	ビワ			花芽分化後に枝の先端やこれに次ぐ数芽を切り返すと着花しない.
頂側生花芽[4]	ブルーベリー	リンゴ, ナシ, カンキツ	クリ, カキ, 時にカンキツ	
側生花芽[5]	モモ, ウメ, アンズ, スモモ, オウトウ	ブドウ	キウイフルーツ, イチジク (ブドウは外観的にはこの型に似る)	

1: 発芽して花だけを生じる芽. 2: 花と枝葉をともに生じる芽. 3: 新梢の頂芽が花芽となる. 4: 新梢の頂芽およびこれに次ぐ数個のえき芽が花芽となる. 5: 新梢のえき芽が花芽となる.

果樹では, 種類により花が着く位置が決まっている. これを結果習性という. 結果習性 (表1) を知っておくことが, 剪定を行う際の前提となる. 中でも, 新梢 (今年発生した枝) の先端に花芽が着くビワ, 新梢の先端やこれに次ぐ 2〜3 の芽が花芽となるクリ, カキ, 温州ミカン等では, 新梢をかなり下の位置で切ると, 花芽が着かなくなり, 収量が激減する.

幼若性がなくなり結果年齢に達した果樹の花が, 1年間の中でいつ頃形成され始めるのかについて少し述べておく. 幼若相を過ぎると, 葉や枝等の栄養器官を形成してきた栄養茎頂分裂組織が花芽分裂組織に変わり, 花の形成を始める. この時期を知る方法として, 従来から観察法が用いられている. 即ち, 花芽形成の最初の兆候は, 芽の内部にある栄養茎頂分裂組織が肥厚し, その頂上がやや平坦になった時である. この方法による果樹の花芽形成期は, 品種, 気象・土壌条件により異なるが, 以下のようにいわれている.

◆**花芽形成期**◆ニホンナシで6月中旬, モモ, ウメ, ブドウで6〜8月, オウトウ, カキで7月上〜中旬, クルミの雌花で6月下旬・雄花で7月中旬, リンゴで7月中旬〜8月上旬, ビワで7月中旬〜8月中旬, クリの雄花で7月中〜下旬・雌花で翌春4月中旬, カンキツで11月中旬〜1月中旬, キウイフルーツで3月中旬である.

1. 整枝・剪定

　整枝とは，幹の高さや枝の配置等を考慮して樹形を作ることで，剪定とは樹形を作るためや結実管理等のために枝を切ることである．整枝・剪定を行う主目的は，①強風，積雪等に耐える頑強な樹を作る，②樹高を調節したり混雑した枝を除去して，収穫等の作業を容易にする，③樹冠内部・下部の採光をよくし，果実の高品質化を図る，④樹体各部の生長，栄養生長と生殖生長とを調節して，多収と品質・形状の均一化を図るとともに，隔年結果を防止する，⑤樹の生長を調節して，樹を活性化させ経済樹齢を延長させる，等である．

　整枝・剪定の時期は，普通は冬期で，落葉果樹ではその実施時期の影響は比較的少ない．しかし，整枝・剪定の時期が早すぎると翌春の発芽が早まり，遅いと遅れる傾向がある．ただ，寒冷地の場合，厳寒期に行うと切り口の癒合が遅れ切り口から枯れ込むこともあるので，この時期が過ぎてから行う．発芽の早いウメ，モモ等では早く，クリ，カキ，ブドウ等の発芽が遅い果樹では遅くてもよい．カンキツでは，厳寒期を避けて発芽直前に行う．

　◆夏期剪定◆冬期剪定の補助手段として行われるが，樹体の生育期に行うので悪影響を及ぼしやすく，時期や方法について十分に注意する必要がある．目的は，①樹冠内部の日当たりが悪い時，徒長枝（生長が特に旺盛な葉芽のみの枝）等を整理する．②冬期に強剪定を行うと徒長枝が発生し，花芽が着きにくくなったり，幼木の場合には結果年齢に達するのが遅れたりするため，冬期に除去すべき枝を予め夏期に切る，等である．

　整枝法には，立木仕立て（主幹形，細型紡錘形，フリースピンドルブッシュ，斜立主幹形，変則主幹形，開心形，開心自然形），棚仕立て（平棚仕立て，垣根仕立て），株仕立て，棒仕立て等がある．果樹の平棚栽培は欧米等ではないが，わが国ではニホンナシ，ブドウ等で行う．ニホンナシの収穫期は台風の来襲時期と重なるため，枝を棚に固定し強風による果実の落下を防ぐ必要がある．ブドウは乾燥した気候を好むので，雨が多いわが国では枝が伸び過ぎ，葉が重なって過湿となり病気が発生する．ブドウを平棚

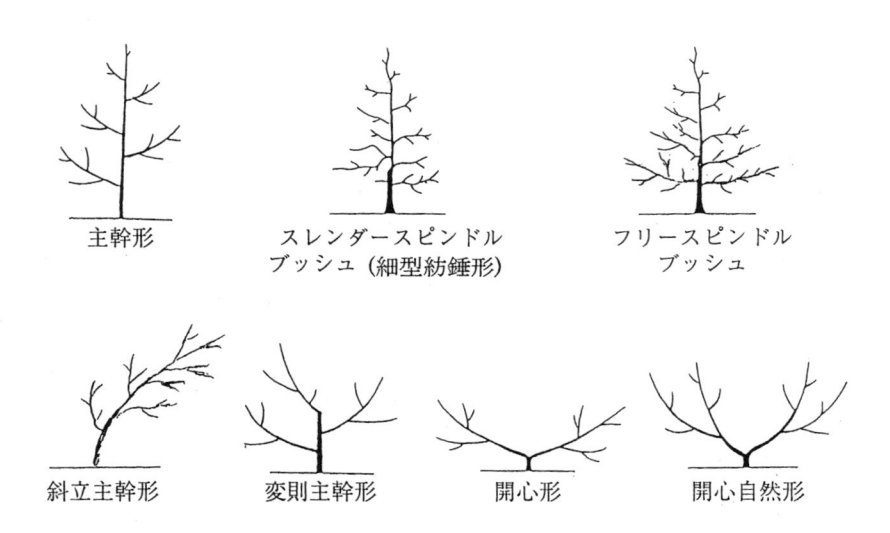

図3 立木仕立ての模式図

（主幹形、スレンダースピンドルブッシュ（細型紡錘形）、フリースピンドルブッシュ、斜立主幹形、変則主幹形、開心形、開心自然形）

栽培することにより，枝葉を棚面に広げ，過湿を防ぐことができる．その他，つる性のキウイフルーツでも平棚栽培を行う．カキでは従来，立木仕立てが行われてきたが，最近，収量や果実品質が向上すること，高所作業がなくなることから，平棚仕立てが普及しつつある．

剪定には，切り返し剪定と，間引き剪定がある．切り返し剪定は，枝を途中から切る剪定であり，残った枝の芽に養分が集中し，強い新梢が発生し，花芽が着きにくい．樹の骨格となる主枝や亜主枝を丈夫に育てたい時，成木でも新梢の発生を促したい時，老木等で樹勢が弱り若返りを図りたい時等に行う．一方，間引き剪定は，枝の分岐部分から全部切り取る剪定をいい，新梢の生長はよくないが，花芽は着きやすい．樹勢の旺盛な樹に対して樹勢を落ちつかせたり，花芽の形成を多くしたい時等に行う．

また，剪定の強度により強剪定と弱剪定とがある．強剪定は残る葉芽数が少なくなるので，葉芽から出る新梢の生育は旺盛になるが，樹全体としての生長量は少なくなり，強剪定を繰り返すと樹勢は弱くなる．また，若木の場合，結果年齢に達するのが遅れる．花芽を着ける枝を出したい時は

弱剪定がよく，樹の骨格となる主枝や亜主枝を丈夫に育てたい時は，ある程度強剪定する方がよい．

◆**頂芽優勢**◆一般に枝の頂端に近い芽ほど生長が旺盛で，下部の芽ほど生長は弱く，基部の芽は陰芽（潜芽）となる．このような現象を頂芽優勢あるいは頂部優勢という．枝を切った時には，その枝の一番先の側芽の生長が旺盛となり，さらに強く切ると基部の側芽まで発芽する．このように枝を適当な長さに切ることにより，樹冠内部に無駄な空間を作らないようにできる．なお，頂芽優勢性が弱いモモ，ブドウ等では側芽が発芽して副梢を生じることがある．頂芽優勢は，頂芽の生長点で合成されたオーキシンが重力の方向に移動し，下部の側芽の生長を抑えることにより起こるといわれている．斜立状態の枝では，直立状態の枝よりオーキシンの重力方向への移動が減少し，下部の側芽は発芽しやすい．なお，サイトカイニン等の植物ホルモンも，頂芽優勢に関与している可能性があるとされるが，明らかでない．

◆**頂芽と側芽**◆枝の先端の芽を頂芽，枝の葉えきに着生している芽を側芽（えき芽）という．頂芽，えき芽等のように一定の部位に生じる芽を定芽，一方，節間，葉，根等，普通には芽を形成しない部分に生じる芽を不定芽という．えき芽が花芽となった芽を，えき花芽という．

2．開花・結実

図4のように，1つの花に雄ずい（おしべ）と雌ずい（めしべ）が共存する場合を両性花（完全花，雌雄同花とも），別々に分かれている場合を単性花（不完全花，雌雄異花とも）という．単性花の植物の中には，雌花と雄花が1つの植物に着くものと，別々の植物に着くものとがあり，前者を雌雄同株，後者を雌雄異株という．両性花と単性花が1つの植物に着くものを雌雄混株（雑居性とも）という．雌雄同株には，クリ，クルミ，ペカン，アケビ等，雌雄異株にはキウイフルーツ，ヤマモモ，イチョウ，マタタビ・サルナシの一

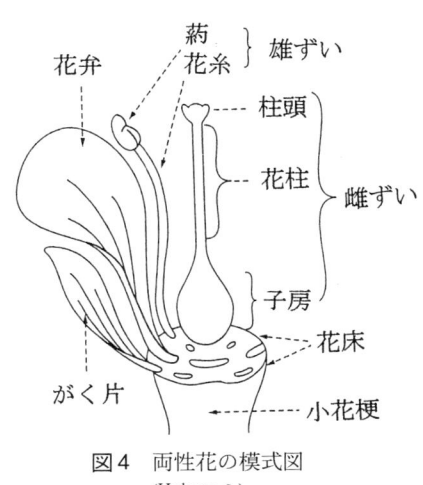

図4　両性花の模式図
(Holmanら)

部の品種等，雌雄混株にはカキ・マタタビ・サルナシの一部の品種等がある．両性花のみが着くものを雌雄両全株といい，リンゴ，ナシ，モモ，オウトウ，カンキツ，ビワ等多くの果樹が属する．

花芽には，前述したようにモモ，ウメ，アンズ，スモモ，オウトウ，ブルーベリー，ビワ等のように花のみを生じる純正花芽と，リンゴ，ナシ，クリ，カキ，ブドウ，キウイフルーツ，イチジク，カンキツ等多くの果樹にみられるように，花と枝葉の両方を生じる混合花芽がある．

果樹の開花期は，品種や地域により大きく異なるが目安として，ビワが最も早く晩秋〜2月，ウメが2月中旬〜3月下旬，次がアンズ，次いでスモモが3月下旬〜4月頭，モモが少し遅く4月上旬，ニホンナシが4月中〜下旬，ブルーベリーが4月中旬〜5月上旬，セイヨウナシが4月下旬〜5月上旬，温州ミカンが4月下旬〜5月中旬，リンゴ，甘果オウトウが4月下旬〜5月上旬，カキ，ブドウ，キウイフルーツが5月下旬〜6月上旬，クリが5月下旬〜6月下旬である．

◆**風媒花と虫媒花**◆花粉が小さく軽く，微風でも遠方に運ばれるクリ，クルミ，ハシバミ類，ペカン，ブドウ，クワ等は風媒花であるが，多くの果樹は昆虫により花粉が運ばれる虫媒花である．なお，虫媒花の中にも少しは風により花粉が運ばれるものもある．虫媒花の中には，雄ずいの形態がミツバチの受粉効率に影響を及ぼすものもある．例えば，リンゴ'デリシャス'はミツバチが花粉を採取しにくい形態になっており，その結果，'デリシャス'を受粉樹とすると虫媒による結実は安定しない．また，セイヨウナシ，スモモ，キウイフルーツ等の蜜は，ミツバチには余り魅力がないようであり，適宜，人工受粉が必要である．受粉昆虫として，ミツバチの他にハナアブ類，マメコバチ，ツツハナバチ等がいる．その他，ドリアン，フェイジョア等のように鳥による受粉がある（鳥媒花）．

なお，開花後注意すべきことは，晩霜害の発生である（秋から冬にかけて，耐寒性が不十分な時期に起こる霜害を初霜害という）．

◆**霜害の発生に細菌が関係**◆霜害の発生程度は，場所や部位等により異なるが，その理由の1つとして，氷核活性細菌の存在がある．氷核活性細菌は植物体の表面に存在し，氷が結晶する核となる特異的なタンパク質をもつ．その細菌の着生場所，密度にばらつきがあり，その細菌の密度が高いと霜害危険度が増す．

花は受粉・受精して，子房壁や花床（花托）等が発育を開始し果実となる．この時期に，'デラウエア'等のブドウ品種では種なし（無核）にするために，ジベレリン処理を行う．無核ブドウの作り方は，'デラウエア'の場合，100ppm ジベレリン液を開花前2週間頃と開花後10日頃に果房に浸漬する．前者により果実は無核となる．即ち，ジベレリンが花粉稔性を低下させることに加え，開花期において胚のう発達の遅延や異常胚のうの形成をもたらし，受精を妨げるものと考えられている．後者により果実肥大が促進される．'巨峰''ピオーネ''マスカット・ベーリーA'等で無核化が可能である．

果樹には，自分の花粉で受精する自家和合性としない自家不和合性がある．自家和合性の果樹として，モモ（'白桃'等の花粉のない品種を除く），カキの一部の品種，ブドウ，多くのカンキツ，ビワ等がこれに属する．自家不和合性には，リンゴ，ナシ，多くのウメ品種，アンズ，スモモ，甘果オウトウ，クリ，カンキツのハッサク・ヒュウガナツ・'バンペイユ'，等がある．自家不和合性で単為結果性（後述）のない品種には，他品種を混植するか，確実に受粉させるためには他品種の花粉を人工受粉する．ただ，樹種によっては他品種の花粉でも受精しない交雑不和合性（リンゴ・ニホンナシ・スモモ・甘果オウトウ等の一部の品種）があるので注意する必要がある．不和合性のメカニズムについては，ニホンナシの項で記述する．

Comanyら（1976）は，アーモンドでは自家受粉した時と他家受粉した時とで受粉競争がみられ，受粉から受精に至る時間は，自家受粉の方が2倍以上を要するとしている．

◆**自家不和合性の意味**◆自家受精する果樹は子孫を残すことは簡単であるが，遺伝的多様性の低下を引き起こし，不良環境等の適応の面からは不利となる．そこで自家受精を回避するために，自家不和合性，雌雄異熟性等の機構を備え，他家受精を行うようになったとされている．

一方，果樹の中には，温州ミカン等のように，種子が発育しないのに果実のみが発育する現象があり，これを単為結果という．

◆**単為結果**◆単為結果の中には，受粉等外部からの刺激なしで無核となる自動的単為結果（カキ・ブドウの一部の品種，イチジク'桝井ドーフィン'

'ホワイト・ゼノア'，温州ミカン，'ワシントン・ネーブル''オロブランコ'，大半のバナナ品種，パイナップル等）がある．これは，開花期における花の子房の中にジベレリン等の植物ホルモンが多く存在し，それにより果実が生長すると考えられている．

一方，植物生長調節剤，異種の花粉，低温等の刺激により無核となる他動的単為結果（リンゴ・セイヨウナシ・ブドウの一部の品種等）がある．ブドウの無核'デラウェア'は植物生長調節剤の刺激により起こる他動的単為結果の例である．リンゴ'花嫁'，セイヨウナシ'コンファランス'では開花期の霜害により，セイヨウナシ'セッケル'ではリンゴ花粉の受粉により無核果が得られる．また，受精しても胚の発育が何らかの要因で停止し無核となるタイプがあり，これを偽単為結果（カキの'平核無'等）という．

単為結果性がある果樹にも，種子ができることがある．完全な無核果を作るためには，単為結果性に加え，受粉しても雌ずいに受精能力のない性質（雌性不稔性）が必要である．

ニホンナシ'二十世紀'，リンゴ・モモ・ブドウの一部の品種等では袋を掛けて栽培する場合がある．なお，袋掛けをする理由は，病虫害の防除，着色の改善，裂果等の防止等のためである．なお，リンゴでは有袋果の方が，貯蔵性はよくなるが，食味は劣る．

3．果実の生長の仕組み

受精後，果実は細胞分裂を行い，細胞数を増加させる．果樹の種類や果実の部位により細胞分裂期間は異なるが，リンゴの果肉組織では受精後3～4週間といわれている．この時期における新葉の生育は不十分で，細胞分裂は前年に蓄えられた貯蔵養分に依存して行われる．したがって，樹に着生している果実数が多いと，1個の果実に供給される養分は少なくなり，細胞数は減少する．大きな果実を作るためには細胞数を増加させる必要があり，余分な蕾・花・果実を除く作業（摘蕾・摘花・摘果）が重要になる．その他，この時期の低温も細胞分裂を抑制する．摘蕾・摘花・摘果を適期にしないと果実が小さくなるだけでなく，翌年花が咲かず収量が減少する現象（隔年結果という）が起こる．

細胞分裂が終了すると，次は個々の細胞が肥大して行く．この頃は，葉の光合成で生産された養分を使用して細胞は急速に肥大する．つまり，果

実の大きさは，細胞数と個々の細胞の大きさによって決まる．

　果実の発育には，果肉細胞や種子に供給される養分の量が重要になるが，同時に発育中の種子で合成される植物ホルモンが，果実肥大に大きな役割を果たす．特に，細胞分裂を促進させるサイトカイニン，細胞分裂と細胞肥大を促進させるジベレリン，細胞肥大を促進させるオーキシンが重要である．これらのホルモンは，葉からの光合成産物を果実に引きつける役目も担っている（他の植物ホルモンとして，エチレン，アブシジン酸，ブラシノライドがある）．

　葉から果実に転流してくる糖は，多くの植物ではショ糖（スクロース）であり，カキ，ブドウ，カンキツ等もショ糖を転流糖としている．一方，リンゴ，ナシ，モモ，ビワ等のバラ科の果樹は主にソルビトールで転流してくる．これらの転流糖は，果実内の酵素により代謝・変換され，液胞内に存在するプロトンポンプやキャリヤータンパク質の働きで液胞内に輸送・蓄積される．

◆**プロトンポンプ**◆生体膜に存在し，H^+の能動輸送を行う膜タンパク質のこと．植物組織にはH^+－ATPaseとH^+－PPase等のプロトンポンプが存在する．これらの作用により，生体膜の両側にH^+の濃度勾配が形成され，この濃度勾配による電気化学ポテンシャルを利用し，キャリヤータンパク質を介して糖等を特異的（糖濃度の勾配に逆らって）に細胞内に送り込む働きをする．

　果実の生長過程を，月日を追ってグラフにしたものを生長曲線という．大別すると，Ｓ字型生長曲線と二重Ｓ字型生長曲線，それにキウイフルーツの三重Ｓ字型生長曲線に分けられる．Ｓ字型生長曲線では初期と末期に緩慢な果実肥大を示し，中期に著しい肥大を示す．リンゴ，ナシ，クリ，クルミ，カンキツ，ビワ，マンゴー，パイナップル，バナナ，アボカド等がこれに属する．二重Ｓ字型生長曲線は，中期に肥大の緩慢な時期があるもので，肥大が緩慢になる以前を生長第１期，中期を生長第２期，中期以降を生長第３期という．モモ，ウメ，アンズ，オウトウ等の核果類，カキ，ブドウ，イチジク，ブルーベリー，キイチゴ，スグリ，オリーブ等がこれに属する．ブドウでは，生長第３期の開始時に果肉が急に軟化し（ベレーゾン，水が回るという）成熟過程に入る．これ以降は，生理障害である縮果症や日射症は発

生しない．モモ等の核果類では，生長第2期に核の硬化と胚の発育がみられるので，この時期を硬核期という．肥大が一時的に緩慢になる生理的意義は明らかでないが，代謝の転換期に当たるのではないかと想像されている．二重S字型生長曲線を示す果樹において，早生品種と晩生品種の違いは，果実肥大の緩慢な時期（生長第2期）の長短によるといわれている．

◆**細胞の肥大**◆山木ら（1979）は，果実の細胞肥大期には，細胞内と細胞外の浸透圧差を利用して細胞内に水を吸収し，これによって形成された膨圧により細胞壁は風船が膨らむがごとく薄く伸ばされ，細胞容積が増大するとしている．

4．生理的落果と隔年結果の防止

果実が肥大・成熟する過程で，生理的落果という現象が起こり，これを防ぐことが栽培管理の重要なポイントとなる．また，連年安定した生産を行うためには，隔年結果を防止することが極めて重要となる．このためには，早期に摘蕾・摘花，その後摘果を行い，さらに適切な肥培管理を行う必要がある．

果実は開花から成熟するまでの間に，風等の物理的な衝撃や病害虫の被害以外の要因によって多くの果実が落下する．これは樹体内の生理的な要因によるもので，生理的落果という．生理的落果には，開花後1～2ヵ月の比較的早い時期に起こる早期落果と，収穫前に起こる後期落果がある．早期落果のうち初期に起こる落果は，花器の不完全や不受精に起因し，その後の落果は受精している胚がある時期に発育を停止して起こる．なぜ停止するのか，生理的メカニズムは不明であり確たる防止法はない．ブドウの落果は，特に花振るいとよび，開花後2週間頃までに起こる．

後期落果はリンゴ・ニホンナシ・カキ・晩生カンキツの一部の品種で発生し，果実の成熟・老化の進行と関係があると考えられている．後期落果の防止のために，MCPB，ジクロルプロップ等の植物生長調節剤の散布が行われている．

隔年結果とは，なり年（表年）と不なり年（裏年）が交互に繰り返される

現象をいう．果樹では枝の一部で果実を形成しながら，同じ枝の一部で翌年の花芽が形成されている．そのため，過剰に果実生産を行うと養分がそのために消費され，花芽形成が貧弱になる．隔年結果は摘果，肥培管理等の栽培管理の不十分さ以外に，寒害，台風等の突発的な気象災害により樹体が損傷を受け，着花数が激減することから始まることが多い．果樹の種類により，隔年結果性の強には差があり，リンゴ，セイヨウナシ，クリ，クルミ，カキ，カンキツ，熱帯・亜熱帯果樹等では，品種により強い隔年結果性を示す．

◆**隔年交互結実法**◆ カンキツでは，特に'青島温州''大津4号'等の高糖系温州で隔年結果性が問題となり，摘果等の着果管理に多大な労力を使っている．この問題を解決する方法として最近開発された方法に，枝別隔年交互結実法がある．本法は，1樹の側枝（主枝，亜主枝から発生している枝で，結果母枝あるいは結果枝を着生している枝）を半分に分け，一方の側枝は摘果剤等で人為的に全て摘果し（この側枝は翌年着花する），他方の側枝は摘果しないで果実を鈴なりにならす（この側枝は翌年着花しない）．この方法により摘果労力を大幅に節減できるとともに，隔年結果が防止でき，さらに果実は少し小玉になるが，糖度・着色も向上し，収量も慣行栽培と同程度に確保できる．現在，この方法を発展させた樹別あるいは園地別（園地を生産園と，全摘果する遊休園に分けて実施する）隔年交互結実法が確立されている．

5．果実の成熟・老化

温州ミカンでは，土壌水分が多いと果実糖度が上昇しないので，梅雨明け後，地表面をフィルム等で覆い，雨滴を土壌内に入れないようにして土壌を乾燥させ，果実糖度を高めるシートマルチ栽培が行われている．ただ，極端な土壌乾燥は果実酸度の上昇，樹勢の低下を招くので注意する必要がある．土壌を乾燥させると何故，果実糖度が上昇するのか諸説がある（後述）．この他，かん水量や肥効等を調節しやすくするために開発され栽培方法に，根域制限栽培がある．同方法は，底は設けず板枠を樹の周囲に埋設して，根の横方向への伸長を制限する方法やコンテナ等の容器を用い根の伸長を容器内に制限する方法で，カキ，ブドウ等で実用化されている．その他，根の地下侵入を防ぐために土壌を機械的につき固め，その上に用土

を入れ，適宜地表面をビニル等で被覆する高畦栽培も根域制限栽培の一種である．

◆**水分ストレスによる果実糖度の上昇**◆樹体の水分ストレスにより果実の糖度が高まる理由について，①果実に転流してきた光合成産物（ショ糖やソルビトール等）が，水分ストレスのため多糖類への生合成が抑制され，ショ糖等のまま残る，②水分ストレスにより枝葉の伸長が抑制され，結果として果実への光合成産物の分配が増加する，③果汁中の水分が減少し，糖が濃縮される，④水分ストレスがプロリンの集積を引き起こしてアミノ酸代謝を変動させ，ショ糖等の糖集積を招く，等がある．

温州ミカンでは9月中旬〜10月中旬に夏枝・秋枝の剪定，その後秋肥の施用を行う．こうして大きくなった果実は，成熟期に入る．成熟に際して，果実の呼吸に大きな変化を示す果樹がある．一般に果実の重量当たりの呼吸量は，結実直後は多いが生長に伴って減少を続ける．しかし，ある種の果樹では完熟期に先だって増加を始める．これをクライマクテリックライズといい，ピークに達した後に漸減する．このような呼吸変化をクライマクテリック現象といい，この現象を示す果実をクライマクテリック型果実という．本現象の進行と果実の成熟度とは比較的一致し，ピークを過ぎると果実の老化が進行し過熟へと向かう．クライマクテリック現象は多くの果樹では樹上中に起こるが，セイヨウナシ，キウイフルーツ，アボカド，バナナ等では収穫後に起こる．これに反して，クライマクテリック現象が認められない果実を非クライマクテリック型果実という．クライマクテリック型果実には，リンゴ，チュウゴクナシ，セイヨウナシ，モモ，ウメ，アンズ，スモモ，キウイフルーツ，バナナ・アボカド等多くの熱帯・亜熱帯果樹等がある．非クライマクテリック型果実には，ニホンナシ，オウトウ，ブドウ，イチジク，ブルーベリー，カンキツ，オリーブ等がある．

クライマクテリック型果実の特徴は，成熟時にエチレン生成を伴うことと，外部からのエチレン処理により成熟が誘導されることである．非クライマクテリック型果実や後述する末期上昇型果実にはこの特徴はない．

末期上昇型果実とは，呼吸量は成熟とともに増加するが，過熟状態になるまで減少しないパターンを示す果実で，カキ，パイナップル等が属する．

このような成熟の引き金になるものは，クライマクテリック型果実ではエチレン，また非クライマクテリック型果実ではエチレン以外の植物ホルモン，例えばブドウではアブシジン酸とされている．これら引き金となる成分はさまざまな酵素を活性化させ，果皮の着色，糖含量の増加・組成の変化，酸含量の減少，香気の増加，果肉のみずみずしさの増加等を誘発する．

◆**果実の軟化メカニズム**◆ リンゴ等の果実は成熟期を過ぎると，エチレン等を発生し，細胞内の遺伝子に働きかけて細胞壁（セルロース，ペクチン，キシログルカン等からなる）を溶かす酵素を誘導する．その酵素として，ペクチンを分解するポリガラクチュロナーゼ，キシログルカンを内部で切断して他のキシログルカン分子に再結合するエンド型キシログルカン転移酵素等があり，強固な細胞壁を引き伸ばしたり，溶かしたりして果実は軟化して行く．

6．果実の美味しさを作る成分

果実の美味しさを作る成分として，甘味，酸味，肉質，香り，コク味等がある．甘味は，果糖（フルクトース：あっさりした甘味），ブドウ糖（グルコース：さわやかな甘味），ショ糖（スクロース：自然なソフトな甘味で舌に残る），糖アルコールのソルビトール（清涼感のある甘味）で作られている．甘味の強さは，果糖が最も強くショ糖を1とすると1.15〜1.73，ブドウ糖は0.64〜0.74，ソルビトールは0.6である．なお，果糖は冷やすと甘味が増すので，果実を食べる前に冷蔵庫に入れると美味しくなる．この理由は，β型果糖の甘味はα型果糖より3倍強く，冷やすとα型果糖がβ型果糖に変わるからである．

果実は色々な糖で構成されているが，果糖が主要な果実にはリンゴ，ニホンナシ，ビワ等が，ブドウ糖が多い果実にはウメ，オウトウ等が，ショ糖が多い果実にはモモ，アンズ，スモモ，カキ，温州ミカン，'バレンシア・オレンジ'，グレープフルーツ，ナツミカン，パイナップル，バナナ等が，ブドウ糖と果糖がほぼ等量な果実にはブドウ，キウイフルーツ等がある．ソルビトールはリンゴ，ニホンナシ，セイヨウナシ，スモモ，オウトウ等の

バラ科植物に多く含まれている．

酸味は味に濃厚さを与える成分で，リンゴ酸（やや刺激性のあるさわやかな酸味で，舌に残る），クエン酸（おだやかで爽快な酸味），酒石酸（少し渋味のあるやや鋭い酸味）がある．酸味の強さは，クエン酸を1とすると，リンゴ酸 1.1〜1.2，酒石酸は 1.1〜1.3 である．

リンゴ酸が主要な果実にはリンゴ，ニホンナシ，モモ，アンズ，スモモ，オウトウ等が，クエン酸が多い果実にはウメ，カンキツ等が，酒石酸が多い果実にはブドウ等が，クエン酸とリンゴ酸がほぼ等量な果実にはセイヨウナシ等がある．

果実を食べる時の歯ごたえも，美味しさを決める大きな要因である．水分が多いと，細胞に張りがありサクッとした食感を与える．適熟期を過ぎると，食べた時に細胞がつぶれず多汁感が失われたり，細胞がバラバラに離れやすくなり口の中でザラザラした食感を与えることがある．

この他，果実には香気も重要である．また，ナリンギンやリモノイド等の苦味成分やカテキン類等の渋味成分，アミノ酸等のうま味成分によって，深みのある味やコク味が形成される．果実の食べ頃とは，これら成分・要因がバランスよく果実に現われた時といえる．

　◆**果実の甘い部分**◆果樹では，果実が枝に着いているこうあ部（果梗部）より，反対側のていあ部（果頂部）の方が，また，種子がある内側より外側に行くほど，甘味は増加する．ブドウも果粒でみると同様であるが，房でみると概して果梗部の方が甘い．これらの理由は定かではないが，最初にできた組織（古い組織）ほど，早くから糖が蓄積されているからといわれている．モモの縫合線の部分とリンゴの「みつ」の部分も甘味は少ない．リンゴのみつの部分が甘くないのは，甘味の少ないソルビトールが充満しているからである．なお，スイカ，メロンは中央の種子の部分が一番甘く，皮に向かうほど甘味は少なくなる．

果実は健康に役立つ多くの機能性成分を含んでいる（参考−1）．その中で，果実がもつ大きな特徴として，高血圧，脳卒中，心臓病，腎臓病等を誘発するナトリウムが極めて少なく，カリウムが非常に多いことである．カリウムは余剰のナトリウムを体外に排出する役目も担う．また，果実は生で食べることができるため，調理による成分の消失がないことも大きな利

点である.

　日本食品標準成分表では,成分含量を100g当たりで表示している.果実の多くは水分であるため,各成分の含量は少なくみえる.しかし,田中(果樹研究所)は,身体に影響を及ぼすのは,食べた量よりはカロリーであることから含量を重量単位ではなく,カロリー単位で表示すべきであるとしている.カロリー単位で表示すると,果実は多くの成分を高含有する.

　◆果実とガン発症との関係◆ 1997年に世界ガン研究財団と米国ガン研究所が,約4,500の研究論文を検討し,果実とガンとの関係を発表している.これによると,果実を摂取すると確実に減少するガンとして,口腔ガン,咽頭ガン,食道ガン,肺ガン,胃ガンが,ほぼ確実に減少するガンとして喉頭ガン,膵臓ガン,乳房ガン,膀胱ガンが,可能性があるガンとして肝臓ガン,卵巣ガン,子宮ガン,甲状腺ガンがある.

7. 病害防除

　病気や害虫の発生状況をみながら防除のための薬剤散布や,雑草防除を数回行う.

　果樹に発生する病気を病原別にみると,糸状菌によるものが多く,70%以上を占め,その他,ウイルス,ウイロイド,細菌,ファイトプラズマ(マイコプラズマ様微生物)がある.主要果樹について主な病害を示すと,①カンキツ:そうか病,かいよう病,黒点病,温州萎縮病,ステムピッティング病等,②リンゴ:斑点落葉病,腐らん病,モニリア病,黒星病,赤星病,うどんこ病等,③ナシ:黒斑病,黒星病,赤星病,輪紋病,胴枯病等,④モモ:縮葉病,せん孔細菌病,黒星病,炭疽病,灰星病等,⑤ウメ:黒星病,かいよう病等,⑥オウトウ:灰星病,せん孔細菌病,炭疽病等,⑦クリ:胴枯病,疫病,炭疽病等,⑧ブドウ:べと病,黒とう病,晩腐病等,⑨カキ:うどんこ病,炭疽病,円星落葉病等,⑩キウイフルーツ:かいよう病,花腐細菌病,果実軟腐病,灰色かび病等,⑪ビワ:がんしゅ病,灰斑病,赤衣病等がある.

1) 糸状菌

　糸状菌は「かび」ともよばれ,葉緑素等をもたず,栄養器官の菌糸で伸

長し，生殖器官の胞子で繁殖するものである．菌糸は，植物から養分を摂取し生存する．菌糸の細胞は細胞壁と細胞膜に囲まれ，内部に核，ミトコンドリア，液胞，リボゾーム，貯蔵物質等を有する．

糸状菌は，自分の力で植物の表皮細胞壁を貫通して組織に侵入する．

(1) 分　類

糸状菌の分類は研究者によりかなり異なるが，広く用いられているものに以下の分類がある．

①子のう菌類：子のうを生じ，その中に子のう胞子を形成する．子のう菌により発生する病気には，胴枯病，枝枯病，縮葉病，うどんこ病，炭疽病，黒星病，黒とう病，そうか病，モニリア病，腐らん病，輪紋病，白紋羽病等がある．

②担子菌類：担子柄を生じ，その上に担子胞子を形成する．赤星病，銀葉病，さび病，紫紋羽病，ならたけ病等がある．

◆紋羽病◆紋羽病は土壌病害として，樹体に大きな被害をもたらしている．白紋羽病は熟畑化したpHの高い土壌で発生が多く，紫紋羽病はpHが低く未分解有機物の多い未熟土壌で発生する．土壌水分については，紫紋羽病は乾燥しやすい土壌で，白紋羽病はその逆である．

③べん毛菌類：栄養器官は単細胞または菌糸状であり，隔膜を欠く．べん毛によって水中を泳ぐ遊走子を作る．疫病，べと病等がある．

④不完全菌類：分生子（無性的に形成される胞子）または菌糸等の栄養器官による無性世代だけが知られていて，有性生殖器官が認められない菌類の総称である．斑点落葉病，ナシ黒斑病等がある．

⑤その他，菌糸体を欠き通常アメーバ状をした変形菌類，接合胞子を形成し菌糸の先端に運動性のない無性胞子を作る接合菌類がある．

(2) 糸状菌病の診断

糸状菌の診断は，病徴を手がかりとする肉眼的診断と光学顕微鏡による診断が中心となるが，正確な診断をするためには病原菌の分離→純粋培養→接種試験による病原性の確認→病原菌の再分離と再分離した病原菌の同定，を行う必要がある．その他，電子顕微鏡による診断，蛍光抗体法によ

る血清学的診断等がある（ウイルスの項参照）．

2）ウイルス

　ウイルスは細菌より小さく，核酸がタンパク質の外殻で囲まれた核タンパク構造をもつ．核酸は，RNAかDNAのどちらか一方で成り立っている．核酸の構造は，1本鎖と2本鎖とがあるが，植物ウイルスでは1本鎖RNAのものが多い．ウイルスは，生細胞の中でしか増殖できない．ウイルスは，自力で植物体内に侵入できず，傷口や昆虫等の媒介により組織に侵入する．また，接ぎ木により伝播するが，自然界では接触・汁液伝染はしない．

　ウイルス病には，高接病，温州萎縮病，ステムピッティング病，モザイク病，ナシえそ斑点病等がある．

（1）ウイルス病の診断

　ウイルス病の外部病徴は色々あり，主なものとして緑色部と黄色部が混ざり合うモザイク，奇形，萎縮，斑入り果等がある．ウイルス病には，外部病徴から肉眼的に診断できるものもあるが，正確に診断するには指標植物，血清学的手法，電子顕微鏡を用いる診断や，遺伝子診断（ウイルスの核酸を直接検出する方法）を行う．

　①指標植物による診断：特定のウイルスに対して鋭敏に特異的に反応する植物を用いて診断する方法をいい，木本検定と草本検定がある．木本検定は木本植物を指標植物とし，これに被検植物を接ぎ木して病徴の発現を調べる方法である．草本検定は草本植物を指標植物として，被検植物の汁液を接種して病徴の発現を調べる方法である．

　②血清学的診断：上記の方法は診断に長時間を要する．そこで，短時間に多数の診断を行うために血清学的診断が開発されている．精製したウイルスをウサギに注射すると，血液の中にウイルス（抗原という）に対する抗体ができる．ウイルスの種類が異なると，違った抗体ができる．予め色々なウイルスの抗体を作っておき，これらに被検ウイルスを混合して凝集が起これば（抗原抗体反応），その抗体を作成した時のウイルスと診断する方法である．この抗原抗体反応を見やすくする方法として，反応を黄色に置き換える酵素結合抗体法（ELISA法）が現在広く用いられている．本法で

は，極めて低濃度のウイルスを迅速に多数扱うことができる．さらに，抗体に蛍光物質をくっつけたものを植物組織の凍結切片に処理すると，組織中にウイルスが存在すればこれに結合する．これを蛍光顕微鏡で観察すれば，細胞のどの部分にウイルスが存在するのか蛍光により知ることができる．この方法を蛍光抗体法という．

(2) ウイルス病の防除法

糸状菌病，細菌病は化学的防除が可能であるが，ウイルス，ウイロイド，ファイトプラズマ等に対しては直接効果のある薬剤はない．

わが国で発生するウイルスの全ては，接ぎ木により伝播する．そこで，ウイルスフリーの苗木を供給することにより，ウイルスに汚染されない栽培を行うことができる．ウイルス無毒化（ウイルスフリー化）の方法として，保毒苗木を35～40℃の温度条件で栽培し（熱処理），この間に伸長した新梢の先端部の組織（茎頂）を台木に接ぎ木するか，組織培養する方法（茎頂培養）がとられる．採取する組織が大きいほどウイルスの無毒化は困難となる．一般に，カンキツはブドウ，キイチゴを除く落葉果樹に比べウイルス，ウイロイドの無毒化が難しいとされている．そこで，カンキツのウイルス，ウイロイドの無毒化のために開発されたのが簡易茎頂接ぎ木法である．本方法は熱処理した茎頂を顕微鏡下で0.2～0.4 mm切り取り，暗黒条件下で育成したカラタチ実生の胚軸部分に切り込みを作り，ここに茎頂を乗せパラフィルムで被覆して植物体に育てるものである．この方法で，ほぼ全てのカンキツのウイルス，ウイロイドの無毒化が簡便に効率的にできるようになった．この方法のポイントは，顕微鏡下でごく薄く茎頂を切り取ることにある．

◆**ウイルス無毒化のメカニズム**◆熱処理によりウイルスが無毒化するメカニズムには，高温条件下では新梢先端部の細胞の分裂・伸長が速く，ウイルスの増殖・移行が追いつけないとする説と，高温条件ではウイルスが増殖できないために，新たに分裂・伸長した新梢先端部の細胞群にはウイルスがいないとする説とがある．

しかし，ステムピッティング病を発症させるカンキツトリステザウイルス（CTV）のように，ミカンクロアブラムシ等のアブラムシ類によりウイル

スが伝播される場合には，たとえウイルスフリーの苗木を用いても，ミカンクロアブラムシ（これ以外のアブラムシでは伝播力は小さい）の飛来によりCTVに感染する可能性が高い．長期間にわたりミカンクロアブラムシの飛来を阻止することは難しいため，CTVに対する防除法として弱毒ウイルスが利用される．CTVにおいては，既に感染しているもののほとんど病徴を示さないウイルスが，激しい病徴を示す強毒ウイルスの感染を防ぐことが知られている．このウイルスを弱毒ウイルスとよび，この現象を干渉作用という．弱毒ウイルスを保毒している樹を探し出し，これを増殖することにより強毒ウイルスを防ぐことができる．

核果類の一部のウイルスを除くと，果樹の種子によるウイルスの伝搬はほぼなく，実生苗は実用的にはウイルスフリーと考えてよい．その理由については色々な説があるが，不明である．

3) ウイロイド

ウイロイドは"ウイルスもどき"を意味する造語である．ウイルスと異なり，タンパク質の外殻をもたない裸の低分子RNAで，このRNAは環状1本鎖RNAという特異的な分子形態を有している．ウイロイドは，ウイルスよりさらに小さい．ウイルスと同様に，生細胞の中でしか増殖できない．ウイロイドの検定は，①指標植物による検定，②ポリアクリルアミドゲル電気泳動による環状RNAの検出，③遺伝子診断法，等がある．

ウイロイド病には，リンゴさび果病，リンゴゆず果病，スモモ斑入果病，カンキツエクソコーティス病等がある．虫媒伝染や土壌伝染は果樹ウイロイドでは知られていないが，ウイロイドは接ぎ木により伝播する．

果樹で接触伝染するウイロイドはほとんどないが，例外的事例としてカンキツエクソコーティス病があげられる．即ち，罹病組織を切断した剪定ばさみやナイフで健全個体を切ると伝染する．このため，罹病樹の剪定等に使用した器具の消毒が必要である（ホルマリン4％液と苛性ソーダ4％液の等量混合液に数秒間浸漬）．ウイロイドの防除には，ウイルスと同様に，前述した簡易茎頂接ぎ木法によるウイロイドフリーの苗木を育成する必要がある．

◆**不治の病**◆多くの病原菌は，農薬により防ぐことができる．果樹には農薬では治療できない，ウイルス，ウイロイドが起こす不治の病がある．細菌病の根頭がんしゅ病も不治の病である．これらの病原体は，自分では増殖できず，病原体の遺伝子を植物の中に組み入れ，植物の力を借りて増殖する．これら病原体の増殖の代謝は，植物細胞の代謝と一体不可分なため，農薬で病原体の増殖を停止させることは，植物細胞の代謝を停止させることになる．このため，現時点では，これらの病原体のみに効く薬剤はない．なお，リンゴ根頭がんしゅ病菌の簡易診断法が，近年（2002）果樹研究所で開発されている．

4）細　菌

　細菌はバクテリアともよばれ，単細胞で二分裂によって増殖する．自らの細胞の中に代謝系をもち，生・死細胞に寄生して栄養分を摂取する．細菌の侵入は糸状菌とは異なり，傷口と植物の自然開口部に限られている．

　細菌の診断は，糸状菌と同様な手続きで行う．また，細菌に寄生するウイルスを利用して病原細菌を検出するファージ法，ELISA法，蛍光抗体法（ウイルスの診断法を参照）等による診断がある．細菌病には，せん孔細菌病（スモモでは黒斑病），かいよう病，根頭がんしゅ病，花腐細菌病，火傷病等がある．

　これ以外に広義の細菌として，難培養性で細胞壁をもつ木部局在細菌と師部局在細菌，細胞壁をもたないファイトプラズマがある．ファイトプラズマは，細胞壁を欠く原核生物として，世界に先駆けてわが国で発見された病原で，1枚の細胞膜のみに包まれている．多くはヨコバイ科の昆虫により媒介される．ファイトプラズマによる果樹病害は諸外国では大問題となっているが，わが国での発病は少なく，確認されているものにナツメ天狗巣病，クリ萎黄病がある．本病原は師部に存在するため，薬剤の浸透性等の問題から防除が難しい．

　師部局在細菌による病害として，近年，地球温暖化に伴ってわが国への伝播が懸念されているものにカンキツグリーニング病がある．カンキツグリーニング病は，熱帯・亜熱帯地方のカンキツ栽培の最重要病害の1つである．病勢の進行が遅く，結果年齢に達してから急速に症状が進み，樹が枯死するため経営に与える損害は大きい．病原はカンキツ樹の師部に局在す

るため，薬剤の師部への浸透が困難であることもあり防除が難しい．また，現在まで培養に成功していないため，微生物学的性質はほとんど不明である．病原はミカンキジラミの媒介により伝播する．ミカンキジラミは，カンキツのほか庭木として広く植えられているゲッキツにも生息することから，カンキツ園だけの対策では伝染を断つことが難しい．ミカンキジラミは，わが国のカンキツ栽培地帯の多くでは，冬の低温で越冬できないことから大きな問題にはならなかった．しかし，南西諸島で発生が確認されており，地球温暖化に伴い，ミカンキジラミの分布域および本病の発生地域の拡大が強く懸念される．

5）防　除

　病気は，主因（病原体），素因（植物体），誘引（環境）の全てが揃った時にのみ発病し，どれかが欠けると発病しない．しかし，実際の農業現場ではいずれの要因も完全に取り除くことは不可能である．そこで，3要因を少しずつ制御し，病害による被害を農家経営に問題のない水準（経済的被害許容水準）以下に抑えることを目的にして防除が行われる．この際，最初に重要なことは，発生予察を精度よく行うことである（虫害の項参照）．次が，病原体の防除になるが，前述したようにウイルス，ウイロイド，ファイトプラズマ等に対しては直接効果のある薬剤はない．他の病原体に対しては化学的防除が可能であるが，人体や環境に優しい農業への希求さらに耐性菌の問題等から，農薬のみに依存しない拮抗微生物，弱毒ウイルス等を利用する生物的防除，袋掛け等の物理的防除，抵抗性品種（ナシ黒斑病抵抗性品種'ゴールド二十世紀'）の導入や健全な樹体の育成による病害抵抗性の強化，中間宿主の除去等の耕種的防除（害虫の項を参照）を入れた総合防除が求められている．

　◆**耐性菌**◆同じ種類の農薬を繰り返して使用すると，その薬剤で生き残った病原菌が園地を占有し薬剤の効果がなくなる．この耐性菌の存在は，農薬散布前に自然突然変異株として既に存在している場合と，薬剤により誘発された遺伝的変異による場合とがある．耐性菌による被害を回避するためには，同一薬剤あるいは同一作用機作をもつ薬剤の連用を避けたり，散布回数の低減，作用機作の異なる薬剤の混用や交互使用が勧められているが，耐性菌の

防除対策として決定的なものではない．薬剤が使用される限り，不可避な問題である．
◆**拮抗微生物**◆病原菌の増殖を抑制したり，作物体内への侵入を防ぐ働きをする微生物をいう．従来は土壌中の病原菌の増殖を抑制し，土壌病害の発生を少なくする微生物をさしたが，最近では弱毒ウイルスや非病原性フザリウム菌等，病原性をもたない微生物を予め作物体内へ侵入させておくことで，後から侵入する病原菌の感染を阻止するものも，広義の拮抗微生物とする．
◆**中間宿主の除去**◆リンゴ，ナシの赤星病菌は，生活環を完成させるためには中間宿主のビャクシン類を必要としており，園地付近からビャクシン類の除去が防除に有効である．しかし，ビャクシン類を庭木として植えている家庭も多い．産地を抱える千葉県等の自治体では園地周辺のビャクシン類の栽植を条例で規制している．ウメ変葉病の発生地域では，中間宿主であるヤマカシュウの除去により効果を上げている．カンキツグリーニング病の媒介昆虫ミカンキジラミは，広く植えられているゲッキツにも生息しており，ゲッキツの伐採も本病の防除対策として重要である．

8．虫害防除

昆虫は命名された種だけで，120万種あるとされる．実際にはこの数倍の種類が存在するといわれている．わが国において果樹に発生する害虫は700種を超え，このうち約1割が経済的な損害を招く重要害虫である．なお，害虫とは主に昆虫をさすが，ダニ，線虫，陸産貝類等も含める．

1）害虫の種類

主要果樹について主な害虫を示すと，①カンキツ：チャノキイロアザミウマ，ミカンハモグリガ，ミカンハダニ，ゴマダラカミキリ等，②リンゴ：ハマキムシ類，モモシンクイガ，キンモンホソガ，アブラムシ類，ハダニ類等，③ナシ：ナシヒメシンクイ，ハマキムシ類，コナカイガラムシ類，アブラムシ類，ハダニ類等，④モモ：シンクイムシ類，モモハモグリガ，コスカシバ，アブラムシ類等，⑤ウメで：ウメシロカイガラムシ，アブラムシ類，コスカシバ等，⑥オウトウ：オウトウハマダラミバエ，オウトウショウジョウバエ，リンゴアナアキゾウムシ，オウトウハダニ等，⑦クリ：クリタマバチ，クリシギゾウムシ，クリミガ，シロスジカミキリ等，⑧ブドウ：チャノキイロアザミウマ，ブドウスカシバ，ブドウトラカミキリ，フ

タテヒメヨコバイ等，⑨カキ：カキノヘタムシガ（カキミガ），チャノキイロアザミウマ，カキクダアザミウマ，フジコナカイガラムシ等，⑩キウイフルーツ：キイロマイコガ，クワシロカイガラムシ，ネコブセンチュウ等，⑪ビワ：カイガラムシ類，アブラムシ類，ナシヒメシンクイ，クワカミキリ等，⑫イチジク：アザミウマ類，キボシカミキリ，ハダニ類等，がある．なお，果樹に共通する害虫として，果樹カメムシ類や果実吸蛾類があり，年や地域により多発する．

　主要害虫を分類すると，◇チョウ目のハマキムシ類，シンクイムシ類，果実吸蛾類，ハモグリガ類，ケムシ類，イラガ類，その他コスカシバ，ブドウスカシバ等，◇カメムシ目のカメムシ類，アブラムシ類，カイガラムシ類，ヨコバイ類，コナジラミ類等，◇アザミウマ目，◇コウチュウ目のカミキリムシ類，クリシギゾウムシ等，◇ハチ目のクリタマバチ等，◇ハエ目のミバエ類がある．さらに，◇ダニ目のハダニ類，サビダニ（フシダニ）類等，◇線虫類（ネマトーダ）のネコブセンチュウ類，ネグサレセンチュウ類等，◇陸産貝類にはウスカワマイマイ，ナメクジ類があり，ヤスリ状の口器をもち，植物組織を削り取るようにして食べる．害虫ではないが，鳥獣害も果樹栽培の現場では大きな問題となっている．

2）変　態

　昆虫は卵から成虫へと発育する間に，一般にその形態を著しく変化させる．これを変態とよぶ．変態には卵→幼虫→蛹→成虫と変化する「完全変態」，蛹期をもたない「不完全変態」，蛹期をもたないうえに幼虫と成虫も形態にほとんど差異がない「不変態」の3種類がある．完全変態するものはチョウ目，コウチュウ目，ハチ目，ハエ目等，不完全変態するものはカメムシ目，アザミウマ目等があり，害虫の中で不変態のものはない．なお，アザミウマ目の昆虫は，蛹期を経て成虫になるが，蛹期に2～3回脱皮することや蛹が歩行する等特異な発生形態をたどることから不完全変態に分類されている．また，カイガラムシ類の雄は完全変態を行うが，雌は不完全変態を行うので，不完全変態に分類されている．

　昆虫の脱皮や変態には，脱皮や変態を促進する脱皮ホルモン（前胸腺から

分泌）と幼虫を維持する幼若ホルモン（アラタ体から分泌）が関与している．

3）生　殖

昆虫の生殖には，両性生殖，単為生殖，幼生生殖，多胚生殖がある．

①両性生殖：雌雄由来の受精卵により生殖する場合をいう．多くの害虫は，この生殖を行う．

②単為生殖：処女雌が生殖するもので，雌のみを産む産雌単為生殖と雄のみを産む産雄単為生殖がある．クリタマバチは雌だけで繁殖し，典型的な産雌単為生殖である．ネギアザミウマには，両性生殖する系統と単為生殖する系統が知られている．また，アブラムシ類では，秋に雌と雄が出現して両性生殖を行うが，夏には雌のみの単為生殖で繁殖し，季節により生殖方法が異なる．一方，産雄単為生殖はハチ目等でみられ，未受精卵は必ず雄個体になる．

③幼生生殖：タマバエ類の一部にみられる現象で，幼虫の段階で卵細胞が単為生殖的に多数の幼虫を発生し，母幼虫を食べて成長する．

④多胚生殖：一つの卵が分割し，複数の個体を生じる生殖をいう．キンモンホソガに寄生する天敵寄生蜂キンモンホソガトビコバチは，多胚生殖を行う．

4）発生予察

害虫の発生時期，発生量を前もって予測することは，防除効果の面だけでなく，減農薬のためにも非常に重要である．果樹では，昭和40年から病害虫発生予察事業を実施している．これは，都道府県に予察員や調査員を配置し，病害虫の発生を予測する制度である．発生予察としては，定期的な調査観察が最も重要な手段となるが，それに加え，気温等の害虫発生に関与する要因を調査し予察式を立てる方法等も行われている．

5）防　除

害虫防除としては，化学的防除，生物的防除等の方法があり，それらを合理的に組み合わせて体系化することを総合的害虫管理という．

（1）化学的防除

化学的防除とは，化学薬剤を使用して害虫を防除する方法である．農薬

が主要な資材である．なお，農薬とは，殺虫剤，殺菌剤，殺ダニ剤，殺線虫剤，殺鼠剤，除草剤，植物生長調節剤等の総称である．農薬はその毒性の強い順に，特定毒物，毒物，劇物，普通物に分けられている．

化学的防除法の中で近年注目を浴びている方法に，性フェロモンを利用した交信攪乱法がある．これは，雌成虫が出す性フェロモンの人工合成剤を園地に多数設置するため，雄成虫が雌成虫を見つけられず雌雄の交尾を阻害するもので，次世代の害虫発生量を減少させる効果がある．性フェロモン剤は，チョウ目やコウチュウ目の害虫に対して製剤化されている．

◆**フェロモン**◆フェロモンとは，動物体内で生産され体外へ分泌された後，同種の他の個体に特有な行動を起こさせる物質をいう．異性を誘引する性フェロモン，雌雄成虫や幼虫を誘引する集合フェロモン，危険を知らせる警報フェロモン等がある．性フェロモン剤は発生予察，大量誘殺（合成フェロモンを誘引源としたフェロモントラップを園地に配置し，大量の雄成虫を誘殺する），交信攪乱に利用されている．

◆**他感作用物質**◆他感作用物質とは動物体内で生産され，体外へ分泌された後，異種の個体に作用する物質をいう．両者とも利益となるシノモン，放出者のみ利益となるアロモン，受容者のみ利益となるカイロモン，両者とも不利益となるアニュモンがある．

殺虫剤の多くは，連続して使用すると次第に効果が少なくなる可能性がある．これを抵抗性の発達という．害虫個体群の各個体には殺虫剤に対する感受性に変異があり，殺虫剤の使用により感受性の高い個体は死に，抵抗性のある個体は生存して繁殖する．その結果，その個体群は抵抗性のある個体で占められるようになり，その殺虫剤の効果が少なくなる．また，ある殺虫剤に抵抗性のある個体は，他の殺虫剤にも抵抗性を示すことがある．これを交差抵抗性という．

(2) 生物的防除

生物的防除とは害虫を捕食したり，寄生して殺す生物，即ち天敵を利用した害虫防除をいう．利用する天敵には，昆虫，カブリダニ，線虫，ウイルス，細菌，糸状菌等がある．

外国から導入した天敵昆虫による害虫防除の成功例として，カンキツの害虫イセリアカイガラムシに対するベダリアテントウ，ルビーロウムシに

対するルビーアカヤドリコバチ，ヤノネカイガラムシに対するヤノネキイロコバチとヤノネツヤコバチ，クリの害虫クリタマバチに対するチュウゴクオナガコバチ，リンゴの害虫リンゴワタムシに対するワタムシヤドリコバチ等がある．一方，全ての昆虫に対して必ず天敵が存在する．農薬散布を行わなかった古い時代においては，例えばミカンハダニに対してキアシクロヒメテントウ，ハダニアザミウマ等の在来天敵が，害虫を要防除水準以下に抑えていたことが知られている．

◆**生物農薬**◆ 害虫を駆除するために製剤化された天敵で，農薬登録されているものにBT剤（細菌），ハダニの天敵チリカブリダニ（捕食性ダニ），カミキリムシ類に対する *Beauveria brongniartii*（糸状菌），ネコブセンチュウに対する *Pasteuria penetrans*（細菌）等がある．これら生物農薬は，合成殺虫剤による生態系破壊が問題なっていることから注目され，植物に毒性が残留しない，反復利用による害虫の薬剤抵抗性が増大しない等の利点を有する．

広義の生物的防除法として，不妊雄放飼法がある．これは人工的に増殖させた雄成虫を放射線等で不妊化し，野外に大量に放飼する．不妊雄と交尾した正常雌では受精は起こるが，卵はふ化しない．このようにして害虫の個体数を減らす方法である．成功例の一つとして，沖縄諸島・奄美諸島・八重山列島に生存するウリミバエを約11年かけて平成5年に根絶している．なお，ウリミバエでは雌も不妊化され雌雄とも放飼されたので不妊虫放飼法とよんでいる．

(3) 耕種的防除，物理的防除

耐虫性品種（クリタマバチ抵抗性品種，フィロキセラ抵抗性台木等）の利用や除草・耕起，混作・間作等による害虫の環境変化，肥培管理による樹体の抵抗性の強化，栽植密度の調節による採光・通風の改善，害虫の発生時期と品種の早生〜晩生の調整（例えば，クリシギゾウムシは秋の短い期間に産卵するので，早生品種では被害が少ない）等の耕種的防除がある．

物理的防除法として，袋掛け，網掛け等がある．袋掛けは果実吸蛾類，カメムシ類，シンクイムシ類，モモチョッキリゾウムシ等の果実加害性害虫の防除に効果が高い．一方，網掛けは果実吸蛾類，カメムシ類の防除と雹，鳥害防止等の多目的利用を兼ねて，ナシ栽培等で行われている．

（4）総合的害虫管理（IPM）

従来の合成殺虫剤に過度に依存した防除に対する反省から生まれたものである．その定義は，○複数の防除技術を合理的に統合して使う，○経済的被害許容水準（経済的損害をもたらす最低の害虫密度）以下の害虫密度では防除を行わない，○天敵等の自然制御機能を最大限に活用する，○人間の健康，防除対象外の動植物や環境へのリスクを最小にする，等の考えに基づいた害虫個体群管理システムである．

経済的被害とは，防除にかかる経費と防除しなければ生じる経済的損失が等しくなる点をいう．即ち，害虫の密度がこの点に達した時に初めて防除するというのが，IPMにおける防除の実施基準となる．

6）鳥獣害

果実を加害する鳥として，カラス，ムクドリ，ヒヨドリ，オナガ等が，果樹の芽を加害する鳥としてウソ，アトリ等がある．果樹を加害する獣類としてネズミ，イノシシ，シカ，サル，クマ，カモシカ等がある．

野生鳥獣の捕獲は，鳥獣保護法等により原則的に禁止されている．このため，鳥獣の防除対策は，鳥獣を果樹に寄せ付けない手段が主体になる．防除柵や爆音器の設置，忌避剤の利用等様々な工夫がされているが確たる防止法はない．ただ，鳥獣害が多発する地域では，鳥獣保護法により捕獲が認められている．これは，環境大臣あるいは都道府県知事に申請し許可を受けて被害発生予察に基づき捕獲する．前者は国が指定した狩猟鳥獣を定められた期間内に捕獲するもので，後者は有害鳥獣駆除の許可を受けて捕獲するものである．

9．果実の収穫と貯蔵

1）果実の収穫

果実が成熟すると収穫を行う．農作業の中で，この収穫に一番時間を必要とする．収穫は人手で行うしかなく，全体の作業の30％前後を占める．収穫後，選果され一部の果実は販売価格の有利な時まで貯蔵され，一部は加工にまわされ，多くの果実は規格にしたがって出荷される．収穫時の果

実熟度は商品性を左右するので，その判断が極めて重要となる．収穫が早すぎると食味が劣り，遅過ぎると貯蔵性が低下し，障害が発生する．完熟した果実をすぐ食べると，どの品種でも実に美味しい．しかし，貯蔵性のことを考えて完熟より少し前に収穫する場合が多い．また，店頭に並んでいる間に品質が劣化する．そこで，消費者に美味しい果実を提供するためには，完熟果を収穫しても品質が劣化しない貯蔵法の開発が望まれる．収穫期の判断は，着色，硬度，香り，手で触った時の感触等長年の経験や，満開日からの日数・積算温度等を加味して決める場合もある．一方，果皮の地色の脱色程度をカラーチャートで判断したり，果実を採取して糖度・酸度を調べる方法が客観的であり一部で普及している．最近，携帯型の非破壊品質評価装置を用い，樹上のリンゴ果実の熟度判定法が開発されている（果樹研究所等，2002）．

2）果実の貯蔵

選果には，最近は非破壊品質評価法が行われている．非破壊品質評価法とは，内部品質を非破壊で評価する方法である．果実の糖含量や酸含量を測定するために，近赤外線（可視光線と赤外線の間にあって，800～2600 nm程度の電磁波）を果実に照射し，その反射光や透過光をセンサー（光センサー）で捕らえて算出する方法が開発されている．現在，光センサーを選果ラインに組み込み瞬時に選果されている．果皮の厚いカンキツでは，透過光が用いられる．

温州ミカンでは，収穫後，果実重量を3～4％減を目安に主として果皮を乾燥させる予措を行う．予措により，果実呼吸の抑制，微生物の繁殖防止，浮皮の抑制等の効果があり，果実の貯蔵性は高まるが，一方で果実の鮮度を失わせることにもなるので他の果樹では行わない．果実の貯蔵方法には，低温貯蔵法，氷温貯蔵法（果実の氷結点の直前温度で貯蔵），MA（MAP）包装法（プラスチックフィルムで果実を包装する．後述するCAの効果がある），CA貯蔵法，冷温高湿貯蔵法，1－MCPによる保蔵等がある．この中で，今後期待される貯蔵法は，冷温高湿貯蔵法と1－MCPによる保蔵である．

◆ **CA貯蔵** ◆ 空気中には酸素が21％，炭酸ガスが0.03％存在するが，リンゴの場合，酸素濃度と炭酸ガス濃度を2％程度にすると，果実の呼吸量やエチレンの生成等が少なくなり，果実の貯蔵性が高まる．このようなガス組成に調節する装置を作り，果実を貯蔵する方法をCA貯蔵法という．リンゴの長期貯蔵法として周年供給に貢献している．

◆ **冷温高湿貯蔵** ◆ 果実は低温・高湿下で貯蔵性が飛躍的に高まるが，高湿度（95％）なためカビ等の発生が多くなり，腐敗果が多発する．そこで，低温・高湿条件下で，負イオンとオゾンの混合ガスを照射してカビ等の発生を防ぐと，果実を長期間貯蔵できる．従来とは異なる画期的な貯蔵法である．

◆ **1－MCP** ◆ 最近，脚光を浴びつつある果実の鮮度保持剤に，エチレンの生成を阻害する1－MCP（1－メチルシクロプロペン）がある．これは，1996年に米国において開発されたもので，無毒であることからわが国でも検討が進められている．本剤の処理により室温下でリンゴ'ジョナゴールド'で1カ月以上，ナシ'幸水'で10日間（無処理だと5日程度），収穫時の鮮度が保持できる．

以上で，年間の作業およびその作業に関する基礎的な知識について概略を述べたが，その他，果樹栽培で必要なことを補足する．

10．その他

1）施設栽培

果樹栽培は自然の環境で行う場合（露地栽培）とハウス等で無加温あるいは加温して栽培する場合（施設栽培）がある．施設栽培を行う理由は，ハウス内の温度を上げて早く花を咲かせ，前述した色々な作業を早めて限られた労働力を分散させる，気象災害を防ぐ，早く出荷して高単価で販売するためである．施設栽培はニホンナシ，モモ，カキ，ブドウ，カンキツ等多くの果樹で行われている．ここで問題になるのは，落葉果樹では樹体に休眠という現象があることである．

◆ **樹体の休眠** ◆ 果樹，特に落葉果樹の芽は休眠しないと，発芽，開花が遅延するか，発芽せず枯死することもある．休眠には条件的休眠（落葉果樹の芽等は冬期の低温等に適応するために，8月頃から徐々に準備を始める状態），自発休眠（生育に好適な環境下でも，芽等の活動が起こらない状態），他発休眠（環境条件が不適なため芽等の活動が起こらない状態）がある．この中で特に栽培上問題になる休眠は自発休眠である．この休眠が覚醒するためには一定の期間，低温に遭遇する必要がある．この低温量を低温要求といい，

7.2℃以下の温度に遭遇した時間を加算した値で示すことが多く，この値は果樹の種類によりある範囲で決まっている．しかし，正確には温度により自発休眠に及ぼす影響は異なっており，最近，低温による休眠打破への効果に重み付けをしたチルユニットが提唱されている（1.4℃以下を0ユニット，1.5～2.4℃を0.5ユニット，2.5～9.1℃を1ユニット・・・という具合に係数を決め，その係数と時間の積を加算）．加温栽培をする場合，加温開始時期の決定は低温要求を満たした後に行う必要がある．冬期が温暖な地域で，リンゴ等の落葉果樹が栽培できないのは，低温要求が満たされないためである．

2）連作障害

栽植されている樹が老齢化している場合，気象災害等で樹体が壊滅的な被害を受けている場合，樹種や品種が現在の消費者し好に合致しなくなっている場合等では，改植を行う必要がある．この際問題になるのは，連作障害である．

連作障害とは，改植後に同一果樹を植えた時の生育障害をいう．いや地も同じ意味である．栽培中に土壌に蓄積した何らかの物質や土壌微生物により，後作に特異的に生育障害を引き起こす．果樹で連作障害が認められる樹種は，リンゴ，モモ，イチジク，カンキツ等である．連作障害の防止対策としては，土壌中に残存する前作果樹の根等をよく取り除き，牧草類や青刈作物を栽培した後，果樹を栽植する．また，前作と異なる位置に植穴を深く掘って，新しい別の土壌を客土して植える．土壌生物が原因している場合には，クロールピクリンによる土壌消毒が有効である．

3）地表面管理

地表面管理には，大別すると清耕法，草生法，マルチ法およびそれらの折衷法がある．清耕法は耕うん，除草剤等により地表面を裸地に保つ方法で，施肥反応は現われやすいが土壌有機物の消耗が大きく，土壌浸食が起きやすい．草生法は，多年生牧草や雑草で地表面を被覆する方法で，土壌浸食防止，草による有機物の補給等の利点があるが，樹体と草との養水分の競合，病害虫の温床，草刈労力等の問題がある．マルチ法は，刈草，稲わら，プラスチックフィルム等で被覆する方法で，樹体と草との養水分の競合はなく，冬期における地温低下の防止等の利点があるが，早春期の地

表2 果実の植物学的な特徴による区分 （真田，2002を一部加筆）

植物学的区分	該当する果樹
Ⅰ 単果：1個の子房をもつ花が発達して1個の果実となる	
1. 乾果：外果皮，中果皮，内果皮ともに硬くなった果実	
堅果（殻果）[a]	クリ，クルミ，アーモンド，ドングリ，ハシバミ類，ペカン等
2. 多肉果：中果皮等が多肉多汁である果実	
液果：外果皮は薄いが中果皮，内果皮は肉質で水分が多い果実	カキ，ブドウ，キウイフルーツ，マタタビ，ブルーベリー，アケビ，スグリ，フサスグリ，ハスカップ，ナツメヤシ等
石果[b]：外果皮は薄く，中果皮は多肉多汁で，内果皮が硬化した核を有する果実	モモ，ウメ，スモモ，オウトウ，グミ，ナツメ，ヤマモモ，オリーブ，マンゴー，ココヤシ等
ミカン状果：外果皮はフラベド，中果皮はアルベド，内果皮は袋状で十数個に分かれ，袋の内壁から多くの砂じょうが突出し果汁を貯める果実	カンキツ，キンカン，カラタチ等
ナシ状果：花床やガクの基部が子房を包んで発達して多肉質となり，果実の主要部分を占める果実	リンゴ，ナシ，カリン，マルメロ，サンザシ，ビワ等
Ⅱ 1花性集合果実：1個の花床上にある多数の子房が成熟して1個の果実状になる果実	
キイチゴ状果：多数の小石果が同一の花床上に発育した果実	キイチゴ
バラ状果：花床が球形または壺状に発達して肉質化し，くぼんだ内部に多数の痩果[c]を含む果実	ハマナス等
Ⅲ 多花性集合果実：1個の花序に密集した各花の子房が成熟して1個の果実状になる果実	
クワ状果：肉質で多漿の果実	クワ，パイナップル等
イチジク状果：多くの小果が，多肉化した壺状の花床の内面に着生している果実	イチジク

a　堅果：乾果には閉果（堅果，イネ科の頴果等）と裂果（マメ類の多く）とがあり，果樹では堅果（殻果）だけである．堅果とは，外果皮，中果皮，内果皮ともに乾燥して硬く，成熟しても果皮が裂開しない果実の総称である．多くの場合，苞葉（花のつけ根に着いた蕾や花を保護する小型の葉）が多数集まり癒合した総苞が発達した殻斗（クリのイガ，ドングリのおわん状の皿）を伴うもので，クリ，ドングリ，ハシバミ類等が属する．なお，アーモンド，クルミは石果であるが，成熟後，果皮は裂開するものの硬化し，その中の種子を食用とするので果樹園芸学では堅果とする．
b　石果：石果を核果ともいうが，核果類というときは，石果に属する果実の中で，バラ科サクラ属のモモ，ウメ，アンズ，スモモ，オウトウ等をさす．なお，液果は漿果，ナシ状果は仁果ともいう．
c　痩果：乾果中の閉果の一種で，1心皮，1種子の果実で，果皮は薄く硬く，一見種子のようにみえるもの．カシューナッツは痩果である．

温上昇が抑えられ初期生育が遅れる等の問題がある．折衷法は，各管理方法の長所を取り入れた方法で，樹間を草生にし樹冠下を清耕あるいはマルチ等にする方法である．

4）果実に関すること

(1) 果　実

果実が子房（子房は，胚珠とそれを取り巻く子房壁，子房の中で胚珠が着生する場所（胎座）からなる）のみから形成されるものを真果といいモモ，ウメ，アンズ，スモモ，オウトウ，カキ，ブドウ，カンキツ等が属する．子房以外に花床，花序軸，ガク等を含むものを偽果といい，リンゴ，ナシ，イチジク，ブルーベリー，キイチゴ，クワ，ビワ，パイナップル等が属する．

果実を植物学的な特徴によって分けると，表2のようになる．

(2) 果　皮

果樹園芸学的には果皮は果実の外皮で，真果では子房壁の外果皮に，偽果では花床の表皮組織に由来する場合が多い．いずれの果皮も，1層の表皮細胞とその下の下皮細胞層からなる．表皮には気孔を有するものが多く，表皮の外側にはクチクラ層があり，果実を保護する．

表3　果樹の可食部の主な組織　（真田，2002を一部加筆）

主な組織	該当する樹種
花床（花托）	リンゴ，ナシ，マルメロ，カリン，ビワ，ハマナス
外果皮＋中果皮	ヤマモモ，カンキツ
外果皮＋内果皮	キウイフルーツ
中果皮	モモ，ウメ，アンズ，スモモ，オウトウ，オリーブ
中果皮＋内果皮	カキ，ブドウ，ブルーベリー
花床＋果皮	イチジク
子葉	クリ，クルミ，アーモンド，ドングリ，ハシバミ類，ピスタチオ，ペカン
子葉＋雌性配偶体	イチョウ
花被	クワ
仮種皮	ドリアン，マンゴスチン，ランブタン，リュウガン，レイシ
外種皮	ザクロ
花序軸＋子房＋花床＋苞	パイナップル

(3) 種　子

　子房内の胚珠が受精後，生長し種子となる．種子は種皮，胚（熟した胚は，普通，子葉，幼芽，胚軸，幼根を含む），胚乳からなる．種子は胚乳の有無により，胚乳種子（カキ，ブドウ，キウイフルーツ，ブルーベリー，オリーブ等）と胚乳が退化し子葉が発達して，胚の生育用の物質を蓄える無胚乳種子（リンゴ，ナシ，モモ，アンズ，スモモ，クリ，ドングリ，ペカン，カンキツ等）とがある．

　胚珠の胚皮は1枚または2枚で，2枚の場合，外側が外種皮，内側を内種

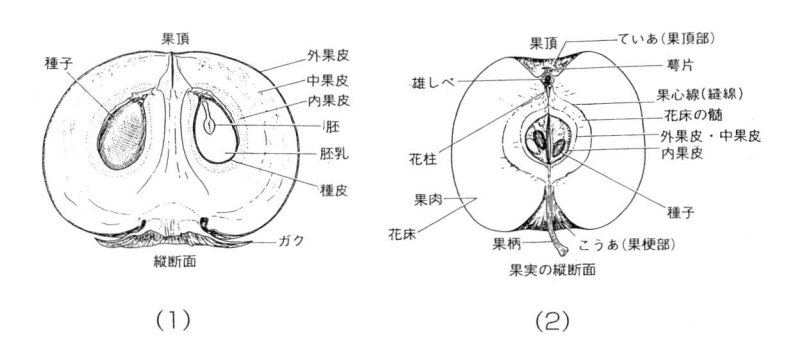

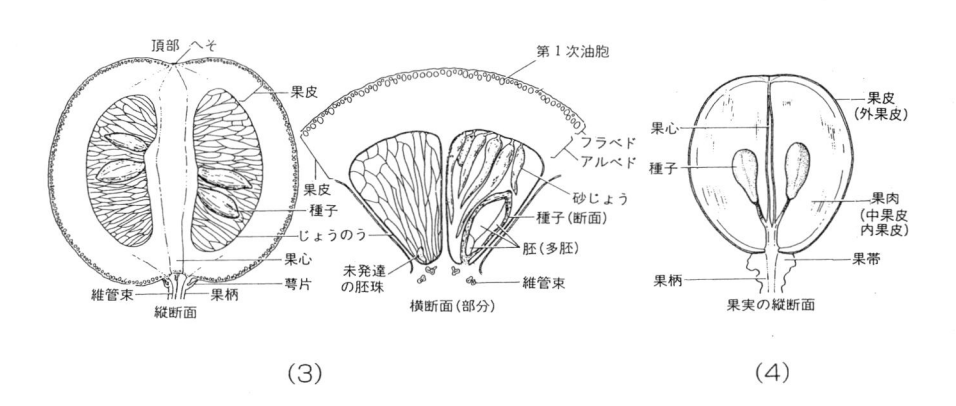

図5　果実の断面図
　(1) カキ　(2) リンゴ　(3) カンキツ　(4) ブドウ
　　　（小学館，園芸植物大事典より梅林正芳 画）

皮という．種皮は乾いて硬いものが多いが，外種皮が多汁質となり可食部となる果樹（ザクロ等）もある．また，種子の表面を覆っている特殊な付属物である仮種皮（種衣）を可食部とする果樹もある．なお，仁とは，種子から種皮を取り去った中身をさし，胚と胚乳の総称である．

(4) 果実の可食部

可食部の主な組織については，表3に示すとおりであり，外果皮，中果皮，内果皮，花床，子葉，外種皮，仮種皮等である．

果樹博物誌

　最初に，参考としてわが国で栽培されている主要果樹の栽培面積（平成15年）を述べておく．面積が最も多いのは温州ミカンの57,100haで，次いでリンゴ44,100ha，他のカンキツ31,190ha（イヨ7,650ha，ナツミカン3,850ha，ハッサク2,880ha，'不知火'2,820，ポンカン2,810，'清見'1,470，ネーブルオレンジ1,210ha等），クリ25,700ha，カキ25,300ha，ブドウ20,600ha，ウメ18,700ha，ニホンナシ16,500ha，モモ11,300ha，オウトウ4,600ha，スモモ3,450ha，キウイフルーツ2,720ha，ビワ2,050ha，セイヨウナシ1,940ha，パイナップル614haである．

1．リンゴ（林檎，Apple）

1）原生地と伝播

　リンゴは，バラ科リンゴ属の落葉樹である．リンゴ属植物には，真正リンゴ区，ズミ区，クロロメレス区，エリオロブス区，ドシニオプシス区の5区があり，これまでに30種以上が知られている．ただ，果樹園芸学で重要なのは前3者までで，栽培品種，マルバカイドウ，エゾノコリンゴは真正リンゴ区に，ミツバカイドウはズミ区に属する．クロロメレス区の果樹は，ウイルス検定用に利用されている．

　栽培品種の基本種 *Malus pumila* Mill. の原生地は，カフカス地方と北部イラン地方，あるいはカフカス山脈の北斜面の広大な地域といわれている．この基本種に，*M. sylvestris* Mill.（ヨーロッパ中部から西部に原生）と *M. astracanica* Dum.（アジア西部のアストラハン地方からシベリア西南部に原生）が関与して，現在の栽培品種が形成されたとされる．

　リンゴ栽培の歴史は古く，いつ頃からか明らかではないが，BC 2000年頃の湖棲民族（ヨーロッパ中部の原住民で，湖の水面に住宅を作り生活し

ていた民族．特にスイス地方に遺跡が多い．）時代には栽培されていたと想像される．スイスのド・カンドル（1806～1893）は，湖棲（杭上）住居の遺跡から出土した炭化リンゴから推定すると，当時のリンゴには大果種と小果種とがあり，大果種のものでも果径30 mm前後で，現在のクラブリンゴ（渋く，酸味の強い野生リンゴの総称）程度のものであったとしている．ギリシア時代のテオフラストス（BC 372頃～BC 288頃）は，野生種と栽培種の区別，接ぎ木繁殖法や栽培法を記している．リンゴはローマ人に愛好され，ローマ時代には品種の概念がさらに明確となり，30品種前後があったとされる．ローマ時代の博物誌家プリニウス（AD 23頃～AD 79）は，マルス（*Malus*，リンゴの属名）の名で，リンゴの他，カンキツ，モモ，ナツメ，ザクロ等を記載していることから，当時リンゴを果実の総称と考えていたことがうかがえる．この傾向は16～17世紀まで続き，その頃，モモの学名をマルス・ペルシカ（*Malus persica*）とよんでいたのは，この名残である．現在のモモの学名は，*Prunus persica* (L.) Batschである．

　リンゴがヨーロッパの中・北部に入ったのは，ローマ人の侵入に伴ってのようである．品種および栽培技術の改良は，6～7世紀になってヨーロッパ中部以北でアングロサクソン民族によって行われた．改良されたとはいえ果実は小さく，苦味と渋味があった．大果のリンゴは，16世紀以降にイギリスで改良されたが，当時の品種改良は偶発実生の発見によるものであった．交雑による品種改良は18世紀末頃に，イギリスにおいて初めて行われた．

　米国へのリンゴの伝来は移民に伴うもので，17世紀頃とされている．伝わったリンゴの多くは，東海岸の雨の多い気象に合わなかったが，19世紀後半から品種改良が進み，栽培法の改善も行われ，米国のリンゴは著しく進展した．

　中国新疆地区には真正リンゴ区の野生種（*Malus asiatica* Nakai）があり，中国では本種を「林檎」とよび，これが広く中国に広がっていた．なお，中国には6世紀頃に，現在の栽培リンゴと同種とみられる西洋リンゴがシルクロードを通って西域から伝来し，このリンゴを中国では「柰」と称したが，

余り普及しなかった．

　わが国には平安時代の頃に中国から林檎が渡来し，明治時代になるまで長く栽培された．わが国最古の本草書『本草和名』(918, 深江輔仁の撰)にもその名がある．当時，わが国ではこのリンゴを林檎とよび，現在のリンゴの呼び名はこれに由来する．このリンゴは，果径40 mm前後と小さく食味の悪いことから，当時広く普及するまでには至らなかった．しかし，鎌倉時代中期に菓子として林檎の文字が文献にみられることから，少しは普及していたと思われる．

　欧米系のリンゴ(西洋リンゴ)は，文久年間(1861～1864)に福井藩主松平慶永が江戸屋敷に栽植したのが最初といわれているが，定かではない．西洋リンゴが導入される以前のリンゴ「林檎」は，西洋リンゴが導入されてからワリンゴまたはジリンゴとよばれたが，品質等の問題で次第に衰退し，現在は全く栽培されていない．西洋リンゴの本格導入は，明治4年(明治5年とも)開拓使が米国から75品種を導入したのが最初である．その中に'国光''紅玉'が含まれていた．「苹果」はこの西洋リンゴに当てた字である．

　わが国に原生しているリンゴ属植物は，エゾノコリンゴと，台木に用いるミツバカイドウ(別名：ズミ)だけであり，台木として広く用いられているマルバカイドウ(別名：セイシ)も中国から渡来したものである．明治時代以降，米国原産の'国光'(Ralls Janet)，'紅玉'(Jonathan)，'祝'(American Summer Pearmain)，デリシャス系('デリシャス''スターキング・デリシャス'等)，'ゴールデン・デリシャス'，カナダ原産の'旭'(McIntosh)等が，わが国のリンゴ産業を維持してきた．一方，わが国における組織的なリンゴ育種は，昭和3年に青森県農事試験場(現青森県農林総合研究センターりんご試験場)が，次いで昭和14年に農林省園芸試験場東北支場(現果樹研究所リンゴ研究部)が開始した．現在，これら導入品種を元にわが国で交雑・育成した，'ふじ'(後述)，'つがる'(後述)，福島県の大槻只之助により育成された'王林(ゴールデン・デリシャス×印度)'等が主要品種となっている．栽培面積は青森県が約半分を占め，次いで長野県，岩手県等で，沖縄県を除く地域で栽培されている．

2）生理・生態等

　リンゴの基本染色体数は17であり，一般に2倍体（$2n=34$）であるが，栽培品種の中には3倍体品種として'陸奥''ジョナゴールド''北斗''ハックナイン'等があり，4倍体の品種もある．

　リンゴ栽培の大きな課題は，品種更新の際に問題となる高接病（前述）と低樹高化である．低樹高化は，作業効率や作業の安全性の面から解決を要する重要な課題であり，リンゴに限らず多くの樹種で大問題となっている．低樹高化の手段としては，わい性台木で対応する場合と樹形改造による場合がある．わい性台木の取り組みはリンゴで一番早く，一部普及に移されているので，本項で述べることにする．

　わが国のリンゴ栽培では，主にマルバカイドウを台木にして，その上に穂木品種を接ぎ木した樹を用いている．マルバカイドウを台木に用いた理由は，挿し木繁殖が容易であること，細根が多く比較的土壌乾燥に強いこと，リンゴワタムシや根部疫病に抵抗性を示すこと等による．しかし，本台木では樹が大きくなり，高所作業も多く作業効率・危険度の面から，樹をわい化させる台木（わい性台木）の利用が図られてきている．わが国におけるわい性台木の普及率（平成14年）は，リンゴ栽培面積の28％と高くないが，その中では，イギリスのイーストモーリング試験場で育成されたM.26が66％と大半を占め，次がM.9の17％である．しかし，M.26にも欠点があり，欠点として挿し木繁殖が難しいこと，穂木品種や土壌条件により樹勢が強くなり高品質な果実が得られないこと，リンゴワタムシや根部疫病等に弱いこと等があげられている．そこで，最近，現果樹研究所でマルバカイドウとM.9の交雑実生の中から，挿し木繁殖性に優れ，根部疫病抵抗性があり，わが国の環境に適したJM系台木が育成されている．

　リンゴでは，わい性台木の利用以外に，カラムナータイプという省力樹形品種の育成による省力栽培の検討がされている．なお，花モモには枝垂れ性という性質があり，樹形がコンパクトになる利点がある．現在，この枝垂れ性の性質をモモの栽培品種に導入する試みがされている．カンキツのわい性台木として，カラタチの変異形としてさらにわい化度の強いヒリュ

ウがあり，樹勢が強い品種の台木として有望視されている．

◆**カラムナータイプ**◆ 1963年頃，カナダのサマーランドでリンゴ'旭'の枝変わりとして，節間がつまり，側枝の発生が非常に少なく，幹に直接着果する'ウイジック'という品種が発見された．樹形が非常にコンパクトで，外観が円柱のようにみえることから，カラムナータイプとよばれている．この形質は後代に遺伝するが，果実品質は'旭'と同様であり，酸味が強く，肉質は悪く，日持ちも悪い．現在，'ウイジック'と'ふじ'等の品質の優れた品種との交雑を行い，優良なカラムナータイプの品種育成が試みられている．

果肉の一部が水浸状になった部分を「みつ」といい，美味しいリンゴの象徴とされている．リンゴでは，光合成産物はソルビトールに変換され果実に転流し，果実内で果糖等の糖に変わる．完熟期には既に細胞内が糖で飽和状態になっているため，転流してきたソルビトールは細胞の中に入れず，細胞と細胞の間（細胞間隙）に蓄積されて果肉が水浸状となる．みつは完熟した証であるが，それ故に貯蔵性がないため早く食べることが肝要である．みつの発生程度は品種によって異なり，'ふじ'，デリシャス系等で発生しやすい．なお，みつに似た症状に，後述するナシの「みつ症」がある．

リンゴには，赤に色付く赤系品種と緑〜黄色の青系品種とがある．リンゴの赤色色素はアントシアニンであり，青系品種はアントシアニンが生成され難く，果皮にクロロフィル（葉緑素）が残り緑〜黄色となる．アントシ

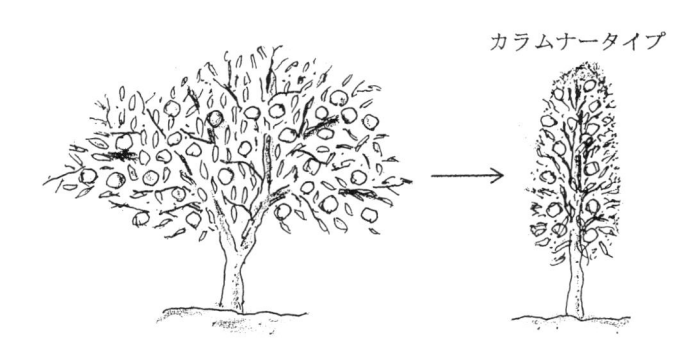

図6 カラムナータイプの樹姿
(池上 徹 画)

アニンの生成には光が必要で，290～320 nm の紫外線と 650 nm 付近の可視光線が有効とされており，光の刺激によりアントシアニンの生合成に関わる遺伝子や酵素が活性化される．赤系品種と，光の刺激があっても着色しない青系品種とで，アントシアニン生合成系のどこが違っているのか不明である．しかし，青系品種でも鳥につつかれて傷がつくとその部分が赤く色付くことから，青系品種にもアントシアニン生成能力は潜在的に存在すると考えられている．

　果樹には生理的な原因で起こる障害（生理障害）がある．'ふじ'等では，果梗（果柄）の基部に「つる割れ」と称する外部裂果が発生する．裂果には3つのタイプがある．即ち，内部裂果を伴う外部裂果，内部だけの裂果，内部裂果を伴わない外部裂果である．'ふじ'の場合，前者が多い．裂果は7～8月における果実肥大の旺盛な時期の降雨等が関係していると考えられており，樹勢が強い樹や排水不良園で発生が多い．6月中旬～7月上旬まで袋掛けを行い微細な亀裂の発生を少なくすれば，外部裂果はかなり防げる．「ビターピット」とは，果実の赤道部からていあ部（果頂部，なお反対側の果実が枝に着いている方をこうあ部，果梗部という）にかけて，2～10 mm 程度の斑点が発生し，次第に暗褐色となり，くぼみを生じる症状をいう．'ふじ''王林''ジョナゴールド''陸奥'等に発生が多い．果実内の局所的なカルシウム不足と考えられており，窒素やカリウムの多量施用によって助長される．その他，樹体がマンガン過剰になると樹皮にリング状の亀裂が発生する「粗皮病」，果面の一部がサビ状になる「サビ果」等がある．サビ果の防止には，幼果時の袋掛けが最も効果がある．

> 　果樹研究所（2001）はヒト介入研究を行い，リンゴを摂取することにより，中性脂肪が正常に保たれるとともに，悪玉コレステロール（LDL－コレステロール）値を低下させ，善玉コレステロール（HDL－コレステロール）値を増加させるとしている．また，大腸で有用菌であるビフィズス菌を増加させ，有害菌のウエルシュ菌を減少させる．
> 　フィンランドの疫学調査では，リンゴの摂取により肺ガンへの予防効果が高まることを明らかにしている．ウルグアイの疫学調査でも，直腸ガン，結腸ガンの罹患リスクを60％下げる．その他，リンゴは心臓病や脳卒中の予防にも効果がある．便秘の解消に効果があることは，多くの人が経験済みである．

主要品種の解説

○ ふじ：果樹試験場（現果樹研究所）が'国光'に'デリシャス'を交雑して育成し，昭和37年に命名登録された．熟期は盛岡市で11月上旬の晩生品種である．果実重は300g前後で，果汁多く，糖含量は14～15％と多く甘酸適和で極めて美味である．貯蔵性は高いが，貯蔵後期に果心部の褐変することが問題となる．原品種は着色が不良であるが，多くの着色系枝変わりが発見されている．現在，世界一の栽培面積を誇る．

○ つがる：青森県りんご試験場が'ゴールデン・デリシャス'の実生から選抜し，昭和50年に名称登録された．熟期は盛岡市で9月中～下旬の早生品種で，淡紅縞に着色する．果実重は300g前後で，糖含量は13％程度でやや酸味が少ない．後期落果が多い．

○ 将来期待される品種

'シナノゴールド'——長野県果樹試験場育成（平成11年に品種登録），'ゴールデン・デリシャス'に'千秋'を交雑し，育成地では9月下旬～10月中旬に熟す中生種．果実重は'ふじ'並みで，果皮の色は黄色，果汁多く，食味は極めてよい．

美味しいリンゴを選ぶには，果実を指先で軽くはじくことである．澄んだ音がする果実は良質果である．赤系品種では尻（果頂部）の部分に緑色が残っているものは未熟で，青系品種でも果面の緑が強いものほど未熟である．果梗（ジク）がしなびている果実は鮮度が落ちている．さらに果皮に張りがあり，ズッシリと重い果実がよい．果実を保存するには，乾燥しないようにポリエチレン袋に入れ，冷蔵庫に入れておくとよい．

3）こぼれ話

現在のリンゴは大果で甘く美味であるが，17世紀頃のリンゴがどのような品質のものであったか興味がわく．当時のリンゴを知る上で，わが国にもニュートンの家の裏庭に植えられていたリンゴの木の複生樹があるので，その果実品質を紹介する．ニュートン（1642～1727）は，リンゴの落ちるのを見て「万有引力の法則」を発見したことで有名であるが，このリンゴは'フラワー・オブ・ケント'という品種である．本品種は接ぎ木で増殖さ

れ，世界各地に植えられている．日本には昭和39年，英国国立物理学研究所から柴田雄次日本学士院長に苗木が送られ，現東京大学大学院理学系研究科附属植物園本園に植えられた．その他，秋田県果樹試験場，当時の建設省土木研究所，通商産業省電子技術総合研究所等にもニュートンのリンゴの木は栽植されている．秋田県果樹試験場の調査によると，果実重122g程度と小さく，円〜長円形，果皮は暗赤色で縞があり，甘味少なく酸味が強く，果肉が軟らかでボケやすく，さらに後期落果が多く，現在なら経済栽培品種にはなり得ない．余談であるが，'フラワー・オブ・ケント'が落果しにくい品種であれば，ニュートンの「万有引力の法則」の発見は遅れていたかも知れない．

リンゴは古くから豊穣，知恵，不死，幸福，美等のシンボルとされ，多くの神話，伝説がある．『旧約聖書』の，アダムとイブが禁断の木の実を食べてエデンの楽園から追放されたという話は有名である．アダムが禁断の木の実を食べようとした時，神様から声をかけられあわてて飲み込もうとして喉にひっかかり，そこが喉仏になったという話がある．喉仏のことをAdam's apple という．ただ，禁断の木の実がリンゴであったか否かは，明らかではない．ギリシア神話の中には，リンゴにまつわる話が多い．宴席に招かれないことを不満に思った争いの女神エリスが，"最も美しい人へ"と記して宴席に投げ込んだリンゴがもとで，三女神の美の競争を引き起こしトロイ戦争の遠因になった話，絶世の美女で俊足のアトランタとの競走の際に黄金のリンゴを投げ，彼女が拾っている間に走り勝ち，憧れの彼女を妻にしたピッポメネスの話，等多数ある．

明治時代初期，外国から導入した品種には，当然のことながら原名がある．原名は長く親しみにくいので，日本名にして普及させようとした．その結果，各地で勝手に名を付けたため大混乱を引き起こした．そこで，品種名を統一する必要が生じ，明治27年に第1回の名称選定会が行われ，American Summer Pearmain は'中成子(なかなるこ)'，Ralls Janet は'晩成子(おくなるこ)'，Jonathan は'満紅(まんこう)'と名付けられた．このように一旦決まったかにみえた全国統一名が，明治33年急きょ変更となった．'中成子'は'祝'に，'晩成子は'国光'

に，'満紅'は'紅玉'にである．これらの品種名は現在も続いて用いられている．この変更は，丁度，時の皇太子（後の大正天皇）のご成婚があり，この慶事にあやかったものと推定されている．

　もう1つ'ふじ'の命名由来について述べておく．俗説があるようだが，農林大臣に提出した公式文書には"本品種の交配及び育成選抜地が青森県藤崎町であったので，その頭文字「ふじ」をこの品種名として，記念することにした"とある．'ふじ'の名には，日本一の名峰「富士山」のように素晴らしい品種になって欲しいという願いも込められていた．

　育種家は，育成品種が果樹産業を支えることを夢みながら，また命名の楽しみのために，長期間単純な栽培管理と，膨大な数の育成系統の試食に耐えている．自分の子供の名前に文句を付けられて平気でいられる親は少ない．品種名も同じである．育成者が付けた名前を正当な理由なしに，単に審査会委員等のイメージに合わないという理由で，不採用になるとすれば大問題である．果実の品質次第で，品種名は輝いても霞んでもみえる．

　リンゴの花は，青森県の県花である．

2．ナシ（梨，Pear）

1）原生地と伝播

　ナシは，バラ科ナシ属の落葉樹である．ナシ属には，現在30種以上あるとされているが，この中には種間雑種も含まれており，基本種は20種前後ではないかと推定されている．ナシ属は大別して次の3区に分かれる．①真正ナシ区：ホクシヤマナシ，ヤマナシ，アオナシ，イワテヤマナシ，現在のセイヨウナシの基本種である *Pyrus communis* L.等があり，栽培品種は全てこの区に属する．②マメナシ区：果実はダイズ大で，マメナシ，チョウセンマメナシ，マンシュウマメナシ等がある．③雑種区：以上両区の雑種で，小果で食用価値のあるものは少ない．

　栽培種は，ニホンナシ，チュウゴクナシ，セイヨウナシに大別される．

　（1）ニホンナシ（Japanese pear，Sand pear）

　ニホンナシの起源については不明な点が多く，DNA分析等による今後の

研究の進展を待たねばならない．現在までの有力説は，中国の長江沿岸一帯を中心として，広東省および朝鮮半島の南端，日本中部以南（日本には原生分布しないという説もある）に原生しているヤマナシを基本種として改良したというものである．中国からの渡来説もあるが，いずれにしても改良して膨大な品種群にしたのはわが国である．なお，古い品種の中に，イワテヤマナシ（岩手県，青森県，秋田県に分布）の系統とみられるものがある．

弥生時代の登呂遺跡からニホンナシの炭化種子が出土しており，栽培の歴史は古い．『日本書紀』(720)には，持統天皇の代にナシ等の栽培を勧めたとある．『三代実録』(901，清和・陽成・光孝天皇の約30年の事を記した史書）や平安時代初期の宮中の行事や制度を記した『延喜式』(927)には，信濃や甲斐の国からナシが朝廷に献上されたという記載がある．しかし，江戸時代になるまでは品種の概念が薄く，庭先散在果樹の状態であった．

江戸時代中期になると，ニホンナシは果樹園として栽培され始め，現新潟県，群馬県，千葉県，神奈川県，京都府，石川県等に産地が形成された．越後（新潟県の大部分）の阿部源太夫は『梨営造育秘鑑』(1782)に棚仕立ての方法，接ぎ木，剪定，害虫，品種等について記載している．19世紀前半頃には150以上の品種が存在したとされている．江戸時代末期頃には産地も増加し，品種の変遷も盛んとなり，特に'淡雪'(あわゆき)は人気品種でかなり広範囲な地域に栽培された．明治維新前後には関東地方で'独逸'(どいつ)'真鍮'(しんちゅう)'幸蔵'(こうぞう)'巾着'(きんちゃく)等の優良品種が発見され，それらが全国に広まり，各地の在来品種を駆逐していった．明治時代中期以降，'長十郎''二十世紀'(にじっせいき)が偶発実生として発見され，その後長期間にわたりわが国の2大品種としてナシ産業を支えた．大正4年に神奈川県農事試験場（現神奈川県農業総合研究所）の菊池秋雄（後の京都大学教授）が行った日本梨品種改良事業は画期的なもので，昭和2年に'八雲'(やくも)'菊水'(きくすい)'新高'を育成・命名し，ナシ産業の礎を築いた．次いで昭和14年に園芸試験場（現果樹研究所）で組織的に交雑育種が開始され，多くの優良品種が育成された．現在，'幸水'(後述)，'豊水'(後述)，'二十世紀''新高'(にいたか)（交配親の'天の川'と'今村秋'の原産地が，それぞれ新潟県と高知県であることから，両県の頭文字を取って命名）等が主力品種と

なっている．主産地は，千葉県，鳥取県，茨城県，福島県，長野県，栃木県等である．

'長十郎'は，現神奈川県川崎市の当麻辰次郎（屋号が長十郎）のナシ園で明治28年頃に偶発実生として発見された．'二十世紀'の来歴には不明な点が多いが，現千葉県松戸市の松戸覚之助が明治21年にゴミ捨て場付近で実生樹を発見したとされ，明治31年に「新太白(しんたいはく)」等の名で発売されている．'二十世紀'という名は，明治37年に種苗商の渡瀬重二郎と東京帝国大学の池田伴親により命名された．鳥取県には明治37年に北脇永治により導入されている．

なお，ナシの語源について，貝原益軒は『日本釈名(にほんしゃくみょう)』(1699)の中で，果肉が白い意味の「中白(なかしろ)」に由来すると述べ，また，芯に近い果肉が酸っぱい意味の「中酸(なす)」，あるいは風があると果実がならないところから「風ナシ」にちなむ等諸説がある．

(2) チュウゴクナシ (Chinese pear)

中国でのナシの栽培は古く，漢の武帝(在位 BC141〜BC87)の時代に既に10品種あったと記されている．中国の栽培ナシは，2系統に分けられる．1つはチュウゴクコナシとよばれる系統で，中国の河北省，山西省，全満州，蒙古，朝鮮北部に原生分布するホクシヤマナシの純系に属する品種群で，'北京白梨'が代表品種である．本品種群には，大果のものが少なく，開花期が特に早い．もう1つは，一般にチュウゴクナシとよばれるもので，代表品種に'鴨梨(やーりー)' '慈梨(つーりー)'がある．この系統は，ホクシヤマナシとヤマナシとの交雑により改良されたものである．なお，ナシ研究者の間では，チュウゴクコナシとチュウゴクナシという言葉より，前者は秋子梨系(ちゅーずーり)，後者は白梨系(ばいり)という言葉が一般的に使われるようになってきている．

明治時代初期に内務省勧業寮が'鴨梨'を，大正元年に農商務省農事試験場園芸部（現果樹研究所カンキツ部興津）が'慈梨'を導入している．両種とも開花期が早く晩霜害を受けやすい等の理由から，わが国ではほとんど経済栽培されていない．ただ，チュウゴクナシはわが国でも古くから栽植されており，山口県大島郡橘町に'慈梨'に類するとされているチュウゴク

ナシの古木「安下庄のシナナシ」があり，国の天然記念物に指定されていたが火災で焼失した．

(3) セイヨウナシ（Pear, European pear）

セイヨウナシは，ヨーロッパ中・南部からカフカス，小アジア，イラン北部にかけて原生分布する *Pyrus communis* L. を基本種にして，一部 *P. nivalis* Jacq.（アルプス，ヨーロッパ南部に分布）等との交雑によりできた品種群である．セイヨウナシの栽培歴は古く，既にギリシア時代に接ぎ木繁殖等が行われ，ローマ時代には35品種あったとされる．ローマ帝国の全盛時代に，セイヨウナシの栽培はヨーロッパ西部，中部以北に伝播し各国に広がった．フランス，ベルギー，イギリス等で，栽培，品種改良が盛んに行われ，特にベルギーは最も品種改良に貢献した国である．米国での栽培は，17世紀中頃以降であり，果樹園としての集団栽培は18世紀中頃からとされている．

セイヨウナシは，明治時代初期に開拓使によって米国，フランスから導入され，明治10年頃各地域に苗木が配布された．しかし，当初は気象条件等に対する適応性の知識に乏しく多くは枯れ，また追熟の必要性を知らなかったこともあり，普及するまでには至らなかった．明治40年頃から気象条件，品種の選択，剪定等の栽培管理に意を用いるようになり，少しずつ栽培は広まっていった．わが国は，一般に夏期が高温・多湿であるため，枝が徒長し花芽の着生が少なく生産が安定しない．そこで，夏期に雨の少ない地域が適し，現在，栽培面積は山形県が圧倒的に多く，次いで青森県，長野県等である．主要品種としては，フランス原産の'ラ　フランス'（後述）が60％を超え，次がイギリス原産の'バートレット'，フランス原産の'ルレクチエ'，山形県育成の'シルバーベル'等である．

2）生理・生態等

わが国におけるニホンナシ栽培の特徴は，他の多くの果樹とは異なり棚栽培を行うことである．その理由については前述したので，参考にされたい．果樹栽培で大きな問題の1つとして，自分の花粉では受精しない自家不和合性とある他品種の花粉では受精しない交雑不和合性という現象がある

ことである．

　ナシ等果樹の自家不和合性および交雑不和合性は，一対の複対立遺伝子（S遺伝子）に支配されており，受粉した花粉のS遺伝子型と花柱のS遺伝子型が同じ場合に，花柱内において花粉管伸長が抑制されて受精・結実に至らない．ニホンナシには，現在のところ不和合性に関与する遺伝子としてS_1〜S_9の9つの遺伝子の存在が明らかにされており，各遺伝子を組み合わせたS_1S_2，S_2S_3，S_2S_4・・・・等の遺伝子型が知られている．仮に，S_1S_2あるいはS_2S_3を遺伝子型とする品種の雌ずいに，S_1S_2の遺伝子型をもつ品種の花粉を受粉すると，花粉は半数体なのでS_1とS_2に分かれた無数の花粉が，S_1S_2の雌ずいあるいはS_2S_3の雌ずいに付着する．しかし，前者のS_1およびS_2遺伝子をもつ雌ずいは自分と共通する遺伝子をもつ花粉が花柱内に侵入してきたことを検知し，花粉管伸長を阻害する．しかし，後者のS_2およびS_3遺伝子をもつ雌ずいはS_1をもたないため，S_1の花粉だけは花柱内を伸長し受精が行われる．'幸水'に対する不和合性品種として'新水''八幸''多摩''清澄'がある．'豊水'には不和合性品種は特になく，'二十世紀'には'菊水''早生二十世紀'がある．最近，リンゴでも交雑不和合性の品種が増加しているのは，'ふじ'等のごく一部の優良品種が交配親として頻繁に使われてきた結果，少数のS遺伝子に集中し，共通のS遺伝子型をもつ確率が高くなったためと考えられている．

　ニホンナシ，チュウゴクナシ，セイヨウナシの大半の品種は自分の花粉では受精しない自家不和合性であるが，'おさ二十世紀'は自家和合性である．これは，'二十世紀'において雌ずいの不和合性遺伝子（S_2S_4）のS_4だけが花柱内における花粉管伸長の阻害機能を失ったためと考えられている．花粉側の機能は失われていないが，花柱側のみがS_4からS_4^{sm}に変異したことから，これを花柱部突然変異という．つまり，S_4遺伝子をもつ花粉は，雌ずい（$S_2S_4^{sm}$）にS_4遺伝子がないため自家受精が可能である．しかし，逆に'二十世紀'の雌ずい（S_2S_4）に'おさ二十世紀'の花粉（S_2S_4）を受粉すると，前述した理由により受精できない．

　ニホンナシの品種には，果皮が果点間コルクの発達で褐色を呈する赤ナ

シと，その発達がみられない青ナシとがある．前者には'豊水''長十郎''新高'等が，後者には'二十世紀''八雲''菊水'等がある．

　セイヨウナシが，ニホンナシ，チュウゴクナシと大きく異なる点は，樹上では可食状態とならず，収穫後追熟させて初めて可能となることである．セイヨウナシでは，果実の成熟はエチレンに支配されている．果実が着果している時は，エチレンの発生を阻害する物質が樹体から転流してくると推測されており，収穫して初めてエチレンが発生する．したがって，セイヨウナシでは，外観から収穫期の判断をすることが難しい．適期収穫は，追熟後の果実品質を左右するため非常に重要となるが，収穫期の判定に確たる方法のないのが実情である．非破壊的な客観的方法の確立が望まれる．なお，果実の追熟を斉一にするためには，収穫後，一定期間果実を冷蔵しておく必要がある．一方，チュウゴクナシには，収穫後少し貯蔵した方が風味を増す品種もあるが，この現象はセイヨウナシの追熟とは異なる．

　ニホンナシの主な生理障害として「石ナシ（ゆず肌）」「みつ症」等がある．石ナシとは果頂部から赤道部にかけて果肉が硬化する現象で，果実表面に大小の凸凹ができる．'長十郎'等では石ナシ，'二十世紀'ではゆず肌というが，同じ障害である．'幸水''豊水'には本障害の発生は少ない．セイヨウナシにも石ナシが発生し，追熟しても石ナシの部分は軟らかくならない．石ナシの発生原因として，果実中のカルシウム不足が考えられている．台木にマンシュウマメナシを用いると，本障害は軽減できる．みつ症は，果肉に水浸状斑を生じる障害である．リンゴの「みつ」と同様に発生部位にソルビトールの蓄積が認められるが，リンゴと異なり果実品質が低下するため，発生の多い'豊水'では最重要障害である．みつ症は，果実の過熟や，果実生育初期の高温および6月下旬〜7月下旬の低温により発生が助長されるといわれている．みつ症の発生原因には不明な点が多く，確たる防止法はないが，発生が予想される年には通常の年よりカラーチャート値で1前後低いうちに収穫するのが安全である．その他，セイヨウナシでは「葉焼け」が発生するが，確実な防止はない．

主要品種の解説

○ 幸水：現果樹研究所が'菊水'に'早生幸蔵'を交雑して育成し，昭和34年に命名登録された．関東で8月中旬～9月上旬に熟す赤ナシ（正確には中間色）である．果実重は300g程度で，甘く，多汁で肉質は緻密で極めて美味しい．黒斑病には耐病性である．

○ 豊水：現果樹研究所が「リ－14（菊水×八雲）」に'八雲'を交雑して育成し，昭和47年に命名登録された．関東で9月上旬～下旬に熟す赤ナシである．果実重は300～400gで，甘く，やや酸味もあり，多汁で肉質は緻密で極めて美味しい．黒斑病には耐病性である．なお，交配親には疑問があるとされている（後述）．

○ ラ　フランス：フランス原産．わが国には明治36年に導入されたとされるが，導入経路は不明である．収穫期は，山形県で10月中旬である．果実の追熟を斉一にするため，5℃で10日間の予冷を行う．その後，室温に放置すると約2週間で追熟する．果実重は200g前後でやや小玉であり，果面はサビの発生が多く外観はよくない．しかし，糖度は高く，果汁が多く，肉質は緻密で芳香もあり食味は極めてよい．

○ 将来期待される品種

'あきづき' ── 現果樹研究所が，'新高'に'幸水'を交雑して育成し，平成10年に命名登録．'豊水'と'新高'の中間に熟す赤ナシである．果実重は510g前後と大きく，美味しい．

'王秋'（おうしゅう）── 現果樹研究所が，「C_2（慈梨×二十世紀）」に'新雪'を交雑して育成し，平成12年に命名登録．つくば市では，10月末に熟す赤ナシである．果実重は650g前後と大きく，食味良好．

◆ '豊水'は誰の子 ◆ '豊水'は，「リ－14（菊水×八雲）」に'八雲'を交雑して育成したとされているが，この交配組合せに疑問があることは，以前から指摘されていた．果樹研究所は平成15年に果皮色，自家不和合性遺伝子，DNA等を調査し，'豊水'の母親（種子親）は'幸水'，父親（花粉親）は「イ－33（石井早生×二十世紀）」である可能性が高いことを明らかにした．

ニホンナシの美味しい果実は，果皮に張りがあり，ズッシリと重いものである．'二十世紀'は上記に加え，日光にすかしてみると果皮が透明に感

じられる果実がよい．貯蔵方法は，リンゴと同じである．セイヨウナシではズッシリと重いものが良質果で，表面を軽く押して弾力が出てきた時が食べ頃である．

3）こぼれ話

ナシに関する言い伝えは多くある．わが国では，ナシは「無し」に通じることから，縁起の悪い言葉としてナシのことを「有りのみ」とよぶことがある．「有りのみ」という表現は，1812年に刊行された『円珠庵雑記』（契沖）にある．また，ナシを食べると疳の虫がわくという話や，ナシを食べると腹が冷えるため妊婦には禁じた地方もある．また，ナシの芯を食すと腫れ物ができるとか，背が伸びないという俗信もある．一方，屋敷の鬼門の方向にナシの樹を植え「鬼門なし」と称したり，ナシを建材にして家を建てると"何もなし"で盗難にあわないと縁起を担ぐ話もある．

ヨーロッパでは，大晦日やクリスマスの日に少女がナシの樹をゆすると，犬のほえる方向から将来の結婚相手がやって来るという話がある．ドイツでは，女の子が誕生するとナシの樹を植える習俗があり，豊穣，安産への願いが込められているものと思われる．歌舞伎役者の社会を梨園というが，これは唐の玄宗皇帝が，ナシを植えた庭園で自ら音楽を教えたという故事による．

ニホンナシは栽培歴が古いだけに，品種名に変わったものが多い．少し紹介すると，甘くて頬が落ちそうになり，思わず頬を叩いたところから付いた'頬叩'，美味しくて巾着（財布のこと）の有り金を全部叩いて買ったことに由来する'巾着'（別名，巾着叩），美味しいといわれている樹は"どいつ"だと言ったことから付いた'独逸'という名がある．樹上から大きな果実が落ちると，下にいた動物が死んでしまうことから付いた'犬殺''猫殺''婆婆殺'，熊本県天然記念物に指定されている'婆婆ウッチャギナシ'（ウッチャギとは方言で「つぶす」の意）という品種もある．

現在，ニホンナシにおける栽培面積の30％を超える大品種'幸水'が世に出るまでの苦戦話を少し紹介する．世に出る前の'幸水'の名は「キ－26」という．樹齢が若いうちの果実は，小さく，縦溝が入り外観的には仮にも

美しいといえるものではなかった．さらに，花芽の着生が悪く，栽培性の面からも評価が低かった．'幸水'のデビューを苦戦に導いたもう1つの原因は，当時の市場関係者の果実に対する評価基準が，外観の美しさに重きが置かれていたことである．4年前に，外観の悪さで「キ-26」を評価しなかった同じ市場関係者が，今度は"こんなに美味しいナシがあるのに，何故今まで発表しなかったのか"である．「もの」に対する評価が，本当の価値ではなく既成概念により左右される一例ではなかろうか．果実に対する本当の評価は，外観より食味で行うべきである．リンゴにおいても，"黄色より赤色がよい"等の既成概念を持ち出すことは，果樹産業の発展のためによくない．美味しければ，黄色のリンゴでもよいではないか．なお，'幸水'はその後，関係者の努力により，花芽着生数も増加し，果実も大きくなり，何よりもその美味しさのため大品種となった．

　最後に，江戸時代末期にナシの栽培技術の普及に貢献した先覚者を紹介する．その人は，現群馬県の関口長左衛門である．彼は普通の作物が作れない利根川の河床にナシを栽培し，"大島梨"とよばれるナシ産地の礎を築いた．同時に，近隣に優良品種，栽培技術を広めるとともに，現岡山県の足守藩から3名の見習生を預かり技術を教えた．この見習生が帰藩する際に苗木を持たせ，この苗木をもとに足守藩では4,500本の苗木を作り，不毛とされる地域に植えさせて藩の財政に貢献したという．岡山県のナシ栽培はここから始まり，やがて明治に入り，このナシが鳥取県にもたらされたのである（『梨の来た道』米山寛一）．

　ナシ'二十世紀'の花は，鳥取県の県花である．

3．モモ（桃，Peach）

1）原生地と伝播

　モモは，バラ科サクラ属の落葉樹である．モモの学名 *Prunus persica* (L.) Batsch から推察できるように，ヨーロッパでは19世紀末まで，モモの原生地をペルシアと考えていた．今では，中国の黄河上流の陝西省，甘粛省にまたがる高原地帯が原生地とされているが，中国西南部の奥地やヒ

マラヤを含めた広い地域を想定している人もいる．果皮に毛のある原生地の野生モモ（有毛モモ）は，環境の異なる地域に伝播する間に毛のない油桃（ネクタリン），黄肉桃，果形が扁平な蟠桃，寿星桃，水蜜桃等，様々な変種を生んだ．なお，油桃や黄肉桃は，6～7世紀頃トルキスタン地方で生じた有毛モモの変種である．

原生地のモモは，BC2～BC1世紀にシルクロードを通してペルシア地方に伝わり，アルメニアを経てBC1世紀頃にギリシア，ローマに伝わり順次地中海沿岸諸国に広まった．その後モモはヨーロッパに伝わり，ペルシア系品種群が生まれた．一方，スペインだけは異なり11世紀頃にペルシアおよび小アジアから直接導入し，スペイン系品種群を形成した．米国には，スペイン人のメキシコ征服を介して1565年にフロリダ州に初めて伝播している．

原生地である中国におけるモモの記載は古くからあり，戦国時代から秦・漢時代に次々と書き加えられた『山海経』には，スモモとともにモモに関する記載がある．貞観年間（627～649）にトルキスタンから黄肉桃が献上されており，11世紀中期の古書には接ぎ木繁殖についての，12世紀初期には蟠桃，油桃についての記載がある．また，黄河流域から長江流域にもたらされた種子から発生したとされる水蜜桃は，14世紀には栽培されていたようである．

宮崎県，山口県，長野県等に野生と思えるモモがあり，わが国もモモの原生地とする説もあるが，これらも中国から伝来した可能性が高い．わが国へ伝来の時期は，弥生時代の遺跡からモモの核が出土していることから，弥生時代初期あるいはそれ以前と推定されている．『古事記』（712），『日本書紀』（720），『万葉集』（759年までの400余年間の歌集，780年頃成る）にモモの名がみられる．この頃のモモはヤマモモ（楊梅）をさす場合が多く，次第にヤマモモから中国より渡来してきたモモに代わっていったものと想像される．当時，中国渡来のモモを「ケモモ」とよぶことがあった．菊池秋雄は"中国では，桜桃，扁桃（アーモンド），胡桃のように桃の字を付けた果樹が多いことから，リンゴが西洋を代表する果樹なら，桃は東洋を

代表する果樹であろう"と述べている．わが国でも古い時代におけるモモは「木になる実」全体を意味しており，古文書にあるモモの全てが現在のモモの原種であったかどうかは疑問とされている．

　当初のモモは花を観賞するものであり，果実としての価値は低く，食用に供されるようになったのは平安時代末期から鎌倉時代にかけてのようである．品種記載がみられるのは江戸時代に入ってからで，宮崎安貞の『農業全書』(1697)にも品種名が記されている．ただ，当時のモモは，小果(60g程度か)で甘味は少なかった．なお，わが国には，古くから無毛モモが中国から伝来し，油桃あるいはズバイモモとよばれ，一部の地域で栽培されていた．この果実は，ツバキの実のように小さく，酸っぱく美味しいといえるものではなかった．江戸時代にはむしろ花桃の品種改良が盛んに行われ，現在栽培されている品種の多くは，この時代に改良されたものである．

　明治時代以降に中国から'上海水蜜桃''天津水蜜桃''蟠桃'等，欧米から黄肉種，ネクタリン等多数の品種が導入された．大正6年頃から農事試験場園芸部や岡山，神奈川両県の試験場で導入品種等を元に交雑育種が開始され，民間での偶発実生の発見等と相まって，今日の品種群ができあがった．現在の主要品種は'白鳳'(後述)，'あかつき'(後述)，'川中島白桃'等で，主産地は山梨県，福島県，長野県等である．

　モモの語源は，真実，果実の赤いところから燃実，果実の多いところから百，等に由来する．

2) 生理・生態等

　モモの栽培上の大きな問題は，結果年齢に達するのは早いが樹の寿命が短く，20〜25年で改植を余儀なくされることである．この際，連作障害が起きやすく，改植時の難点となっている．モモ品種の多くは自家和合性である．しかし，'一宮白桃''浅間白桃''川中島白桃''白桃''砂子早生''倉方早生''大和白桃'等のように花粉がないか少ない品種もあり，これらの品種に対しては受粉樹の混植か人工受粉が必要である．

　モモが他の多くの果樹と大きく異なるのは，果実にこうあ部からていあ

部にかけて縫合線という溝があることである．縫合線付近の果肉糖度は，他の部分に比べ明らかに低い．縫合線は，雌ずいの花柱を両側から巻き込み，接着して子房を形成するためにできたもので，ウメ，アンズ，スモモ等にもある．

わが国のモモ栽培では病害虫防除のために，特にシンクイムシ類の被害防止のために袋掛けを行うが，さらに裂果防止，また缶詰用に'大久保'等の白肉品種を用いる場合には，果肉の着色防止（日本人は白肉を好む）のために行う．日光が当たると果皮の表皮細胞にはアントシアンが蓄積して紅色を呈するが，着色を促すため，品種により異なるが収穫約2週間前に除袋する．なお，岡山県の'清水白桃''白桃'のようにいわゆる白桃として販売する場合には，着色防止のために収穫時まで除袋しない．

モモには，成熟すると果肉が速やかに軟化し，加熱すると煮くずれする溶質と，成熟しても軟化が遅く，煮くずれしない不溶質（ゴム質）という性質がある．前者は生食用に，後者は缶詰用に適する肉質である．溶質は不溶質に対して優性に発現し，単一の遺伝子に支配されている．また，遺伝的には，扁平は球形に，白肉は黄肉に，離核は粘核に対して優性を示す．なお，不溶質と粘核とは結びついて遺伝する場合が多い．

現在，有毛モモをモモといい，無毛モモをネクタリンと区別しているが，植物学的には同じものである．有毛モモとネクタリンを交雑すると F_1（子供）は有毛モモとなり，F_2（孫）は有毛モモとネクタリンが出現する．即ち，有毛は優性，無毛は劣性である．

栽培品種は，果肉色により白肉種と黄肉種に類別する場合がある．また，果皮の有毛・無毛，核と果肉の離れ具合（粘核：離れにくい．離核：離れやすい）により，次のような分類が提案されている．①モモ（有毛）の粘核品種，②モモ（有毛）の離核品種，③ネクタリン（無毛）の粘核品種，④ネクタリン（無毛）の離核品種，⑤蟠桃（円盤状の品種群で英名 peento），である．

わが国においてネクタリンは400 ha ほど作られており，産地は長野県，青森県，福島県等である．主要品種として，'秀峰'（長野県の曽根悦夫の育成），'ファンタジア'（米国育成），'フレーバートップ'（米国育成）等がある．最

近，白肉で酸味の少ない'晶光(しょうこう)''晶玉(しょうぎょく)'が山梨県果樹試験場で育成されている．

　缶詰用モモはわが国では余り栽培されていないが，現果樹研究所が育成した黄肉種の'錦'，白肉種の'もちづき'（後述）等は世界屈指の缶詰用優良品種である．

　その他，観賞用のモモとして花桃がある．花桃には，わい性品種として「寿星桃」，普通品種として「矢口」「源平」等が，枝垂れ品種として「源平枝垂れ」「残雪枝垂れ」等が，一才物の品種として播種後1～2年で開花する「一才桃」等がある．

主要品種の解説

　○ 白鳳：現神奈川県農業総合研究所が'白桃'に'橘早生'を交雑して育成し，昭和8年に命名された．熟期は山梨県で7月中～下旬で，果実重は250～300g程度，果皮は乳白色の地に鮮紅色に着色し美しい．果肉は白色，甘味が強く，多汁で肉質は緻密で食味はよい．

　○ あかつき：現果樹研究所が'白桃'に'白鳳'を交雑して育成し，昭和54年に命名登録された．熟期は福島県で8月上～中旬，果実重は250～300g，果皮は濃厚な鮮紅色で，果皮下の果肉も着色するが，果肉は白色である．糖含量は12～14%と甘味が強く，多汁で肉質は緻密でしまっており，食味は極めて美味である．無袋栽培ができる．

　○ 将来期待される品種

　'なつおとめ'——現果樹研究所が，'あかつき'に'よしひめ'を交雑して育成し，平成11年に命名登録された．熟期は'あかつき'より1週間程度遅く，'あかつき'より少し大果で，果皮の着色は良好である．糖含量は14%前後と多く，食味は極めて良好．無袋栽培ができる．

　'もちづき'——缶詰用として，わが国では'大久保'が栽培されているが，袋掛けをしないと果肉が紅色を呈する．これを避けるために有袋栽培を行うが，多大な労力が必要となる．本品種は現果樹研究所が「153-5」に「139-28」を交雑して育成し，平成9年に命名登録された．果肉に紅色が入らず無袋栽培ができる，白肉の缶詰用優良品種である．

果実の中で，美味しいモモの見分け方が最も難しい．全体がふっくらと丸みを帯び，毛じが揃い，全面が均一に色付き，その色が鮮やかな赤色を呈している果実（白桃は例外）を選ぶ．地肌が青いものは未熟である．皮をそっと引っ張ると，ツルリと剥ける時が食べ頃である．モモは傷つきやすいため冷蔵庫に入れる時は，1つずつ包んでほかの食品と接触しないようにする必要がある．ただ，冷蔵庫に入れても余りもたないので，早めに食べる方がよい．ネクタリンの良質果は概略モモに準ずる．

◆**ネクターとは**◆ネクタリンの果汁のことではない．ネクターとは，果肉飲料のことで果実ピューレ（果実を破砕し裏ごししたもの）または果実ピューレに果実の搾汁液を加えたものを，希釈した飲料をいう．原料としては，リンゴ，ナシ，モモ，温州ミカン，バナナ，マンゴー等がある．なお，ネクターとはギリシア神話において，不老不死の妙薬として神々の酒を意味する．

3）こぼれ話

古代の中国人は，モモを霊力のある果物と信じていた．何故このような思想が発達したかについて，次のような考えがある．古代における人類の営みの中で，最も神秘的なことは妊娠という現象ではなかったかと推定される．モモは，妊娠の初期の"つわり"を癒す特効をもつ果物と思われていたようである．そして，つわりの兆候と結びつくモモが，胎児の生命と深い関係があると考えたのは当然かもしれない．このようなことから，モモを神秘的，霊力のあるものと考えるようになったというものである．「桃」という字の「兆」は"きざし"の意で，母となる妊娠の兆しを示した時に，つわりを癒すために食べる実をならす「木」の意である．なお，モモの樹は生長が速く，結果年齢に達すのも早く，かつ多くの果実をつける旺盛な生命力も，神秘性，魔よけの力があるという形へと発展して行ったものと思われる．

これら思想は様々に発展し，色々な民話，俗信を生んでいる．中国の神話の女神として有名な西王母は，3000年に一度だけ実を着ける仙果を食べて神仙（神通力のある仙人）になったと伝えられている．この仙果とは，モモのことである．『西遊記』に孫悟空が天宮の玉帝に命じられて蟠桃園の管理をしている際に，蟠桃を盗み食べて追放された話が記されている．蟠桃

は扁平形のモモで，時々わが国でも販売されており結構美味しい．陶淵明（365〜427）の『桃花源記』に，モモの咲き乱れる林の奥の洞穴をくぐって行くと，秦の戦乱を避けた人々が住む別天地（桃源郷）があったという話も，モモが異世界との通路となるというモモがもつ神秘的な思想を反映したものであろう．

わが国でも『古事記』に，イザナギノ命が黄泉国（死者が行く地下の暗黒社会）から逃げ帰る時，モモの実を3個投げて黄泉国軍勢を追い払い，その功績によりモモに"オホカムヅミノ命"という神名を与えたという話がある．これも，モモに魔よけの力があるという信仰に基づく．中国およびわが国のこれらの信仰・伝説は，平安時代の文人達に大いに受容され，特に3月3日の節日に漢詩文にモモを読み込むことが盛んとなり，わが国では3月3日が「桃の節句」として位置付けられて行く．平安時代以降，古典和歌の世界では桃を3月3日の節日と関連させずに，単に春の花として詠むことはほとんど行われない．その他，桃太郎の民話等もモモの神秘の力への信仰が深く関わっている．

『万葉集』の中で詠まれたモモは，わずか8首にすぎない．ウメは110余首詠まれていることに比べると非常に少ない．これは，モモの花がウメに比べ関心度が低かったのか，当時モモが広く普及するまでに至っていなかったのか，何れであろうか．なお，大伴家持が720年に詠んだ，

「春の苑　紅にほふ桃の花　下照る道に出で立つをとめ」———たおやかな万葉美人が想像される．

モモの花は，岡山県の県花である．

4．ウメ（梅，Mume，Japanese apricot）

1）原生地と伝播

　ウメは，バラ科サクラ属の落葉樹である．ウメは宮崎県，大分県に古くから自生していたことから，日本にも原生分布していたとする説もあるが，中国四川省や湖北省の山岳地帯とする説が有力である．中国では花を鑑賞するだけでなく，農業書『斉民要術』（540年頃，賈思勰）の中に烏梅（燻

製で薬用），白梅（梅干し），蜜梅（蜜漬け）の製法が記されている．ウメは酸味が強いため生果が食用できず，特殊な加工を必要とすることから，果樹としてはアジアの一部に限られ，世界的な果樹に発展しなかった．

わが国のウメの伝来時期は，明らかでない．弥生時代に渡来したという説があるが，『古事記』（712），『日本書紀』（720）にはウメの記載がない．一方，ウメの名が初めて記録に出てくるのは『懐風藻』（751）所収の葛野王（かどののおう）（669～705）の五言詩の中であり（作者がウメの実物を知っていたか疑問視する向きもある），このことから，わが国へのウメの渡来時期を700年頃とする説もある．『万葉集』（759年までの400余年間の歌集，780年頃成る）では，サクラは40余首，ハギの140余首に次いでウメは110余首も詠まれている．これらの文献等を総合して，わが国へのウメの渡来時期は7～8世紀頃ではないかという説が妥当のように思える．なお，中国では，日本への伝来は8世紀と考えられている．

わが国においてウメは，8世紀頃にかけて栽植地が広がり，神社仏閣や庭園等の観賞用として発達した．梅干しに関する最も古い言い伝えとして，平安時代中期に，村上天皇（在位946～967）が梅干しと昆布茶で病を治したという話しがある．ウメ果実が文献に現れるのは鎌倉時代以降であり，梅干しをシソで赤く染める技術はこの頃にできたと推定されている．鎌倉時代から室町時代にかけてウメ栽培が次第に普及し，梅干し，梅干しを作る際に取れる梅酢は貴重な酸味調味料として利用されたが，食用として広く注目されるようになったのは江戸時代中期といわれている．

食用とする品種（実梅）は江戸時代に入ると増加し，'白加賀（しろかが）' '紅加賀' '豊後' '養老' 等の品種名が文献に出てくる．なお，室町時代頃からウメ樹皮の煎じ汁で布を染めることが行われた．さらに，江戸時代中期頃から果実の強い酸を利用して媒染剤として使用することが盛んになったが，化学染料が輸入される明治10年代以降衰退した．しかし，その後軍需用食品としての需要の拡大に伴い，生産量は増大していった．終戦後は軍需がなくなり生産量は減少したが，昭和37年に酒造法が改正され，梅酒が自家製造できるようになったこと，ウメの健康食品としての価値が認められたこと等で，

栽培面積は著しく増加したが、この4～5年は横ばいから漸減傾向にある。

現在ウメは、北海道から沖縄県に至る地域で栽培されており、その中で和歌山県の栽培面積が最も多く、次いで群馬県、長野県である。主要品種は'南高'(後述)、'白加賀'(後述)、'竜峡小梅'等である。

『万葉集』では、ウメの漢字として梅、烏梅、宇米、宇梅、有梅、牟梅等が使用されている。平安時代以降、ウメ以外に「ムメ」という言葉も使われており、ウメの学名を *Prunus mume* Sieb.et Zucc もこのムメに由来する。吉田雅夫は、現在のウメの英名として普通 Japanese apricot が使用されているが、日本のアンズと誤解されやすいため、学名として広く知られている「mume」を英名として使用することを推奨している。

ウメの語源は、烏梅(中国ではウメイと発音)の転化、梅の字音(古来、わが国に伝来して国語化した漢字の音)メの変化、熟実の転化、ウツクシクメヅラシキの略、浮目(冬を忘れて浮き浮きと見える花の意)の略、等に由来するといわれている。

2) 生理・生態等

ウメには、観賞用の花梅と食用の実梅がある。ウメの花の基本形は両性花(完全花)であるが、雌ずい、雄ずいの発育が不十分で、不稔となる中性花や不完全花も多い。特に、暖冬で開花の早い年に、不完全花の発生が多くなる。'竜峡小梅''甲州最小''紅サシ'等は自家和合性であるが、'南高''白加賀''豊後''鶯宿''玉英'等の主要品種は自家不和合性である。また'白加賀''古城''玉英'のようにほとんど花粉のない品種もあるため、これらの品種には受粉樹の混植が必要である。なお、'白加賀'×'地蔵梅'、'地蔵梅'×'薬師梅'等の組み合せでは、交雑不和合性がみられ受粉樹の選択が重要となる。しかし、主要品種間では今のところ交雑不和合性はみられていない。

ウメはアンズとの交雑が容易で、アンズの血が入った品種が多い。10g以下の小ウメには、アンズの形質はほぼなく純粋ウメと考えられているが、それより大きい中ウメの一部および大ウメにはアンズの形質が入っている。ウメの分類には2～3の方法が提唱されており、その1つに、形態およびウメとアンズとの交雑性をもとに次の4つに分ける方法がある(川上　繁)。

①純粋ウメ：小ウメ，青軸，小向，等．②アンズ性ウメ：白加賀，長束，藤五郎，等．③中間系：養老，紅加賀，太平，等．④ウメ性アンズ：豊後，清水号，秋田大実，置賜，等．〔純粋アンズ：平和，新潟大実，等〕．なお，純粋ウメは開花期が早く，粘核で核表面の紋様は点状を示す．純粋アンズは開花期が遅く，離核で核表面の紋様は泡状ないし平滑で，両者を識別する指標となる．

ウメの種子は，アミグダリンとわずかのプルナシンの2種類の青酸配糖体を含有し，果肉にもごく微量含まれている．アミグダリンは酵素により，ベンズアルデヒドと青酸に分解される．ベンズアルデヒドはウメ酒特有の香気の主体である．このベンズアルデヒドはさらに酸化されると安息香酸となり防腐効果を示す．ウメが腐敗しないのはこのためである．なお，青酸は毒性を示すが，青ウメの種子1個中の青酸含量は0.2〜0.5 μgとされている．人に対する青酸の致死量は50〜60 mgなので，青ウメの種子を100〜300個を一気に食べないと致死量には至らない．さらに青酸の沸点は25.6℃と低く，ほぼ室温で青酸は揮散するため，食品として毒性を示すことはほぼない．

主要品種の解説

○ 南高：和歌山県の高田貞楠により発見された'内田梅'の自然交雑実生で，昭和40年に名称登録された．収穫期は和歌山県で6月上旬で，果実重は25g程度である．花粉稔性は高いが自家不和合性である．生理的落果は少なく，豊産性である．青ウメ，梅干し兼用種であるが，梅干用としての流通が多い．南高という名称は，選抜に寄与した地元の南部高校にちなんで命名された．

○ 白加賀：江戸時代から栽培されていた品種で，来歴は不明である．樹勢は強く，花芽の着生は良好である．花粉稔性は無く自家結実しない．収穫期は6月中〜下旬で，果実重は25〜30 g程度である．生理的落果はやや多い．果肉は厚く，肉質は緻密で，青ウメ，梅干し兼用種であるが，近年青ウメとしての流通が増加している．

ウメ果実はクエン酸を主成分とする有機酸を4〜5％含み，酸味が強いの

で加工に向けられる．加工品として，梅干し，梅酒，ジュース等がある．梅干し用としては，果皮が少し黄色味を帯び，傷のない果実を選ぶ．梅酒用としては，未熟すぎるとよい香りの梅酒にはならず，熟しすぎたり，傷があると梅酒がにごるので，青めで硬く傷のない青ウメがよい．ウメ果実は5℃付近で最も低温障害を受けるので，10℃前後で貯蔵すれば10日ほど保存できる．また，家庭での簡単な加工法としてウメジュースがある．ウメに氷砂糖（普通の砂糖でも可）を同量入れ，1カ月程度冷暗所に保存する．ジュースは薄め飲料に，果実は食用とする．

3) こぼれ話

ウメにまつわる話は多い．菅原道真の居宅（紅梅殿）に植えられたウメの枝が，太宰府に流された道真を慕って空を飛び当地に根を下ろしたという「菅公の飛梅」の話，東京都の青梅という地名は，平将門が当地で手植したウメ（誓いの梅）の果実が秋になっても青いことから付けられたという話等がある．

ウメの果実は，果肉の部分（中果皮）の中に堅い核（内果皮）があり，核の中に種子がある．この種子を俗に「天神様」とよんでいる．ウメの種子を食べると字が下手になるという俗信や，"梅は食うともさね食うな，中に天神寝てござる"という俗謡がある．これらは，菅原道真が天神様とよばれ学問の神様と崇められていたことに由来するようだが，ウメの種子に毒があり，食べることを戒めたものであろう．

わが国には樹齢何百年というウメの古木があり，天然記念物に指定されているものもある．その多くは臥竜梅といい，幹が横倒しにしたものから再発根して新しく枝幹を発育させ，1樹が梅林のように茂ったものである．

花梅について少し触れておく．ウメは花の気品，香り，寒中で凛として開花する姿がわが国でも好まれ，同じように寒中でも生育し，樹姿も美しい松，竹と合わせて「歳寒三友」として画題によく取り上げられている．花材としてのウメは，品種間で花や枝の形状に大きな差がないこともあり，細かな分類はせず野梅と園芸品種に大別し，後者は白梅と紅梅に分け，また枝に苔の付いたものを苔梅とよんで区別する程度である．よく用いられる

のは白梅で，気品を第1として開花前の蕾のものを用いる．紅梅は華やかな趣があるため，開きかけのものを用いる．『万葉集』ではサクラの40余首に比べ110余首詠まれたウメが，その後花の王座をサクラに譲った背景には摂関時代の到来があるという．当時宮廷では，価値観が気品から華美に向かい，また女性化していったことが大きな理由ではないかとするものである．

　ウメの花は，大阪府，和歌山県，福岡県，大分県('豊後')の県花であり，木は，茨城県，大分県('豊後')の県木である．

5．アンズ（杏，Apricot）

1）原生地と伝播

　アンズは，バラ科サクラ属の落葉樹である．原生地には諸説あるが，中国の山東省，山西省，河北省の山岳地帯から中国東北地方の南部とする説が有力である．アンズは原生地から，BC2～BC1世紀に中央アジアに伝播し，1世紀頃にアルメニア地方からギリシア，次いでローマへ，ローマからヨーロッパ各地に広がり，各地で改良されて欧州系品種群が形成された．なお，現在の世界一の産地である米国には，スペインから18世紀に伝わっている．ヨーロッパにはアルメニア地方から伝わったため，アンズの学名を *Prunus armeniaca* L. というように，近世に至るまでアルメニアが原生地と考えられていた．一方，原生地から東方に伝わったアンズは，東アジアの北方に適し，温帯中部以南には適さない東洋系品種群が形成された．

　中国では，BC3000～BC2000に既に利用されていた．BC3～BC2世紀には栽培が始まり，5～6世紀には赤杏，黄杏，李杏，文杏等の品種がみられる．花を観賞するとともに，最初のうちは果肉よりは核の中の仁（杏仁）を解熱，咳止め等の薬用として利用していた．

　わが国には，かなり古い時代に中国より薬用として伝来している．わが国最古の本草書『本草和名』（918），わが国最初の分類体の漢和辞書『倭名類聚鈔』（わみょうるいじゅしょう）（931～938年中に撰進，源順）では，アンズに「加良毛毛」（からもも）の和名を付けている．『延喜式』（927）に"山城，摂津，甲斐，信濃より杏

仁一斗乃至7斗5升を進貢する"とあり，当時アンズの栽培が始められていたことがわかる．当時は果樹としてより，観賞用として，杏仁が薬用として用いられていた．アンズが果樹として，果肉も利用するために栽培されるようになったのは比較的新しく，江戸時代に入ってからのようである．ただ，それでも大半は杏仁の生産に向けられており，明治時代に入り化学合成医薬品の発達により杏仁の需要が減少するにつれて，果実としての利用が増加していった．

菊池秋雄によるとアンズの名が初めて書籍に現れたのは，林道春（羅山）の『多識編』(1612)で，その中に"加良毛毛俗にいう安牟寸"とある．ただ，アンズという俗称はかなり古い時代から用いられていたと思われるが，いつ頃かは不明である．アンズの語源は，杏子の唐音「アンス」あるいは甘酸梅（アマスウメ）にちなむとされている．なお，杏仁は「あんにん」とも「きょうにん」とも発音するが，「杏」をアンと発音するのは唐音，キョウは呉音である．

アンズの栽培種を野生種と区別する時には，ホンアンズという．野生種には，マンシュウアンズとモウコアンズ等があり，果実としての食用価値はないが，後者の杏仁は薬用に供されている．

わが国では，アンズの栽培面積は少なく，長野県が主産地で，次いで青森県である．

2）生理・生態等

アンズはウメ，ニホンスモモと極めて近縁で，染色体数も $2n = 16$ と同数なため，長い間自然交雑が行われ，ウメに近い品種群やスモモに近い品種群が形成されている．果樹としてのアンズは，生態的に区別して，前述したように欧州系と東洋系に分けられる．欧州系は甘みが強く，酸味も少なく生食にも向くが，細菌病や裂果の発生が多くわが国の気候風土に適していない．このため，わが国では東洋系として純粋アンズである'新潟大実（にいがたおおみ）''平和'等，ウメとの雑種である'秋田大実（あきたおおみ）'等，さらに欧州系との雑種である'信州大実（しんしゅうおおみ）''甚四郎（じんしろう）'等が栽培されている．

わが国でのアンズは，6～7月頃に橙黄色に熟する．純粋アンズは果肉が核から離れやすい離核であるが，他のアンズには粘核や中間の半離核のも

のもある．わが国における現在のアンズ栽培はリンゴの栽培地域とほぼ一致するが，開花期および成熟期に雨量の少ない比較的乾燥する地域が適する．アンズはウメに次いで，ニホンスモモ，モモより開花期が早いことから晩霜害を受けることが多く，結実が安定しないことも栽培上の大きな問題である．アンズは両性花で，1本でもある程度結実する品種もあるが，結実率が高くない品種が多く，収量を確保するために他品種の混植が必要である．裂果と胴枯病の発生が多いことも，アンズ栽培の大きな問題である．裂果の少ない品種として'山形3号''新潟大実''信州大実'等，多い品種として'平和''早生大実'等がある．栽培されている品種の中には，'信州大実''甚四郎'等のようにかろうじて生食できるものもあるが，多くは酸味が強い．このため，果実は一般に生食としての需要は少なく，シロップ漬け，ジャム，ジュース，干アンズ等に加工される．大果で甘みの強い品種の育成が望まれる．杏仁は，杏仁豆腐の原料である．

アンズの良質果は，オレンジ色の毛じのある，硬い果実である．買ってきたらすぐにジャム等に加工することが大切である．1日でも置くとどんどん軟らかくなり，品質が劣化する．1℃で冷蔵すると，20日程度貯蔵できる．

◆**杏仁豆腐**◆元来，杏仁豆腐とは，中国アンズのうち仁（種子から種皮を取り去った中身）が甘い'南杏（なんしん）'等の仁をすりつぶし，水でのばしてこし，乳状の液とし，これに寒天液を加えて固めたものである．わが国では杏仁霜（あんにんそう）（杏仁の粉・アーモンドの粉で作った調合粉末の商品名）を牛乳でといて作ることが多い．わが国で栽培されている多くの品種の仁は，薬として使うことはできるが，苦いので杏仁豆腐には使用できない．なお，中国で"腐"は"固める"の意である．アフガニタン，パキスタン，イラン，トルコ等の品種の中には，仁に苦味のない品種が有り，ナッツとしの利用も多い．

3）こぼれ話

長野県のアンズが，江戸時代の頃から栽培が盛んになった理由については，幾つかの言い伝えがある．1つは戦国時代の弘治2年（1556）に，窪寺平治右衛門が安茂里村（あもり）（現長野市）で栽培を始めたというもの，1つは今から300余年前，宇和島藩主の娘が松代藩（現長野県）に輿入れする際に永く

故郷を忘れないようにと苗木を2本持参し，それを城内に植えたのが始まりというものである．

　中国では，医者の美称として杏林という言葉がある．これは，呉（222～280）に董奉（とうほう）という名医がおり，病気を治しても報酬を取らず，治った者にアンズを記念として植えさせた結果，数年後に立派な林になったという故事からきたものである．古来，アンズが医薬として高い評価を受けていたことを示すものである．

6．スモモ（李，Plum）

1）原生地と伝播

　スモモは，バラ科サクラ属スモモ亜属スモモ区に属する落葉樹の総称で，約30種ある．その内，果樹として食用，台木，育種母本等として利用されているものは約10種で，大きく次の3系統に分類できる．東亜系（ニホンスモモ，サイモンスモモ），欧亜系（ヨーロッパスモモ，インシチアスモモ，スピノーサスモモ，ミロバランスモモ），北米系（アメリカスモモ，カナダスモモ，マンソンスモモ等）である．その中で果樹として最も価値の高い種は，ニホンスモモ，ヨーロッパスモモである．なお，ヨーロッパスモモという言葉は非常に微妙で，ドメスチカスモモをさす場合と，インシチアスモモ等を含めていう場合があり，ここではヨーロッパスモモをドメスチカスモモのみをさす言葉として扱った．

　ニホンスモモの原生地は，中国の長江沿岸地帯とされている．日本にも原生分布していたという説もあるが，奈良時代以前に中国から日本の南部に渡来したとする説が有力である．中国でのニホンスモモの栽培歴は古く，5世紀には食用，医薬として用いられており，多数の品種名や栽培法等が文献にみられることから，当時既に品種改良も行われていたことがうかがえる．

　わが国でも，『日本書紀』『古事記』『万葉集』にもその名がみられる．江戸時代に栽培も多少普及したが，果実が酸っぱいため食用としての利用価値は少なく，あくまでも二次的な果樹として品種改良もされず，余りかえ

りみられなかった．明治時代初期にヨーロッパスモモの数品種が導入され，各地で試作された．中部以南では多雨・多湿で病害，裂果が多発したが，東北地方でよい成績を示した．一方，ニホンスモモが最初に米国へ渡ったのは，明治3年（1870）の'甲州大巴旦杏'である．その後鹿児島原産の'米桃'（米国で Satsuma plum）等，多数の日本スモモが米国に伝わり，他種との交雑により多数の優良品種が育成され，世界各地に広がった．わが国にも大正時代に逆導入され，日本各地で栽培されるようになった．この意味では，現在の主要品種の多くは純粋のニホンスモモではなく，ニホンスモモタイプとよぶべきものである．戦後，わが国でも優良品種が育成され，スモモの栽培面積は増加し，現在，山梨県が約1,000 haと圧倒的に多く，次いで長野県，和歌山県等で栽培されている．主要品種は，'大石早生すもも'（後述），'ソルダム'（後述），'太陽'（山梨県の雨宮義雄が発見）等である．

ドメスチカスモモの原生地は，ヨーロッパ東部からアジア西部とされている．ドメスチカスモモは，4倍体のスピノーサスモモ（$2n = 32$）と2倍体のミロバランスモモ（$2n = 16$）との交雑から生じた3倍体スモモが倍加した6倍体（$2n = 48$）と推定されている．紀元前に原生地よりヨーロッパの夏期乾燥地帯に広く伝播し，栽培されるようになった．米国には，新大陸発見以降，ヨーロッパ人の入植と同時に伝わったが，東部地方には適さず18世紀末までは大栽培はみられなかった．その後，太平洋岸の諸州において，夏期の乾燥気候を利用して栽培が普及し，さらに，ニホンスモモの導入とこれを用いた品種改良によって，多くの優良品種が育成された．

アメリカスモモは，北アメリカが原生地で，小果で食味は不良であり育種素材として利用されている．

スモモは漢字では李と書くが，スモモという名称は"酸っぱい桃"から酸桃とついたとも，果皮に毛じがないため素桃とよばれたともいわれている．

2）生理・生態等

（1）ニホンスモモ（Japanese plum）

ニホンスモモは，耐寒性が強く夏の高温乾燥にも耐えるため，北海道か

ら九州までの地域に栽培されている．ただ，開花期がウメ，アンズに次いで早いため，開花期，幼果期に寒害を受けやすい．このため，春先に晩霜害がなく，成熟期に降雨の少ない地域がニホンスモモの適地である．両性花で，多くの品種は自家不和合性であるだけでなく，交雑不和合性もあるため，受粉樹の選定には注意が必要である．なお，'メスレー''ビューティ'等のように自家和合性の品種もある．一般に，果実の軟化は速いが，肉質が溶質であることから生食にされる．

主要品種の解説

○ 大石早生すもも：福島県の大石俊雄が育成し，昭和27年に名称登録された．'フォーモサ'の自然交雑実生である．熟期は山梨県で6月下旬の早生種である．果実重は50～60gで，果形は円形で果頂部がわずかに尖る．果皮の地色は黄緑で，完熟果は鮮紅に着色し，果肉色は淡黄色である．甘味は強くないが，酸味が程よく，食味はさわやかである．

○ ソルダム：来歴不明で，大正時代に米国から導入された．熟期は山梨県で7月中～下旬の中生種である．果実重は80～120gで，果形は円形ないし扁円形である．果皮の地色は黄緑で，完熟果は濃赤に着色し，果肉は濃赤色である．糖含量は11～12％，酸味は中程度で，食味はよい．両品種とも，日持ち性を考慮して，全面着色以前に収穫する．

他の有望品種として，山梨県の高石鷹雄が育成した'貴陽'がある（平成8年品種登録）．

わが国において，ニホンスモモの大半は生食するが，ごく一部，ワイン，ジャム，ジュース等に利用される．良質果は，果面に白い粉（果粉）がつき，全体に丸い果実である．果実は常温では2日程度と貯蔵性がないので，すぐ食べるか，洗わずに冷蔵庫で保存する．

（2）ヨーロッパスモモ（European plum）

ドメスチカスモモは，夏期に雨の比較的少ない地域で発達したため，降雨に弱く病害が発生しやすく，特に成熟期の降雨は裂果を多発させるので，わが国での適地は制限される．開花期はニホンスモモより遅いため，晩霜害に遭う危険性は少ない．ドメスチカスモモは両性花で，自家和合性と自

家不和合性の品種がある．6倍体で，ニホンスモモ等の2倍体の品種とは不和合である．ドメスチカスモモの中にはプルーン，インペラトリス，ロンバード，レイヌクロード，イエローエッグのグループがある．プルーンとは甘味が強く，果汁が少ないので乾果として利用する品種群をさす．乾果に適す品種としては，十分な可溶性固形物を蓄積していること，乾燥過程で発酵しづらいこと等の形質が必要で，ニホンスモモはこれらの点で一般に乾果には向かない．プルーンはわが国でも健康ブームに乗って，長野県を中心にごくわずか栽培されているが，乾果としてではなく生食を主目的としている．

3) こぼれ話

　明治時代に入ると，大果のスモモのことを巴旦杏（はたんきょう），あるいは牡丹杏（ぼたんきょう）の名でよぶようになるが，両者の区別は地方により異なり，判然としないようである．つまり，果肉が黄色のスモモを巴旦杏と，果肉が赤色のスモモを牡丹杏と総称している場合が多いが，逆によんでいる地方もある．'ケルシー'（後述）を山梨県では牡丹杏，園芸試験場（現果樹研究所）では「甲州大巴旦杏」とよんだりもする．なお，巴旦杏という言葉をアーモンドやモモの寿星桃にも用いることがあるので注意を要する．

　ニホンスモモは，植物学的にみるとウメ，アンズと非常に近縁であり，染色体数も $2n = 16$ で相互に交雑する．吉田雅夫は"ニホンスモモは，サクラ属の中でも他の植物とよく交雑するので，橋渡しの役割をしているように思える．別な見方をすると，ニホンスモモは，今でも色々な種類と交雑して，次々に新しい品種を生じている進化途上の果樹かもしれない"と述べている．

　前述の'ケルシー'について，少し触れておく．ジョン・ケルシーが'甲州大巴旦杏'をわが国から譲り受け米国で栽植し，'ケルシー'または'ケルシージャパン'という英名を付けた．米国で英名を付けられただけで，'甲州大巴旦杏'そのものであり，大正時代末期にわが国へ逆導入されている．そもそも'甲州大巴旦杏'は，文政年間に現山梨県の医師大久保章玄が長崎より持ち帰ったと伝えられている．

中国が原生地のスモモを，ニホンスモモ（Japanese plum）と称するのはいささか合点がいかないが，本種が米国へ伝わったのは主にわが国からであることによる．ニホンスモモについては中国にとってわが国は，また'ケルシー'についてはわが国は米国に対して"庇(ひさし)を借して，母屋を取られる"の感がある．なお，中国においてニホンスモモは，中国李とよばれている．

7. オウトウ（桜桃，Cherry）

1）原生地と伝播

　オウトウは，バラ科サクラ属，サクラ亜属とウワミズザクラ亜属に属する果樹の総称である．オウトウの野生種は世界で約20種ほどある．この中で，果樹として有用なものは，サクラ亜属に属する甘果オウトウ（セイヨウミザクラ）と酸果オウトウ（セイヨウスミノミザクラ）であり，その他，観賞を兼ねて果実を利用するものにチュウゴクオウトウがある．ウワミズザクラ亜属にはブラック・チェリー等があり果実は食用になる．これら以外にも，味は別として多くのオウトウは食べられる．

　甘果オウトウはイラン北部からヨーロッパ西部が，酸果オウトウは黒海からトルコのイスタンブールにかけての小アジアが原生地とされている．なお，酸果オウトウは，グランド・チェリー（$Prunus\ fruticosa$ Pall. $2n = 32$）を母親として，甘果オウトウ（$P.\ avium$ L. $2n = 16$）の減数分裂しない花粉との交雑により生じたとされている．チュウゴクオウトウの原生地は中国であり，これにはシロハナカラミザクラとカラミザクラの2系統がある．

　甘果オウトウの核は，有史前のスイス湖棲民族の遺跡から出土しており，古くから食用に供されていたものと考えられている．ギリシアのテオフラストス（BC 372頃～BC 288頃）の書にオウトウの記載があるという．ローマ帝国時代にルクルス将軍（BC 117～BC 56）が小アジアから持ち帰り栽培したという記録があるが，これは酸果オウトウとされている．1世紀頃にローマには，既に10の栽培品種があったとされ，その後イギリス，フランス，ドイツへと広がった．しかし，これらの地域でオウトウ栽培が盛んになったのは16～17世紀で，街路樹にも大いに植えられた．米国には，一説

に1620年メイフラワー号で移住したイギリス人によりもたらされたという．18世紀にオレゴン州，カリフォルニア州で栽培が始められた．なお，欧米におけるオウトウの品種改良は16世紀になるまでは余り盛んではなく，19世紀に米国において優れた育種家により品種改良が行われ，米国でのオウトウ栽培は著しい発展を遂げた．

　一方，中国におけるチュウゴクオウトウの栽培歴は古く，周時代には食用に供されており，前漢時代（BC 202〜AD 8）の『礼記（らいき）』にオウトウが宮廷に献上されたことが記されている．わが国では，平安時代の『本草和名』（918）に"桜桃"という言葉があるが，実際に導入された形跡はないという．江戸時代初期に中国からチュウゴクオウトウが伝来したが，この種は寒さに弱く品質も劣ることから，一部の地域で観賞用に栽培されたのにとどまった．現在の甘果オウトウは，明治4年に開拓使が米国より25品種を導入したのに始まる．一般に栽培が普及されるきっかけとなったのは，内務省勧業寮が明治7〜8年にフランス，米国から主要品種を導入し，内藤新宿試験場で増殖して苗木を東北，北海道を中心に配布したことによる．山形県もこの時3本の苗木の配布を受けている．明治9年県令三島通庸が開拓使よりオウトウ苗木300本を取り寄せ，同県でオウトウ栽培を奨励している．明治41年から山形県立農業試験場が農商務省の品種指定試験を始めたことが，山形県のオウトウ栽培の発展に大いに貢献したという．現在，大産地の山形県を初め，北海道，青森県，山梨県，長野県等で栽培されている．わが国で栽培されているオウトウは，甘果オウトウであり，白肉種（果皮は赤系，果肉は白黄系）の'佐藤錦'（後述），'ナポレオン'（来歴は不明であるが，17世紀以前からヨーロッパで栽培されていた古い品種），'高砂'（ロックポート・ビガローといい，1842年に米国で育成）等であるが，最近わが国で'紅秀峰'（後述）等の優秀な品種が育成されている．米国から赤肉種（果皮・果肉とも暗赤系）のオウトウが輸入されており，この主力品種が'ビング'（1875年，米国で育成）である．さらに，平成4年から日本人のし好に合う白肉種の'レーニア'（米国で育成，1960年に命名）が米国から輸入されている．

2）生理・生態等

　甘果オウトウの主要品種は自家不和合性であるが、さらに、交雑不和合性もあるので、受粉樹の選択には注意が必要である．'佐藤錦' に対しては'黄玉' '南陽' 'ダイアナブライト' 等が、'ナポレオン' に対しては 'ビング'，'高砂' に対しては '日の出' が交雑不和合性の品種である．酸果オウトウでは、主要品種の多くは自家和合性であるが、自家不和合の品種もある．チュウゴクオウトウは、自家和合性である．

　甘果オウトウは高木性で、作業効率の面からもわい性台木の開発が望まれる．適地は、開花期に晩霜害がなく夏期が比較的冷涼で、成熟期に雨の少ない地域である．根の耐水性が著しく弱く、排水の良い土壌を好む．耐寒性は比較的強い（モモより耐寒性は強いがセイヨウナシほど強くない）．おお、多くの品種は、収穫期の降雨により裂果が多発する．経済栽培の北限は札幌付近、南限は長野県、山梨県あたりといわれているが、近年はより南の地方でも栽培が試みられている．

　酸果オウトウは、重粘土にも、夏の高湿度、日陰にもよく耐え、耐寒性は強く栽培も容易である．また、降雨による裂果も甘果オウトウに比べ少ないが、わが国ではほとんど栽培されていない．ただ、樹勢が甘果オウトウより弱く、成木になるまでに余分に4～5年かかる．酸果オウトウは生食には適さないが、加工すると独特の風味がある．チュウゴクオウトウはわい性で栽培しやすいが、寒さに弱いため西南暖地で観賞を兼ねて果実を利用している．

　わが国におけるオウトウ栽培の最大の問題点は、「裂果」が発生することである．裂果は、降雨等により果実表面から直接吸収される水や、根からの急激な吸水等により果実内部の膨圧が高まるために発生するとされている．甘果オウトウでは完全な裂果抵抗性品種は見当たらず、一般に果肉の硬い品種は軟らかい品種に比べ裂果しやすい．'北光'（別名：水門）に比較的その抵抗性がある．裂果の防止法としては、樹全体をビニル等で覆い降雨を遮断する方法が最も確実である．

　「双子果」という1本の果梗に、2個の果実が形成される場合がある．双

子果は、ジュース原料等に回す以外商品価値はなく、40％前後発生する品種もあり、栽培者にとっては大きな問題である．'佐藤錦''高砂'は'ナポレオン'よりその発生は少ない．双子果の発生は、花芽分化期前後の高温・乾燥気象が影響するといわれている．

主要品種の解説

○ 佐藤錦：山形県の佐藤栄助が'ナポレオン'に'黄玉'(きだま)（ガバナーウッドといい、米国から導入）を交雑して育成したとされ、昭和3年に命名された．熟期は山形県で6月中旬頃、果実重は6〜7g程度である．果皮は黄色の地に鮮紅に着色し外観は美しい．糖含量は16〜20％で酸味はやや少なく、食味は良好である．果肉はやや軟らかく、種子が小さく可食部が多い．

○ 紅秀峰：山形県立園芸試験場が、'佐藤錦'に'天香錦'を交雑して育成し、平成3年に品種登録された．熟期は山形県で6月下旬〜7月上旬、果実重は9g程度と大きい．果皮は鮮紅色に着色し、糖含量は約20％と多く、酸味は少ない．果肉は硬く、多汁で食味は良好であり、日持ち性がある．豊産性である．

甘果オウトウの大半は生食されるが、酸果オウトウは、加工すると酸味の効いた香りのよい風味に富む製品となり、ジャム、ジュース、ゼリー、果実酒等に、発酵すると香りがよいのでワイン、ブランデー等に加工される．

良質果の選び方としては、ジク（果柄）が青々とし、しっかりしていることが重要である．次に、果皮の色が鮮やかで光沢のある果実を選ぶ．オウトウは冷蔵に弱いので、食べたい時に買ってすぐ食べるのがよい．

◆**オウトウの砂糖漬**◆砂糖漬には、果実糖含量が45％になるまで濃厚な糖液を浸透させ、糖液とともに溶液に密封したマラスキノ・スタイル・チェリー、果実糖含量が70％以上になるまで糖液を浸透させた後取り出したドレイン・チェリー、これをさらに乾燥させ果皮に砂糖の結晶がついたクリスタル・チェリーがある．オウトウ果実は日持ちが悪いので、長期間原料として保管するために工夫されたものである．

3）こぼれ話

オウトウのことを「サクランボ」（桜ん坊）ともよぶ．特に黄桃と区別する場合には、サクランボの方が誤解を招かない．"木はオウトウ、実はサク

ランボ,加工されるとチェリー"と仕分けている人もいる.同じ果実に3つの名前を有する果実も珍しい.値段と同様に贅沢な果実である.

　キリスト教伝説によると,聖母マリアがオウトウを欲しくなり,夫ヨセフにねだったところ,ヨセフの言葉が終らぬうちに,その枝がマリアの口元にまで飛んできたという.この話から,オウトウは聖母マリアの木とされている.わが国では花びらを1枚ずつ剥がしていき,最後の1枚で占う娯楽があるが,イギリスでは,オウトウの果実をその代わりに用い恋占いをするとか.

　オウトウ果実が東京市場に初めて出荷されたのは,明治30年と記録されている.その後次第に各地からの出荷が増加すると,地域により異名同種が多くなった.そこで,明治44年に品種名統一の会が開かれた.その統一名に,'珊瑚'' 瑪瑙'' 琥珀'という宝石名,'養老'' 福寿'という目出度い名があることから,当時如何にオウトウ果実が貴重であったか,うかがい知ることができる.

　オウトウの木は,山形県の県木である.

◆ポトマック河畔の桜◆ワシントンD.C.のポトマック河畔の桜は,米国民の心を和ませていると聞くが,この桜を米国に導入したのはわが国なので,その導入経過を簡単に述べておく.米国のタフト第27代大統領およびその夫人が来朝された時,東京市は何か記念品を贈りたいと申し出た.夫人が日本の桜を賞賛されたこともあり,桜の苗木を贈ることにし,明治42年に苗木業者を通し2千本を発送した.しかし,この苗木には病虫害が甚だしく存在し,米国で全て焼却された.わが国は威信をかけて,再度送付することになった.この任に当たったのが,農事試験場園芸部である.荒川堤から「染井吉野」を主体に,「八重桜」「匂い桜」「黄桜」等10種の桜から採穂して苗木を育成し,明治45年2月に米国に送った.まだ科学技術が未熟なわが国において,米国の植物防疫をクリヤーできる健全な苗木を育成することは,並々ならぬ困難があったようである.同年4月4日付けの米国政府から尾崎行雄東京市長宛の手紙に,苗木3千本に病虫害はなく無事到着したとの知らせがあった.ポトマック河畔で,大統領夫人が最初の1本を植え,2本目は珍田大使夫人が植えたとのことである.

8. クリ（栗，Chestnut）

1）原生地と伝播

クリは，ブナ科クリ属の落葉樹である．クリ属には12種あるが，その中で経済栽培されているのはニホングリ，チュウゴクグリ，ヨーロッパグリ，アメリカグリの4種である．

（1）ニホングリ（Japanese chestnut）

ニホングリは，北海道中部から九州南部，朝鮮半島南部に自生しているシバグリを基本種として，改良されたものである．縄文時代の遺跡からクリの遺物が出土している．持統天皇（在位690～697）の時代に，クリの栽培を奨励したことが『日本書紀』に記されている．また，淳仁天皇（在位758～764）の天平宝字3年（759）には，カンキツ，ナツメ，ナシ，カキ，クリを5果に定めて道端に植えるよう勅令が出ている．栽培の歴史は丹波地方（現京都府，一部兵庫県）で最も古く，平安時代初期の宮中の行事や制度を記した『延喜式』（927）に丹波のクリの名が出ている．丹波グリとは，品種名ではなく，丹波地方でとれる大粒のクリを称した．当時，クリの繁殖は種子で行うのが一般的であったが，種子繁殖を行うと雑種性の強いクリでは必ずしも大粒のものが得られるとは限らない．一方，接ぎ木技術は中国から仏教の伝来とともにもたらされ，平安時代の宮廷園芸に既に利用されていたとされる．宮中や社寺とのつながりが強かった丹波地方では，クリの繁殖に接ぎ木が行われ，大粒系クリの形質を長く維持できたと推定されている．

『延喜式』によれば，保存しやすいように蒸して粉にした平栗子（ひらぐり）や，乾燥したクリをつき鬼皮と渋皮を除いた搗栗子（かちぐり）等の加工品も作られていた．戦国時代には，搗（かち）は"勝"に通じるとして，武士が出陣する時に縁起をかついで供された．

クリに品種らしい名が付くようになったのは，江戸時代頃になってからであり，文禄年間（1592～1596）には，現兵庫県の長興寺の僧によって諸国に広められた'長興寺'（長光寺），また'銀寄'（ぎんよせ）'手々打栗'（ててうちぐり）（父々打栗）等

の名がある．なお，銀寄の名は，天明（1781～1789）の飢饉の時に本種のクリを売り，大いに銀札を集めたことからこの名が付いたといわれている．

しかし，一般には品種の概念は少なく，様々な品種を産地名でよんでいた（現在でも，品種名を付して売られている場合は少ない）．したがって，異名同種，同名異種のものもあり，混乱をきたしていることから，大正2年9月に京都府農事試験場の提案で"栗品種名称調査会"を開催し異名同種等の統一が行われた．その一例を挙げると，'銀寄''銀吉''銀善''銀由''銀芳'は'銀寄'に統一されている．なお，公立試験場でクリの調査・研究を開始したのは，京都府農事試験場綾部分場が最初で，明治39年のことである．このような背景の下で，果樹園としての面積は大正から昭和にかけて大いに増加していった．しかし，昭和16年に岡山県で発生し全国に蔓延したクリタマバチの被害により，クリの栽培面積は激減したが，昭和30年代に現果樹研究所によるクリタマバチ抵抗性品種の育成と普及により，生産は回復していった．現在，ニホングリは沖縄県を除く各地域で栽培されており，主産地は茨城県，熊本県，愛知県で，主要品種は'筑波'（後述），'丹沢'（後述），'銀寄'等である．なお，ニホングリの変種には，トゲが退化したトゲナシグリ，枝が下垂するシダレグリ等がある．

（2）チュウゴクグリ（Chinese chestnut）

チュウゴクグリの原生地は，中国である．中国で最も古い果樹の1つで，『山海経（せんがいきょう）』（戦国時代から秦・漢時代に次々書き加える）にクリの記載があり，『史記』（BC91年頃，司馬遷）に現在の北京周辺や陝西省周辺にクリの産地があると記載されている．天津甘栗の名は，中国北部一帯，特に華北の万里の長城周辺の山岳地帯で生産されたものが，天津市に集荷され輸出されたことによる．

（3）ヨーロッパグリ（European chestnut）

ヨーロッパグリの原生地は，地中海沿岸から小アジアである．栽培歴は古く，ギリシア時代以前といわれている．

（4）アメリカグリ（American chestnut）

アメリカグリの原生地は，米国東北部のメイン州から東南部のジョージ

ア州，アラバマ州に至るアパラチア山脈の周辺部である．
　クリの語源は，果皮の色が黒いことに，また落下した果実が石のようにみえることから石を意味する古語クリ，等に由来するといわれている．

2) 生理・生態等

　クリは，クルミ，ハシバミ類，ピスタチオ，ペカン等とともに果樹園芸学上では，堅果類に分類される．クリは雌雄同株（雄花と雌花とが同一株に存在すること）である．クリは完全な自家不和合性ではないが，その性質が強いため受粉樹の混植が必要である．風媒花で花粉は150 m以上飛ぶといわれているが，実際には虫媒による受粉もかなり行われている．なお，交雑不和合性は今のところ確認されていない．

　クリの場合，1年前に生育した枝（1年生枝）の先端1～3芽から帯雌花穂（雌花を基部に着けた花穂）を着けた新梢が，その下の数芽から90～150個の雄花からなる雄花穂のみを着けた新梢が，さらに下の芽からは枝葉だけの新梢が発生する．雌花は通常3花をまとまりとして総苞に包まれている．果実はイガにおおわれているが，これは総苞が発達したものであり，ドングリのおわん状の皿もイガに相当し，これらを殻斗という．クリでは，イガを含めた全体をきゅう果という．果実は真果で，子房壁の発達した果皮（鬼皮），種皮（渋皮），その中の子葉および胚からなる．子葉にはデンプンが貯えられ，この部分が食用となる．ニホングリ，チュウゴクグリ，ヨーロッパグリ，アメリカグリの4種とも基本的には1きゅう果内に3果を有する．野生種の中ではモーパングリ（中国が原生地．果実は小さいが風味良好．クリの台木）だけが1きゅう果内に3果を，他は1きゅう果内に1果を含有する．野生種は一部を除いて余り利用されていない．

　クリの根には菌根菌（外生菌根菌）が共生し，共生するとクリの生育がよくなる．土壌に有機物を加用することにより，菌根菌の生成は促進される．

◆菌根菌◆根圏微生物，特に糸状菌の中には，根の内部には侵入せず表面で共生する外生菌根菌と，根の内部で共生する内生菌根菌とがある．外生菌根菌と共生するものには，クリ等がある．内生菌根菌にはAM菌根菌（VA菌根菌），ツツジ型菌根菌，ラン型菌根菌がある．AM菌根菌はリンゴ，カンキツ，モモ，ブドウ等多くの果樹と，ツツジ型菌根菌はブルーベリー等と

共生する．菌根菌の共生により養分の吸収，特にリンの吸収が高まるといわれている．一方，根粒を形成する果樹としてヤマモモ，グミ等があり，根粒菌はマメ科植物に付くリゾビウム属等とは異なり，放線菌の一種であるフランキア属の菌である．

(1) ニホングリ

わが国におけるクリ栽培の大きな問題として，収量が150 Kg/10 aと他の果樹と比較して極めて低いことがあげられる．一方，最近の品種は，若木のうちからよく結実するが，粗放栽培が行われていることもあり，10年を過ぎた頃から収量が減少し始め，15年生では老木状態になっている例も多くある．適正管理をすることで，現在の2倍以上の収量を維持すること，また経済樹齢を伸ばすことは可能であり，従来の"クリは粗放栽培をするもの"という考えから脱却する必要がある．その他，現在問題になっているものに，クリシギゾウムシの防除対策がある．

◆**クリシギゾウムシの防除**◆ クリシギゾウムシは，クリのきゅう果の上から果実に産卵する．果肉を食べて成育した幼虫は，果皮に穴を開けて脱出し土中に潜って1～2年過ごす．従来は，収穫した果実に臭化メチル剤でくん蒸処理を行い防除してきたが，臭化メチルがオゾン層破壊物質に指定され，使用禁止となった．早急に代替防除技術の開発が急がれる．

クリの育種は，クリタマバチ抵抗性品種の育成に最重点が置かれてきた．クリタマバチの雌成虫はクリの芽に産卵し，幼虫はその芽で越冬し，翌春の展葉期に寄生芽が急速にふくれて虫えい（植物体に昆虫が産卵・寄生したため異常発育をした部分）となるため，結果枝が伸長せず収量が減少する．被害調査の結果，'豊多摩早生''乙宗''銀寄''岸根''正月'等の品種が抵抗性であることが判明し，現果樹研究所は，これらを交配親にして抵抗性品種を育成した．しかし，昭和40年代初期から，従来の抵抗性品種にもクリタマバチの加害が見られるようになった．これは，寄生性が強化されたバイオタイプのクリタマバチが出現したためである．今後も，さらに寄生性が強化されたバイオタイプの出現により抵抗性品種が加害される可能があり，常に抵抗性品種の育成に心掛ける必要がある．一方，本害虫を防除するために，昭和50年に現果樹研究所が中国から天敵チュウゴクオナガ

コバチを導入し，昭和57年につくば市と熊本市で放飼した．放飼後，つくば市では5年目で，熊本市では18年目で被害芽率が10％以下に低下した．この成果は，生物的防除法の成功例として世界的に知られている．

　植物では受精後，花粉親の形質が果実の果形や熟期ならびに種子の大きさ等の胚や胚乳以外の母系組織に現れることがある．この現象をメタキセニアという．ニホングリにはその花粉をチュウゴクグリの雌ずいに受粉すると，チュウゴクグリの渋皮剥皮が困難になるメタキセニアがある．なお，胚乳に花粉親の影響が現れる現象を，キセニアという．

　クリの収穫法には，自然落下したきゅう果または果実を拾集する方法と，落下直前のきゅう果を竹ざお等で落とし拾集する方法とがある．前者には未熟果の混入はないが，長く放置すると腐敗したり動物の食害を受ける可能性がある．後者には未熟果の混入がある．

主要品種の解説

　○ 筑波：現果樹研究所が，'岸根'に'芳養玉(はやだま)'を交雑して育成し，昭和34年に命名登録された．熟期は9月中〜下旬で，果実重は25g程度である．果肉は黄色，粉質で甘い．双子果や裂果の発生は少なく，玉揃いもよい．公表時にはクリタマバチの抵抗性は強いとされたが，前述のような理由で現在は発生する．

　○ 丹沢：現果樹研究所が，'乙宗'に'大正早生'を交雑して育成し，昭和34年に命名登録された．熟期は8月下旬〜9月上旬で，果実重は20g程度である．果肉はやや黄色，粉質で品質はよい．双子果の発生は少なく，果頂部がわずかに裂ける程度の裂果が発生する．公表時にはクリマバチの抵抗性は強いとされたが，現在は発生する．

　ニホングリは，渋皮が離れにくいことが最大の欠点である．しかし，果実は煮ても，焼いても，蒸してもよく，また甘露煮等として色々な料理に広く利用されている．その他，樹皮は染料，タンニン製造の原料とされる．さらに，クリ材は粘りがあり，耐水性も強く，木目がはっきりして美しいため，家具，建材等に使われている．

　ニホングリの良質果は，果皮（鬼皮）にツヤや張りがあり，重みのある果

実である．クリは室温に放置するより，冷蔵すればかなり貯蔵でき，貯蔵期間中にデンプンの糖化により甘味の増すことが期待できる．

◆**ニホングリの渋皮の剥き方**◆ 温度制御ができる市販の電気調理器に植物油を入れ，約190℃に加熱する．この中に鬼皮を除去したクリ果実を入れ，2分間浸漬する．果実を取り出し，食品用界面活性剤で果実の表面に付着した油を除去した後，手で渋皮を剥くと表面の凸凹を残したまま，きれいに仕上げることができる．

(2) チュウゴクグリ

チュウゴクグリは，クリタマバチに弱い．わが国でのチュウゴクグリの栽培は，明治時代に各地で導入・試作されたが，ニホングリに比べると小果で，結実性が低くて収量も少ない．さらに，クリタマバチの被害が激しく，またニホングリの花粉が受粉・受精すると渋皮の剥皮が困難になることもあり，広く普及するまでには至らなかった．しかし，チュウゴクグリは渋皮の剥皮が容易で，焼き栗にした時に食べやすく，甘味に富む．なお，岐阜県の土田健吉が発見した甘味の強い'利平ぐり'は，ニホングリとチュウゴクグリの種間雑種である．

(3) ヨーロッパグリ

ヨーロッパグリは乾燥した気候に適し，わが国のような多湿な気候には適さず，また胴枯病に非常に高い感受性をもつので，わが国での栽培は難しい．本種はニホングリよりやや小さく，渋皮剥皮性の悪い品種もあるがよい品種が多い．果実は焼き栗，料理，菓子に利用される．特に，マロングラッセは有名である．

(4) アメリカグリ

アメリカグリの渋皮剥皮性はよい．小粒であるが甘味に富み，風味もよく，クリ属の中で品質は第1といわれている．本種は胴枯病に非常に弱く，わが国での栽培は困難である．食用以外に，木材として，樹皮はタンニン製造の原料として利用されている．

3) こぼれ話

正月の門松にクリの若木を添えたり，また田植えを行う際に田の水口にクリの枝を挿し，供え物をして，クリのような大きな実がなるように祈願

する地方がある．近畿地方では，9月9日を「栗節句」として栗ご飯を炊く風習がある．このように，古代からクリは食料として重要であったこともあり，縁起のよいものとして扱われている．しかし，屋敷内にクリを植えると家が繁栄しないとか，庄内地方では門松にクリの木を使わないといった，忌み嫌う風習もある．

マロングラッセで有名なフランスでは，クリの渋皮を手で除く際に，爪が渋のタンニンで黒くなるのを隠すためにマニキュアが行われたとされている．

◆**マニキュアの歴史**◆マニキュアの歴史は古く，古代エジプトではヘンナ（西アジア原産のミソハギ科の低木で，1年中，芳香ある白・薄紅・薄緑色の花が咲く）の花を用いて爪を染めたとされる．ギリシア・ローマ時代にも，上流階級の婦人の間でマニキュアが流行した．中国では唐時代に，爪にホウセンカの花の汁を塗ったのが爪紅(つめべに)の始まりとされ，わが国にも平安時代末期頃にこの風俗が中国から伝わっている．江戸時代初期の頃には，爪に紅を薄くさす爪紅が身だしなみとして行われた．ホウセンカをツマベニ（爪紅），ツマクレナイ（爪紅）とよぶ地域がある．

なお，マロングラッセとは，クリの果実を砂糖蜜で煮詰めそのまま数日間漬けておき，バニラで風味を付けて乾燥させたものである．マロングラッセの品質を左右する重要な要因は，果実表面のヒダが自然のままに残っていることである．ニホングリは渋皮の剥皮が困難なため，ヒダを残すことができない．このことが，ニホングリがマロングラッセの製造に向かない大きな原因とされてきたが，前述の渋皮の剥皮法の開発により，ニホングリでもマロングラッセの製造が可能になることを期待する．

9．クルミ（胡桃，**Walnut**）

1）原生地と伝播

　クルミは，クルミ科クルミ属の落葉樹であり，クルミ属で食用にされる植物の総称である．果樹として主なものに，以下のものがある．なお，胡桃とは，胡（外国）から渡来した果実（中国ではモモが果実の総称）という意味である．

(1) ペルシアグルミ（Persian walnut）

　ペルシアグルミの原生地は，イラン西北部からカスピ海沿岸一帯とされており，世界的な主要品種である．中国には，前漢の武帝（在位BC141～BC87）の時，張騫（～BC114）が西域から持ち帰ったとされているが，これは誤りで，4世紀以前には中国にクルミは伝来していないとする説もある．恐らく，4世紀以降イランから中央アジアを経由し，中国に伝わったのではないかと推測される．このペルシアグルミ東洋種のわが国への渡来は，仏教伝来の時（538年），室町時代末期，安土桃山時代と3説あるが，栽培するほどまでには至らなかった．一方，欧米で改良されたペルシアグルミ欧米種がわが国に伝わったのは，明治時代以降であるがその時期は定かではない．ただ，明治14年に長野県の池田静作が米国人から種子をもらい播種したものが，普及の母樹となったことは確かという．現在も欧米種は長野県で栽培されており，主要品種として'フランケット'（フランス原産），'コンコード'（米国で選抜）等がある．

(2) テウチグルミ

　テウチグルミの原産地は，ペルシアグルミと同様である．本種はペルシアグルミの変種で，4世紀頃イランからシルクロードを経て中国に伝わったとされている．わが国への伝来時期は不明であるが，中国か朝鮮から渡来したとされ，江戸時代中期には栽培されていたと推定されている．テウチグルミは現在，長野県，新潟県，山形県等で栽培されているが，核（殻）が硬く，破殻はやや困難で，果実に占める可食部（子葉）の割合が低く，今後栽培面積は減少すると思われる．なお，殻が薄く手で砕けることから，"手打ち"グルミとよばれたというが，上述の如く，破殻は決して容易ではない．当時の他のクルミと比べて砕けやすかったのであろう．

(3) シナノグルミ

　シナノグルミは，テウチグルミと明治時代以降，米国から長野県に導入されたペルシアグルミ欧米種との自然交雑実生である．昭和6年頃からシナノグルミとよばれ，殻が薄く手で破砕が容易である．シナノグルミには，'晩春（ばんしゅん）''清香（せいこう）''信鈴（しんれい）''要鈴（ようれい）'等の優良品種がある．主産地は長野県である．

なお，ヒメグルミ，オニグルミは日本原生の野生種で，古代遺跡から出土しており，古くから食用に利用されていた．『本草和名』(918，深江輔仁の撰）に「久留美」とあるのは両種である．現在は，食用としての価値は余りない．ただ，昭和60年7月に，オニグルミの自然交雑実生として'笑'が品種登録されている．本品種は，殻の破砕と仁の摘出が容易である．

クルミの語源は，呉国から渡来したものであることから呉実，殻の中に屈曲した実があることから屈実，等に由来するといわれている．

2）生理・生態等

クルミ果実は一般に開花後，花床が肉質となり堅果を包んで偽果状となる．成熟後，仮果（総苞，外果皮，中果皮からなる）は裂開し内果皮が硬化した殻を露出する．殻の中に食用となる種子を含む．

クルミは一般に冷涼で，降雨の少ない地域に適する．クルミは風媒の単性花で，雌雄同株である．また，自家和合性であるが雌雄異熟で雌ずい先熟もあるが，最近の品種の多くは雄ずい先熟である．このため，雌花と雄花の開花期が一致する他品種の混植が必要である．果実は堅果で，内部の種子は褐色の薄い種皮（渋皮）に包まれ，中に肥厚した子葉があり，これを食用とする．熟期は，長野県で9月下旬～10月上旬である．収穫は，棒等で落とす．経済樹齢は50～60年で，200～300年間位結実する．

なお，クルミは，従来，接ぎ木が困難とされ，実生苗（5～6年で結実開始）が用いられてきた．しかし，実生苗では果実品質等が均一でないため，現在は接ぎ木技術の改良により接ぎ木苗が普及している．

クルミの可食部には，脂質を69％前後含み，タンパク質も約15％と多い．脂質の脂肪酸組成はリノール酸が70％前後を占める．リノール酸等の不飽和脂肪酸は，飽和脂肪酸とは異なり血漿コレステロール濃度の上昇を抑制する．果実は，生または炒って食べる他，菓子等に利用される．

3）こぼれ話

クルミの属名は *Juglans* というが，これはローマ人がペルシアグルミのことを"ジュピターのドングリ"とよんでいたことに由来する．"ジュピターのドングリ"とは古代ラテン語でJovis glansといい，Jovis（英語Jupiter：

ローマ神話の天空神）と glans（堅果）の2語からなっている．黄金時代（古代ギリシア・ローマで，人類の歴史を金・銀・銅・鉄に分けた第1の時代）に神はクルミを食べ，人間はドングリを食べたという言い伝えがある．

　クルミにまつわる民話は多くある．ソロモン王（BC 960～BC 922頃）の時代には高貴な木として栽培されており，古代ギリシア・ローマ時代にはクルミは硬い殻に実が包まれていることから，生命や不滅，豊穣のシンボルとされていた．ただ，クルミには，縁起の悪い民話もある．ヨーロッパ諸国では，魔女や悪魔はクルミの木の下に集まるといわれ，イタリアではクルミの木を「魔女の木」とよんでいるとか．北欧では新婚夫婦が聖夜にクルミ果実を火中に投げ入れ，静かに燃えたら結婚生活は安泰で，はぜたら喧嘩が起こるという占いをしたという．わが国でも，岩手県で小正月に炉に12個のクルミを並べ，焼け具合から1月から12月の天候を占う習慣があった．

10．他のナッツ類

1）アーモンド（Almond）

　アーモンドは，バラ科サクラ属の落葉樹である．モモ，スモモ等と極めて近縁で同じ核果類（バラ科サクラ属で石果となる樹種）に属するが，核内にある種子の子葉を食用とするため，果樹園芸学では堅果類として扱う．アーモンドの原生地は明らかでないが，現在栽培されているアーモンドは，トルキスタン，アルメニア東部，パミール地方に自生する野生種を基本種として発達してきたものと推測されている．

　現在の主産国の米国には，1700年代の後半にスペインの宣教師がカリフォルニア州のサンタバーバラに植えたが，風土が適さず産業化しなかった．しかし，1860年頃，気候条件が適しているサンフランシスコ周辺で栽培が広がり，品種改良も進められカリフォルニア州で大産地が形成された．わが国には，明治時代初期にヨーロッパから扁桃（へんとう）の名で導入されたが，気候が合わず栽培・普及するまでには至らなかった．なお，アーモンドの別名を扁桃というのは，この果形による．また喉にある扁桃腺の名もこれにち

なむ．

　アーモンドの栽培には，生育期間中が乾燥して雨量の少ない温暖な気候が適する．果樹の中では，最も耐干性に富む．しかし，耐寒性は弱く，開花期がモモより早いため，わが国では早春の低温により被害を受けることがある．繁殖は，接ぎ木で行う．

　アーモンドは両性花，虫媒花で，花弁は淡紅色または白色の径4 cmほどの大輪で，展葉に先立ち開花し美しい．多くの品種は自家不和合性で，ある品種間では交雑不和合性を示す．アーモンドは摘果しないが，樹体の生長が健全な限り隔年結果は起こらない．

　果実は楕円形で中・外果皮は薄く，内果皮は核を構成し，可食部は核内にある種子の仁（種子から種皮と除いた中身）である．アーモンドには甘仁種と苦仁種とがあり，後者は仁に苦味成分を含み，食用には適さない．また，核の破砕の難易により軟核種と硬核種とがあり，食用には軟核の甘仁種がよい．仁の成分は脂質が50％強を占め，タンパク質も20％弱と多い．脂質の脂肪酸組成はオレイン酸が約65％，リノール酸が約25％ある．トコフェロール（ビタミンE効力）が多い．仁は生のまま，あるいは炒って食べる他，菓子の材料，食用油等に用いられる．特に，チョコレートとよく合う．欧米にはマジパンというアーモンド粉末に砂糖，シロップを混ぜて練ったものがあり，これで果物，花，野菜，動物等，色とりどりの練り菓子を作る．

　アーモンドは，有史以前に南ヨーロッパや北アフリカに伝来したといわれ，伝説等が多い．ヨーロッパの人々は，アーモンドの形を涙にたとえるという．これは古代ギリシアの伝説に，恋人の死を悼んで泣いたセラスの王女の涙が地に落ち，そこからアーモンドの木が生えたという古事に由来する．その他，愛にまつわる言い伝えも多く，アーモンドは不滅の愛の象徴とされている．『旧約聖書』には，ヤコブ（イスラエル民族の祖）がエジプトに捕らえられている息子の身代金にアーモンド等を送ったとあり，アーモンドが貴重な品であったことがうかがえる．その他，『旧約聖書』の中にはアーモンドの記載が多く，このためかイスラエル人はアーモンドを「聖

なる木」とよんでいる.
2）カシュー（Cashew）

　カシューは，ウルシ科アナカルディウム属の常緑樹である．原生地はアマゾン低地，北部ブラジル沿岸の草地とされる．属名の *Anacardium* は，ギリシア語のana（似る）とkardia（心臓）からなり，果実の形から出たものである．わが国では，種子の形が勾玉に似ていることから，カシューのことをマガタマノキともいう．カシューは，16世紀初頭にブラジルを探検していたポルトガル人により発見され，16世紀の半ば以降インドに導入され，現在インドは世界一の生産国となっている．

　生育には熱帯性気候が適し，少雨や砂地にも耐える．カシューは他の果樹に比べ早く開花・結実し，実生の場合でも2～3年で開花し，経済樹齢には5～6年で達する．しかし，実生苗は，個体により果径の大きさ等に変異が大きいので，普通，接ぎ木苗を用いる．収穫は，落下した果実を拾い集める．

　カシューは，両性花と雄花を混生する雌雄混株である．花床が洋梨形に肥大した部分をカシューアップルといい，その先端に3～4 cmの腎臓形の殻状の果実がつく．果皮（核）は硬く，中に勾玉状の種子があり，種子の仁をカシューナッツといい食用とする．なお，核（殻）にはアナカルディック酸とカルドールを主成分とする刺激性の殻油が含まれており，殻油は白アリ等の防虫剤や防腐剤として利用される．この殻油に触れるとかぶれることがあるので，生の果実を扱う時には注意が必要であるが，焙煎により毒性は消える．

　カシューアップルは，リンゴに似た芳香があるためこの名が付けられた．カシューアップルは生食する他，ジャム，飲料，酒等に加工される．仁の生には有害成分が含まれているとされ，火を通してから食べるのがよい．仁は，炒って味付けして食べる他，菓子に利用される．

　仁は脂質を50％弱，タンパク質を約20％，炭水化物を25％強を含み，トコフェロール（ビタミンE）はほとんど含まない．脂質の脂肪酸組成はオレイン酸が約60％，リノール酸が約20％である．

3）ドングリ（Acorn）

　ドングリとは，ブナ科のコナラ属のカシ，ナラ，クヌギ，カシワおよびシイ属のシイ等の果実の総称である．カシはアラカシ，アカガシ，シラカシ，イチイガシ等の総称で常緑樹，ナラはコナラ，ミズナラ等の総称で落葉樹，クヌギとカシワは落葉樹，シイはスダジイとツブラジイ等の総称で常緑樹である．

　ドングリの語源は，トチグリの音便訛か団栗（ダングリ）（団とは丸い形の意），等に由来するという（音便：日本語の発音の都合で，元の音とは違った音に変わる現象）．

　コナラ属は雌雄同株で風媒花であるが，シイは雌雄同株で虫媒花である．樹上にある時は，果実の基部は総苞が発達した殻斗（かくと）に包まれる．殻斗は，果実の基部の1/2〜1/3を包み，完熟した果実は落下した時，または後に殻斗と離れる．

　ドングリの果皮は硬く，種子の仁を食用とする．シイの果実（シイノミ）は生食するか，炒って食べるが，他のドングリはタンニンを含み渋いため渋抜きが必要である．

　縄文時代の遺跡から，食用として貯蔵されたドングリがよく発掘される．ドングリの渋さは樹種により異なり，遺跡から発掘されるドングリも，さほど渋くないイチイガシの実が多い．昔から飢饉の時の食料として利用されており，他の食材と混ぜて食べたり，色々な料理が考案されてきた．高知県には，カシ豆腐あるいはドングリ豆腐という郷土料理がある．"ドングリを食べるとどもりになる"という俗信は，ドングリの実の渋さに由来するものではなかろうか．

4）ハシバミ類（Hazel）

　ハシバミ類は，カバノキ科ハシバミ属の落葉樹であり，ハシバミ属を意味する英名にはヘーゼル（ヘーゼルナッツ）の他，フィルバート，コブナッツがある．これら3者を区別する定義も提案されているが，いずれも根拠に乏しい．ここでは，ハシバミ属を総称してハシバミ類とする．原生地は北半球である．

果樹として栽培されているハシバミ類の基本種は，南ヨーロッパ，北アフリカ，西アジアを原生地とするセイヨウハシバミ（別名：ヨーロッパヘーゼル）である．本種は紀元前数千年間にわたり，北部ヨーロッパの優占植生をなし，古代ギリシア人によって栽培されていた．現在の栽培品種はセイヨウハシバミを基本種として，一部他の野生種（アメリカハシバミ等）との交雑により改良が加えられたものである．特に，20世紀に入り米国，イギリスで品種改良が進み，'バルセロナ'（米国育成）等の優良品種が育成された．ハシバミ類の生産量が最も多い国はトルコで，その他イタリア，スペイン，米国等で栽培されている．

　わが国に自生するハシバミ類として，ハシバミ，ツノハシバミ（その変種のオオツノハシバミ，トックリハシバミ）がある．ハシバミの語源は，葉にしわが多いため葉皺実，総苞の先が鳥のくちばしの様に尖っているところから嘴榛に由来する等の諸説がある．わが国では，『本草和名』（918）に榛子，波之波美，『延喜式』（927）に榛の名がある．ハシバミ類はシイ等とともに古くから食用に供されていたが，栽培化されなかった．近年，米国等から品種の導入も試みられたが，わが国での栽培は盛んでない．

　ハシバミ類は，一般に耐寒性が強く，花器もかなりの低温に耐える．ハシバミ類は毎年多くの吸枝（ひこばえ）を生じる．吸枝を湿った土で盛土すると簡単に発根するので，取り木法で繁殖される．ただ，毎年吸枝を除去するのは大変な作業であり，吸枝を生じない台木が望まれる．

　花は，展葉に先立って開花する．雌雄同株であり，多くは雌雄異熟で自家不和合性の品種が多いため，雌花と雄花の開花時期が一致する他品種の混植が必要である．受粉は風媒による．果形はほぼ卵形または長円形で，果実は総苞に包まれる．成熟すると落果するので，これを採集する．硬い果皮（核）の中に種子があり，中の仁を食用とする．'バルセロナ'の場合，果実重は収穫直後で約4.7g，仁の重さ約1.5gである．

　栽培種の仁は，脂質を約70％弱，タンパク質を約14％弱含み，脂質の脂肪酸組成はオレイン酸が約80％を占める．ビタミンE効力も高い．仁は生でも食べるが，普通は炒って味付けして食べる他，菓子の材料，食用油

等に利用される．

　ハシバミ類にまつわる民話は多くある．ギリシア神話の神ヘルメスが持つカドゥケウス（聖なる力を伝える者が携える魔法の杖）は，ハシバミ類の枝とされ，人間に思想を言葉で表わすすべを与えた魔法の杖とされている．また，ハシバミ類の枝は英知の象徴とされ，中世以降，鉱脈や水脈を発掘するためにY字型をした本種の枝が用いられ，その場所に着けば枝が動いたり音を発したりするという．北欧では雷神トールの神木としてあがめ，落雷から家を守ると信じられ，イギリスでもハシバミ類で作った楔を3本打ち込んだ家は，火災に遭わないという言い伝えがある．

5）ピスタチオ（Pistachio）

　ピスタチオは，ウルシ科ピスタキア属の落葉樹である．同属の中で食用にするのはピスタチオだけで，他の種の果実は大麦の粒の大きさである．ピスタチオの原生地は中央アジアのトルキスタンおよびその南に接する山岳地帯とされるが，シリアからトルコ等も含むとする説もある．ピスタチオは，古代オリエント文明の新石器時代初頭の遺跡から出土するほど，古くから食べられていたといわれる．本種は，1世紀のローマ第2皇帝ティベリウス時代（在位 AC 14〜37）の末期にシリアから初めてローマにもたらされ，その後ローマからスペインに伝えられ，地中海地方に伝搬した．英国には1770年に，米国には1853〜1854年に初めて導入されている．

　わが国には，文政年間（1818〜1830）に乾果が長崎に渡来し，苗木は明治17年（1884）に導入，栽培が試みられたという記録があるが，普及しなかった．

　ピスタチオは，乾燥気候に適し，かなりの寒地で栽培可能であり高温にも強く，一般にオリーブの栽培できる地域が適地ともいわれる．繁殖は接ぎ木（芽接ぎ）で行う．

　ピスタチオは，雌雄異株で風媒花である．展葉前に開花する．開花後，果実が成熟するまで2カ年弱を要する．果実は卵形，中に白色の硬い核（内果皮）があり，熟すと核の一端が自然に裂開する．核の中に種子があり，中の仁を食用とする．核つきあるいは核を除き炒って味付けしたものを食べる

他,アイスクリーム,菓子の材料として,仁から採った精油は食べ物の香料として利用される.

仁は,脂質を約55％強,タンパク質を約18％弱含み,脂質の脂肪酸組成はオレイン酸が約55％,リノール酸が約30％である.β－カロテンも約120μg/100g含む.

6) ペカン（Pecan）

ペカンは,クルミ科カリア属の落葉樹である.原生地は,米国イリノイ州,テネシー州,ネブラスカ州およびメキシコとの境界線に囲まれた地域とされる.ペカンは,先住民の食料の一部とされていた.わが国には大正4年（1915）に米国から農事試験場園芸部に導入されたが,広く普及するまでには至らなかった.

ペカンの気候適地は,概して冬期が温暖で夏期の平均気温が24～30℃の地域である.ペカン栽培において大きな問題は,隔年結果性が強いことである.また,カリウムに対する要求度が強い.接ぎ木は従来難しいとされてきたが,台木を掘りあげ地際からやや下の根幹に切り接ぎをすると成功率が非常に高い.

ペカンは風媒の単性花で,雌雄同株である.自家和合性の品種が多いが,雌雄異熟であるため,雌花と雄花の開花期が一致する他品種の混植が必要である.

果実は成熟すると果皮は自然に裂開し,核が落下

図7 ペカン
(池上 徹 画)

する．この核を傷めないように集める．核内にある種子の仁を食用とする．核は円形～長楕円形，1個の重さは4～8gで，2個を並べて強く握ると簡単に割れる．仁は生食したり，炒って食べる他，菓子の材料，食用油等に利用される．仁にはコクと少しの甘味があり，極めて美味である．仁の脂質は約70％と多く，脂質の脂肪酸組成はオレイン酸が60～70％，リノール酸が20～30％である．米国において，ペカンは堅果類の中で最も重要な地位を占めている．

カリア属にヒッコリーがある．果実はほぼ球形で，4本の縦のくびれがあり，熟すとこの線に沿って割れ核を出す．ペカンと比べ核が厚く砕きにくく種子は小さいが，甘くて食用になる．材は強靭で曲げや衝撃に強く，スキーの板，太鼓のバチ等に利用される．

米国ではペカンを含めナッツ類の収穫には機械化が進み，幹振とう機，枝振とう機，掃き集め機，ピッカー，果実・葉・小枝等の分離機等を用い省力化が図られている．

7）マカダミア（Macadamia）

マカダミアは，ヤマモガシ科マカダミア属の常緑樹である．マカダミア属には10種あり，ナッツとして利用されるのは3種で，3種の原生地はオーストラリア東部である．現在栽培の主体をなすマカダミアは，その1種の*Macadamia integrifolia* Maiden *et* Betche，あるいはこれと他種との交雑種である．マカダミアは，オーストラリアの先住民には早くから知られ，利用されていたと想像されるが，白人によって発見されたのは比較的新しく，1860年代前後と推定されている．主産地であるハワイにマカダミアがもたらされたのは，1882年が最初であるが，1892年に6万本以上の苗木がハワイに導入され，これが現在の経済栽培の端緒となった．なお，属名（*Macadamia*）は，良品種を発見したイギリス人のJohn Macadam（1827～1865）の名に由来するとか．

マカダミアは亜熱帯果樹であるが，比較的寒さに強く，軽い霜には耐え，生育限界温度は－2℃前後といわれる．乾燥には強いが，降雨が少ないと収量は減少する．肥沃土を好む．繁殖は従来実生で行われてきたが，品質等

に変異が大きいことから,最近は接ぎ木法の改善により接ぎ木苗が用いられている.

マカダミアは,両性花であり自家不和合性の品種もあるので,他品種を混植することが望ましい.収穫は,落果したものを拾い集める.果実は石果で皮質の外果皮があり,熟すと裂開する.果実の中に硬い内果皮(核)があり,その中に種子が1～2個入る.果実は種子を1個有する場合は球形,2個有する場合は半球形となる.種子中の仁をナッツとして塩炒りして食べる他,菓子の材料,食用油等に利用される.食用油は,最上級のオリーブ油に劣らないとされる.

仁は,脂質を75%強と多く含み,脂質の脂肪酸組成としてオレイン酸を約60%,次いでパルミトレイン酸を約20%含むのが特徴である.トコフェロール(ビタミンE)はほとんど含まない.

11. カキ(柿,Persimmon)

1) 原生地と伝播

カキノキ科カキノキ属植物は,世界に200～400種存在するといわれ,その大半は熱帯・亜熱帯地方に分布し,常緑性と落葉性とがある.温帯地方に分布するものは非常に少なく,落葉性である.カキノキ属の中で果樹として重要なものは,カキ,マメガキ(中国原生で果径1.5cm前後,主に柿渋を採取,カキの台木),アメリカガキ(北アメリカ原生で果径3cm前後,渋味が多いが成熟すれば甘味を増す.ゴルフクラブのヘッド用材,カキの台木)等がある.そのうち果実を食用とするものは,カキだけである.

カキの原生地は中国で,中国ではBC2世紀には栽培されていたとされる.わが国には,奈良時代の頃に中国から渋ガキが渡来したと考えられている.しかし,日本西南部と南朝鮮に純野生種とも野生化したとも区別ができないヤマガキが存在するとされ,中国,朝鮮半島,日本を原生地とする説もある.ただ,後者の日本原生地説については,地質年代の更新世の化石層からカキの遺物は見つかっているが,『古事記』(712),『日本書紀』(720)には,柿の文字が人名や地名にみられるだけで,さらに『万葉集』(759年

までの400年間の歌集，780年頃成る）にも果樹としてのカキを詠んだ歌はないことから，現在のところ定説には至っていない．現在，わが国で栽培されているカキ品種の基本種は，中国から渡来したものとする説が有力である．なお，甘ガキは，渋ガキからわが国で生じたものである．

わが国でのカキの果樹または果実に関する最も古い記載は『本草和名』(918)にあり，この中に"加岐"と記されている．『延喜式』(927)によると，当時，熟しガキと干しガキが菓子として供されていた．『庭訓往来』(初学者用に1年各月の消息文の範例を集めたもので，南北朝時代から室町時代初期に成る）に，甘ガキの総称であるキザハシ（木醂），コネリ（木練）という名称がみられる．このことから，それ以前に甘ガキと渋ガキの区別はされており，鎌倉時代には甘ガキの栽培が行われていたと推定されている．不完全甘ガキの'禅寺丸'は1214年に現神奈川県で発見されている．

室町時代には串ガキが茶請けに，生ガキが菓子として利用され，江戸時代初期には，湯抜きによる渋ガキの脱渋が行われていた．品種名が書籍に現れたのは江戸時代に入ってからであり，俳書『毛吹草』(1645，松江重頼)の中に，'筆柿''御所柿''西条柿'等の名がある．18世紀中頃には，現存するかなりの品種が既にあった．ただ，明治時代末期までのカキ栽培は，庭先や畔畔に植えられる程度であった．しかし，カキは栽培歴が古いだけに異名同種，異物同名も多く，農事試験場園芸部は明治43〜44年に各地で栽植されている品種の調査を行った（後述）．その後この中から優秀な品種が各地で栽培され始め，大正時代初期から果樹園として本格的なカキ栽培が進められた．現在の主産地は，和歌山県，福岡県，奈良県，岐阜県等で，主要品種は'富有'（後述），'平核無'（後述），'刀根早生'等である．

欧米にカキが伝来した時期は定かではないが，明治時代以降にわが国の栽培品種が多く伝わっている．当初，apple of orientとよばれ期待されたが，甘ガキと渋ガキとの区別，さらに適切な食べ方が分からなかったこともあり，大きな産業には発展しなかった．しかし，現在では世界各国にカキ栽培は広がり，ブラジル，オーストラリア，ニュージーランド，イタリア，スペイン，イスラエル等で栽培されている．渋ガキは，加工するので

はなく，樹上であるいは収穫後に軟化を進め熟しガキとして食べる国が多いようである．なお，kakiという名は多くの国で用いられ，カキの学名 *Diospyros kaki* Thunb. の中にも kaki という名称が使われている．なお，属名の *Diospyros* は，ギリシア語の dios（神聖な，の意）と pyros（小麦，の意）からなる．カキの語源は，赤い果実のなる木であることから「赤木」，カキの果実が赤いこと「赤き」に由来する等とされている．

◆**水菓子**◆菓子とは，常食の他に食すし好品の一種をいい，上代では菓子の全てが「くだもの」（菓物と書く）であったことから，菓子は果物を意味した．やがて遣唐使により唐から菓子が導入された．この菓子を唐菓子といい，米，麦，小豆等の粉等で作られていたようである．この後，果物には水分が多いことから水菓子とよばれるようになった．

2）生理・生態等

カキ品種の大半は $2n = 90$ の6倍体である．カキは，雌花のみを有する品種，雌花と雄花の両方を有する品種，雌花と雄花と両性花を有する品種の3タイプがある．'富有'‛次郎'‛松本早生富有'等の品質のよいカキは，雌花しか着生せず，雄花を着生する優秀な品種の少ないことと，完全甘ガキ同士の交雑からしか完全甘ガキはほぼ生じないことが，優秀な甘ガキ品種の育成を遅らせている理由である．ただ，雌花しか着けない品種でも，極めて稀に雄花を着生することがある．また完全甘ガキ'太秋'（後述）のように，雄花を多く着ける高品質品種も育成されており，今後の育種親，特に花粉親としての利用が期待される．カキには，自家不和合性あるいは交雑不和合性は知られていない．受粉は虫媒によって行われ，風媒はほとんどない．

冬期に行うカキの剪定で注意すべきことは，昨年伸びた枝の先端およびそれに続く数芽に花芽が着く（頂側生花芽という）ので，切り返し剪定を行うと花芽を除去してしまい，果実はならない．カキの台木には共台（穂木品種と同じ種の果樹）かマメガキ台を用いる．マメガキ台は耐寒性はあるが，'富有'等と接ぎ木不親和性があり，浅根性で，根頭がんしゅ病に弱い．一般には，耐干性，耐湿性があり穂木品種との親和性が高い共台を選び用いる．なお，共台には在来種の実生を用いることが多いが，実生なので樹が

不揃いになりやすい．カキの台木に関しては，クローン繁殖技術とわい性台木の開発が望まれる．

カキは渋味，種子の有無，果肉の褐斑生成程度により次の4種類に分けられる．①完全甘ガキ：種子の有無にかかわらず自然脱渋する品種で，少量の褐斑（ゴマ斑）を生じる．'富有''次郎''伊豆''松本早生富有'等がある．②不完全甘ガキ：種子が多く形成されると甘ガキになる品種で，種子の周囲に多量の褐斑を生じその部分が甘くなる．種子数が少ないと渋い部分が残る．一般に，不完全甘ガキに属する品種は，多量の褐斑のため肉質は粗く，品質が劣る．'西村早生''禅寺丸（ぜんじまる）''正月''赤柿''筆柿'（別名：珍宝柿）等がある．③完全渋ガキ：種子の有無にかかわらず著しく渋みがあり，褐斑を生じない品種．'西条''愛宕（あたご）''市田柿（いちだがき）''四ッ溝''堂上蜂屋（どうじょうはちや）'等がある．④不完全渋ガキ：種子ができるとその周りに褐斑を生じ脱渋されるが，その範囲は狭く常に渋ガキとなる．'平核無（ひらたねなし）''刀根早生''富士'（別名：蜂屋，甲州百目（こうしゅうひゃくめ）），'会津身不知（あいづみしらず）'等がある．

カキの渋味は，果肉のタンニン細胞中の可溶性タンニンによるものである．若い果実や渋ガキを食べると，タンニン細胞が壊れ，可溶性タンニンが流れ出て舌のタンパク質と結合し神経を刺激するからとされている．完全甘ガキが甘くなるのは，他の3タイプのカキとは異なっている．即ち，タンニン細胞が果実生長の早期段階で発育を停止し，タンニンが希釈されることが主原因とされている．この脱渋には比較的高温を必要とするため，産地が限られる．一方，不完全甘ガキは，種子から生じたエチルアルコールやアセトアルデヒドにより，タンニン細胞中の可溶性タンニンが凝固して不溶化するためで，褐斑を生じる．不完全甘ガキの脱渋には完全甘ガキほどの高温を要しないため，栽培適地は広い．渋ガキは，種子のアセトアルデヒド等の生成力が弱く，脱渋されない．

渋ガキを食べるには，熟しガキにするか，さわしガキ（醂柿），干しガキにする．さわしガキの脱渋法として，湯抜き法，アルコール脱渋法，炭酸ガス脱渋法がある．湯抜き法は40〜45℃の湯に1晩浸漬する方法で，江戸時代初期には行われていた．一方，アルコール脱渋法は，江戸時代末期に

酒樽に渋ガキを貯蔵したところ渋が抜けたことから普及したといわれている．炭酸ガス脱渋法は，カキが米国に導入された後，米国で1911年（明治44年）に開発された方法で，現在渋ガキの大量脱渋法（CTSD法）として応用されている．アルコール脱渋法は炭酸ガス脱渋法に比べ肉質，香りとも優れるが果実の日持ちが悪い．その他，樹上脱渋法も開発されている．この方法は，'平核無'では開花後115日頃，樹上の果実を3gの固形アルコールを入れたポリエチレン袋に密封し3日間放置した後除袋する．脱渋後も果実は肥大し，糖度も増し果実は硬く日持ち性に優れる．以上の方法で渋ガキが脱渋されるのは，これらの処理で起こる嫌気呼吸によって生じたアセトアルデヒド等が，可溶性タンニンを不溶化させるためと考えられている．

◆ CTSD法 ◆ Constant temperature short duration の略で，昭和51年に松尾らにより開発・発表された．炭酸ガスによる脱渋過程には，果実が炭酸ガスにさらされ代謝の変化が起こる誘導期と，その後の炭酸ガスと関係なくタンニンが不溶化する自動脱渋期とがある．CTSD法は，この理論に従い開発された方法である．即ち，収穫果実を恒温庫に入れ果実温度を均一にし，その後100％炭酸ガスを12～24時間処理し誘導期を経過させ，その後直ちに換気を行い外気と同様にし，一定温度条件下で自動脱渋期を経過させる方法である．温度，炭酸ガス濃度，処理時間は品種，熟度等で異なる．

干しガキは，あんぽ柿ところ柿（転柿・枯露柿）に大別される．前者は50％前後の水分を含み，表面は乾いているものの，内部は生乾きのものをいう．後者は水分が25～30％になるまで乾燥させたものである．干しガキの製造に際しては，剥皮後，微生物の繁殖防止と果肉の褐変を防ぎ製品を美しく仕上げるために，硫黄くん蒸を行う．干しガキの表面には白い粉が付着しているが，これは乾燥に伴い果肉の糖が表面に出てきたもので，ブドウ糖と果糖の混合物（6：1）が主成分である．なお，干しガキに適する渋ガキの品種として，糖度が高い，肉質が粘質，種子が少ない，渋残りがないようにタンニン含量が少ない，大果等の形質を有することが望ましい．干しガキに向く品種として，'富士''四ッ溝''堂上蜂屋''平核無''市田柿'等がある．干しガキや熟しガキが脱渋される機構は明らかでないが，最近，タンニンがペクチン等の他の物質と結合し，不溶化するためと推測されてい

る．なお，あんぽ柿という名は「天干柿（あま）」から転じたものであり，ころ柿とはすだれやむしろの上で，ころころ転がしながら形を整えて作ったことに由来する．

カキの生理障害として「ヘタスキ」,「汚損果」(果実の表面が黒変する現象),「果頂裂果」「果頂軟化」等がある．ヘタスキとは，ヘタと果実との接着部が部分的に剥離し，果実に亀裂が生じる障害である．長形品種や'平核無'のような無核品種にはほとんど発生しないが, '富有'を初めとして主要経済品種の大果で多発するため，経済的損失が大きい.

主要品種の解説

○ 富有：岐阜県原産の完全甘ガキである．雌花の着生は良好であるが，雄花の着生はほとんどない．熟期は11月中〜下旬，果実重280g程度で，糖含量は15〜16％，肉質はやや粗，高品質品種の1つである．原木は岐阜県の小倉長蔵の宅地内にあり，従来，「水御所」「居倉御所」とよばれていた．福島才治が，明治17年に原木（64年生と推定）から枝を採取し，自園のカキに高接ぎして試作し，明治31年に'富有'と命名した．この名は中国の古典『礼記』の中の"富有四海之内"に由来し，このカキを栽培すれば農家に富が有ることを願い命名された．なお，原木は昭和4年に枯死している．

○ 平核無：新潟県原産の不完全渋ガキである．雄花の着生はない．熟期は10月下旬〜11月上旬，果実重220g程度で，糖含量は約14％，肉質は緻密で軟らかく多汁である．カキは一般に6倍体であるが，'平核無'は9倍体であるため，受粉した胚が退化し，無核果となる．新潟県の川崎栄次郎の宅地に原木（樹齢約250年）があった．原産地では「八珍」「無核」とよばれていたが，大きな栽培はなかった．栽培が普及したのは山形県の庄内地方からで，明治42年に現在の名に命名されたが，大正12年に刊行された『果樹及び蔬菜品種一覧』(園芸試験場編)では「平無核」となっている．「平核無」と混同した時期もあったが，現在は'平核無'に統一されている．なお，'刀根早生'は，奈良県の刀根淑民が'平核無'の枝変わりとして発見し，昭和55年に品種登録された．熟期は'平核無'より約2週間早い．果実特性は'平核無'とほぼ同じである．

○ 将来期待される品種

'太秋'——現果樹研究所が'富有'に「ⅡiG-16（次郎×興津15号）」を交雑して育成し，平成6年に命名登録された完全甘ガキである．雄花を着生する．熟期は11月上旬頃で，果実は400g程度と大果である．果実の糖含量は17％と多く，果肉はやや緻密，多汁であり，現在のカキ品種の中で最も美味である．

カキの良質果は，形が整っていてヘタの緑が鮮やかで，ヘタスキがなく，果皮にツヤと張りがあり，赤味の濃い重量感のある果実である．カキの果皮は硬く食べにくく，また果皮と果肉との間に渋みが残るので，皮を剥いて食べたほうがよい．カキの貯蔵方法は，リンゴと同じである．なお，渋抜けの度合いを調べるには，ヘタの部分の果肉を少し取り食べてみるとよい．この部分の渋が抜けていれば，全体に抜けている．

3）こぼれ話

江戸時代末期のカキ事情について，大蔵永常（1768～1860）の農学書『公益国産考』（1859）に興味ある記載があるので，骨子を紹介しておく．"柿は諸国にあって品種も多いが，大和の御所柿が最高である．しかし，甘柿は食べる期間が30日前後と短いため，その地方の特産品にはなりにくい．たくさん作って利益を得，地方の特産物とするには渋柿がよい．安芸の西条柿の干柿は極上品，美濃から出る蜂屋の干柿は品質がよい．"

カキは日本人にとって古くから関わりがある果樹であり，神聖視からくる禁忌，霊魂に関する民話や俗信が多い．霊は生前に住んでいた家のカキの木にとりつくという話，カキは火葬用の薪に使われ，普通の日にカキの木をたくと盲になるとか，気が狂うとか，7代貧乏するという話等がある．カキの木から落ちると3年以内に死ぬというのは，カキの枝は折れやすいので，枝の先きまで登って果実を採ることを戒めたものである．一方，串ガキとしてダイダイとともに鏡餅に珍重されたり，歯固めに食べたりする．

カキの生理と結びついた行事として，「成木責め」がある．昔，正月15日の早朝にカキの木に"成るか成らぬか，成らねば切るぞ"と1人が脅し，ナタ等で樹皮に小さく傷を付けると，別の人が"成ります，成ります"と約

束する．約束の返礼として，傷口に小豆粥を塗るという風習が全国的にある．カキ以外に，ナシ，アンズ等でも行われた．「木いじめ」「木祭」ともよばれ，豊作を願う行事である．猿蟹合戦の絵本の中にも，カニがカキの木に"早く実を着けないとハサミでちょん切るぞ"という会話も同じ意味である．現在，果樹栽培において樹皮を数cm幅で，環状に一部あるいは全部剥ぎ取り，光合成産物を剥ぎ取った上の枝に蓄積させ，花芽の分化や花芽数の増加，果実肥大を促すという方法（環状剥皮）がある．昔の人も経験的に環状剥皮の効果を知っていたことになる．

　カキはわが国での栽培が古く，異名同種を含め多くの品種がある．明治45年に農事試験場園芸部の発表によると，集めた品種は3,000点以上で，品種名を有するもの1,030点，確実な異名同種が93点，異品種は937点であった．なお，分類技術の発達により，当時異品種と判断された中には，異名同種のものが多くある．'禅寺丸'は古い品種であり，地域により，壺ゴネリ，人丸，砂糖丸，大ツキコネリ，弥治郎，横兼，朝日，ゴザトウ等とよばれている．新潟県が原産地の'平核無'にも，八珍，核無，庄内柿，おけさ柿等の異名がある．珍名として，黒柿，疣柿，筆柿（珍宝柿），夫婦柿，鶴の嘴，等多数ある．

　カキには，「渋戻り」という面白い現象がある．脱渋済みのカキを原料として加工する際に加熱処理や酸処理を行うが，この間に不溶性タンニンが再び可溶化し，渋くなる現象である．根本的な対策がないのが実情である．

　家具材として重用されるコクタン（黒檀）はカキノキ属の樹木で，黒色の心材を有するものの総称である．コクタンには，本黒檀，縞黒檀，青黒檀（最も硬い），斑入り黒檀（最も高価）がある．インド，インドシナ，スリ・ランカ，フィリピン，熱帯アフリカ等が主産国である．

12. ブドウ（葡萄，Grape）

1）原生地と伝播

　ブドウは，ブドウ科ブドウ属のつる性の木本落葉樹で，まれに常緑樹がある．ブドウ属（*Vitis*）は約70種からなり，従来，ブドウ亜属とマスカディ

ニア亜属に分けられていたが，染色体（前者は$2n=38$，後者は$2n=40$），形態等が異なることから，後者は別属（*Muscadinia*）として扱うべきであるという意見もある．ブドウ亜属にはヨーロッパブドウ，アメリカブドウ，アジア野生ブドウがある．マスカディニア亜属にはマスカディンブドウ等がある．

　ブドウの先祖が地球上に現れた時期は明らかでないが，白亜紀（約1億4千万年前）頃とされている．氷河期に入ると大半の野生ブドウは死滅したが，西アジア，北アメリカ，東アジアの一部の地域で生き残ったものと思われる．氷河期の終わった約1万年前から生き残った野生ブドウは，異なった気象条件下で形態的，生態的変化を遂げ，西アジア（ヨーロッパ）種群，北アメリカ種群，東アジア種群を形成するに至った．なお，野生ブドウは南半球に存在しないとされてきたが，1種の存在が報告されている．

（1）ヨーロッパブドウ（European grape）

　氷河期の終わった約1万年前から，人類は野生ブドウを利用消費していたと想像される．野生ブドウは雌雄異株であり，この野生ブドウから両性花のブドウが発生した．その時期は明らかでないが，BC 4000～BC 3000年頃には黒海とカスピ海にはさまれたカフカス地方において，両性花の栽培型ヨーロッパブドウが発生したと推定する人が多い．栽培型ヨーロッパブドウは *Vitis vinifera* L. の1種からなる．原生地から各地域に伝播される過程で，それぞれ異なる自然環境に適応しながら，次の3つの品種群を生じた．即ち，①黒海系で，原生地の黒海東南岸の小アジアで改良された，ヨーロッパブドウの中で最も古い品種群である．黒海系は少なくともBC 3000年頃より栽培に移され，メソポタミア，エジプトに伝わった．BC 1500年頃エジプトのテーベで作られた墓の壁画にブドウ酒を作る過程，垣根仕立てのブドウ栽培が描かれている．ギリシアへの伝播はBC 1000年以降で，ブドウ栽培はBC 8世紀に盛んとなり，醸造用品種として改良・発展していった．さらに，ローマ時代にはキリスト教の信仰と結びつき伝播した．ローマの詩人ヴァジル（BC 70～BC 19）はその著書の中で，ブドウ栽培について整枝・剪定，耕耘，覆土，15品種等について記載している．現在の品種

では'グロー・コールマン''コリンス'等の品種が属する．②東洋系といわれる品種群で，これには原生地のカスピ海沿岸地方で改良された品種群および原生地より南に下がったイラン，アフガニスタン，トルコ等で改良された品種群がある．現在の品種では，前者には'シャスラー''甲州'等が，後者には'フレーム・トーケー''ロザキ'等の大粒系生食用品種が属する．③西洋系で，最も新しい品種群である．BC 600～BC 500頃，原生地より西に伝わり，西ヨーロッパ中央部であるフランスで改良された小粒の醸造用品種群である．フランスから次第に広がり，AD 55年までにはドイツに達したとされる．現在の品種では，'カベルネ・ソービニオン''セミヨン''リースリング'等が属する．

ただ，以上の分類は有史以前の変種を分類したもので，これには無理があるとする異論もある．即ち，野生種は遺伝的に複雑な雑種であり，異なった環境下では多様な変異を生じやすいこと，変種を維持するためには栄養繁殖技術が必要であること等を理由としてあげている．

ヨーロッパブドウのうち，東洋系品種群が中国に伝播したのはBC 128年頃で，シルクロードを通して張騫が大宛国（フェルガーナ）から漢に持ち帰ったとされているが，張騫の死後のBC 110年頃とする説等もある．新大陸に伝わったのは16世紀後半から17世紀前半にかけてであるが，米国東部諸州での栽培は気候に適合せず失敗に終わった．

(2) アメリカブドウ（American grape）

アメリカブドウとは，北アメリカに原生分布するブドウ亜属の総称である．ブドウ亜属には*Vitis labrusca* L.を含む約30種が存在する．これらのブドウはアメリカ先住民により古くから利用されていたが，新大陸発見以降，入植したヨーロッパ人はアメリカブドウの香り（fox flavor, 狐臭）が気に入らず，母国のヨーロッパブドウを米国東部諸州に導入した．しかし，本種は北部では冬期の低温の被害，中南部では夏期の高温・多湿による病害虫の発生，特にフィロキセラ（ブドウネアブラムシ），べと病，うどんこ病，黒とう病の被害を受けた．19世紀以降，品質も比較的優れ，耐寒性・耐病虫性がある*V. labrusca* L.（米国東北部からカナダ東南部に原生）とヨーロッ

パブドウとの交雑が進められ，優秀な欧米雑種群が育成された．

19世紀中頃，アメリカブドウがフランスに持ち込まれ，根に付着していたフィロキセラが蔓延し，抵抗性のないヨーロッパブドウは壊滅的被害を受けた．アメリカブドウの中に，フィロキセラに抵抗性のある $V.\ riparia$ Michx., $V.\ rupestris$ Scheele, $V.\ berlandieri$ Planch.等が発見されたが，これらはヨーロッパの気候・土壌に適応せず，また挿し木繁殖の困難なものもあった．そこで，フランスおよび米国で19世紀後半から20世紀初頭にかけて，これらを元にして育種を行い，'テレキ5C' 'テレキ8B'等のフィロキセラ抵抗性台木が育成された．

なお，北アメリカ大陸にはマスカディニア亜属が原生し，その1種であるマスカディンブドウについては米国での品種改良の結果，優秀な品種が育成されている．特有な香りがあり，生食，ジュース，ワイン用として利用されている．また本種は熱帯性気候に適するブドウとして発展が期待されるが，わが国では栽培されていない．

(3) アジア野生ブドウ

アジア野生ブドウは，前述した東アジア種群に属するもので，原生地はアジア東部である．わが国にも自生しているヤマブドウ，サンカクヅル，エビヅル等はこれに属する．余り改良されず現在に至っている．『古事記』等にエビカズラの名があるが，これは野生ブドウの古名である．

わが国のブドウ栽培は，文治2年（1186）に甲斐国八代郡祝村（現山梨県勝沼町）で雨宮勘解由により'甲州'が発見され，鎌倉時代初期から栽培されたことが最初とされる．その後，栽培は余り普及しなかったが，17世紀初頭に，永田徳本により棚式栽培法が伝えられ，以降急速に現山梨県，大阪府，京都府等で広まり，元禄時代に広く知られるようになった．'甲州'は，ヨーロッパブドウの東洋系に属し，中国から渡来した種子の偶発実生とされている．その他，桃山時代（あるいは江戸時代初期）から昭和時代初期にかけて京都で栽培された'聚楽'がある．本品種の来歴は明らかでないが，'甲州'と同様にヨーロッパブドウの東洋系ではないかと推測されている．'甲州三尺'は亨保年間（1716〜1735）に甲信地方に存在したとする記録も

あるが，来歴は不明である．本種も恐らく中国から渡来したヨーロッパブドウの東洋系であろう．明治時代以降，欧米諸国から多数の品種が導入され，品種改良を経て現在のわが国の品種群が育成された．現在の主要品種は，'巨峰'（後述）が約30％を占め，次いで'デラウェア'（後述），ピオーネ（後述）等で，主産地は山梨県，長野県，山形県，北海道等である．

　フェルガナ（天山山脈西部の盆地）から中国にブドウが伝来した当時，ブドウの呼び名は，フェルガナ語で「ブーダゥ」，中国語でも同じ呼び名を用いた．わが国でも栽培ブドウは，中国語（そもそもはフェルガナ語）をそのまま用いたとされる．

2）生理・生態等

　ブドウの野生種は雌雄異株であるが，栽培品種の多くは両性花で，風媒花，自家和合性である．

　ブドウはつる性で，巻きひげを他の物に巻き付けながらよじ登る．なお，巻きひげは茎が変形したものである．花穂は，最初新梢の3〜5節目に着生する．最初の花穂が3節目に着いた場合には，次は4節目に着き，その次は1節飛んで6と7節目に着生する．このように2節に花穂が着いて1節飛び，次ぎに2節着くという性質を示す．花穂は葉の着生部の反対側に着生する．

　多くのブドウ品種の枝は発根しやすく台木を必要としないが，わが国でもフィロキセラが増加傾向にあることから，フィロキセラ抵抗性台木に接ぎ木した苗木を用いる方がよい．フィロキセラ抵抗性台木の中には挿し木発根性の悪いものもあるが，よいものでは休眠枝の挿し木が容易である．

　ヨーロッパブドウは，一般に黒とう病，うどんこ病，べと病等の病害抵抗性，フィロキセラ等の虫害抵抗性や耐寒性に弱く，成熟期の降水量により裂果しやすい．しかし，耐干性や耐石灰性には強い．果肉は硬く破断しやすく（崩壊性），果皮は果肉から離れにくく，マスカット香があり，果実品質はよい．糖度が高く醸造に適する．現在，世界のブドウ面積の90％以上を本種が占めている．一方，アメリカブドウは，一般に樹勢が強く，耐寒性や黒とう病，うどんこ病，べと病等の病害抵抗性も強い．ヨーロッパ種より栽培立地の幅は広く栽培しやすい．果肉は破断しにくい塊状で，果

皮は果肉から離れやすく，果実はアントラニル酸メチルという物質に由来する独特な香り（狐臭）を有し，味は概してよくない．

わが国で栽培されている主要品種のうち，'巨峰''マスカット・ベーリーA'はわが国で育成された欧米雑種，'ピオーネ'も同様にわが国で育成された欧米雑種であるが遺伝的にはヨーロッパブドウの血が濃い．'キャンベル・アーリー'は米国オハイオ州で育成された欧米雑種，'デラウェア'も欧米雑種とされているがアメリカブドウの血が濃い．'マスカット・オブ・アレキサンドリア'はヨーロッパブドウである．

ブドウには，受精しても胚の発育が停止し無核となる品種として'トムソン・シードレス''ヒムロッド''ブラック・モヌッカ'等と，受精等外部からの刺激なしで無核となる'ブラック・コリンス''ホワイト・コリンス'等の2種類のタイプがある．前者を偽単為結果，後者を自動的単為結果という．その他，植物生長調節剤，異種の花粉，低温等により単為結果が誘発され，無核果となることがある．この現象を他動的単為結果という．他動的単為結果の例として，ジベレリン処理による'デラウェア''巨峰''ピオーネ'等の無核化がある．

わが国では，大粒のブドウ品種が好まれる．大粒系の品種は2倍体品種の交雑で育成できることもあるが，4倍体の品種間の交雑により育成することが多い．4倍体の品種として'巨峰''ピオーネ''藤稔''高妻''伊豆錦''安芸クイーン''竜宝''センテニアル''石原早生''カノンホール・マスカット''イートン''大玉キャンベル''レッド・パール'等がある．

ブドウ栽培で大きな問題の1つに，「花振るい」という生理障害の発生がある．本障害は，果粒の発育初期に果粒が落下する現象で，'巨峰''ピオーネ'等に多発する．多くの要因が複合的に絡み合って発生するが，開花前に花穂を切り込んで小花数を少なくしたり，開花5〜7日前に新梢の先端を摘心したりして防止している．また，植物生長調節剤を利用して防止する方法もある．その他，「ねむり病」（凍害が原因），ヨーロッパブドウに多発する「裂果」，'マスカット・オブ・アレキサンドリア''甲斐路'等に多発する「縮果症」等がある．

主要品種の解説

○ 巨峰：静岡県の大井上康が'石原早生'に'センテニアル'を交雑して育成し，昭和20年に命名された4倍体品種である．熟期は8月下旬～9月上旬，果粒重は約12gと大粒で，糖含量は17～18％，果皮は紫黒色で果粉が多い．果肉は崩壊性と塊状の中間である．品質はよいが，花振るい性が強く，また収穫後，果粒が脱粒しやすい欠点がある．ジベレリン処理で無核化が可能になった．

○ デラウェア：米国で偶発実生として発見され，わが国には明治15年に導入された．熟期は8月下旬頃，果粒重は1.3gと小さく，糖含量は18～20％，果皮は赤灰色で，果肉は塊状である．ジベレリンによる無核化栽培が確立され，これにより生産が安定するとともに成熟が2週間ほど早まる．花振るいは少ない．

○ ピオーネ：静岡県の井川秀雄が'巨峰'に'カノンホール・マスカット'を交雑して育成し，昭和48年に名称登録された4倍体品種である．熟期は9月上旬頃で'巨峰'より少し遅く，果粒重は13～15gと大粒，糖含量は17～18％，果皮は紫黒色である．'巨峰'と比較して肉質は硬く，品質もよいが，花振るい性が強く，露地栽培ではより作り難い．最近，ジベレリンによる無核化栽培が確立され，安定生産が図られている．

その他，大粒系ブドウとして神奈川県の青木一直が育成した'藤稔'，長野県の山越幸男が育成した'高妻'，岡山県の花澤茂らが育成した'瀬戸ジャイアンツ'等がある．

○ 将来期待される品種

'シャインマスカット' —— 現果樹研究所が「安芸津21号（スチューベン×マスカット・オブ・アレキサンドリア）」に'白南（カッタ・クルガン×甲斐路）'を交雑して育成し，平成15年に命名登録された．果皮は黄緑色で，果粒重は10g，糖含量は20％，マスカット香があり，肉質は硬く崩壊性で食味は極めて良好である．裂果，花振るいは少なく，ジベレリンにより無核化ができ，果粒重は12g程度となる．

醸造用の最高級品種として，赤ワイン用としてフランス原産の'メルロー'

'カベルネ・ソービニヨン',白ワイン用としてフランス原産の'セミヨン''シャルドネ'等があり,わが国においても気候・風土に適した醸造用品種の育成が行われている.

ブドウ果実の用途としては,生食用,乾果用,醸造用等がある.

ブドウの良質果は,ジク(穂軸)が緑色で,果皮に白い粉(果粉:果皮のクチクラに含まれる成分で植物自体が作り出し,鮮度を保ったり,病気等から果実を守る働きがある.無害である)がふき,果粒に弾力性があり,粒が揃っている房である.赤系ブドウは色の濃いもの,青系ブドウでは黄色が少しかかったものがよい.ブドウの貯蔵法はリンゴと同じであるが,貯蔵性は余りないので,早めに食べた方がよい.

◆**赤ワイン,白ワイン,ロゼワイン**◆赤ワインは,赤系ブドウを果肉,果皮,種子を粉砕し発酵させる.果皮中の色素と種子中のタンニンがワインの色と渋味を形成し,濃厚な風味で肉料理に適する.白ワインは,青系ブドウの果肉だけを粉砕し発酵させる.渋みは少なく,爽快な風味があり,魚料理に適する.ロゼワインは赤系ブドウを赤ワインと同じように仕込み,発酵液が色付いた時に果皮,種子を分離し,液部のみをさらに発酵させる.色も風味も赤ワインと白ワインの中間である.

赤ワインは,白ワインと異なり果皮を含めて発酵させるため,果皮に多く含まれているレスベラトロールが多い.この成分は,動物実験では細胞のガン化を抑制するとされる.なお,青系ブドウと赤系ブドウとの間に,レスベラトロールの含量に差はないとされている.

3) こぼれ話

古代ギリシアでは,ブドウは豊穣の象徴とされ,また,キリスト教では,聖餐に用いるブドウ酒はキリストの血を表わしている.また,『新約聖書』ヨハネ伝15章に"われはブドウの木,なんじらは枝なり"とあり,ブドウの木はキリストの象徴とされている.この他,『旧約聖書』『新約聖書』に,ブドウに関する神話,伝説は多く,ブドウが如何に強く信仰と結びついていたかがうかがえる.ブドウ酒の酔いが人々に苦痛を忘れさせることから,ブドウの茂る場所は"逃避の場"を意味するようになり,古代ローマではイチジクとともに"家庭の慰安"を表現する果樹となった.

わが国でも,『古事記』にイザナギノ命が黄泉国(よみのくに)から逃げ帰る時に,追っ

てきた女鬼に髪に付けていた黒いカズラを取って投げ捨てると，たちまちエビカズラになり沢山の実を着け，それを女鬼が食べている間に逃げた，という話がある．中国では唐代，7世紀から8世紀にかけて鏡の背面装飾に禽獣と葡萄唐草から構成された文様をほどこした海獣葡萄鏡が流行した．この鏡は，正倉院，香取神社等に伝世されており，また，7世紀後半の高松塚古墳の副葬品にも含まれている．海獣葡萄鏡は奈良時代にわが国でも製作されたが，粗製品が多い．薬師寺の薬師如来の台座に葡萄文様が彫り込まれている．なお，わが国に栽培ブドウ（'甲州'）が伝来したのは前述したように，かなり後の平安時代末期になってからであり，当時のわが国には，野生ブドウしか存在していない．

　ここで，ブドウ酒の歴史に簡単に触れておく．ブドウ酒は，ブドウの糖分と果皮に自然に存在する酵母菌により容易に発酵し酒となるので，人類は野生ブドウの発見と同じ頃にブドウ酒らしきものを作っていたと思われる．つまり，ブドウ酒作りの発祥地は，野生ブドウの自生地と考えられるが，積極的なブドウ酒醸造は世界最古のメソポタミア文明が発生したティグリス・ユーフラテス川流域で，シュメール人によって誕生したと推定されている．文献上では，紀元前2千年紀（BC 2000～BC 1001）に流布されていたメソポタミア神話の英雄ギルガメシュ（実在の人物）の叙事詩に，ブドウ酒の記載がある．エジプトでは，BC 3000年頃にブドウ酒は作られていたとされていることから，古い時代にメソポタミアの醸造技術はエジプト，次いでギリシアに伝わり，ローマ帝国の拡大に伴って西ヨーロッパに広まったと考えられる．特に，赤ワインはキリスト教の行事に使われるようになり，教会や修道院でブドウ園や醸造所が作られたことが，ブドウ酒の普及に大いに貢献した．5世紀末頃までにフランスのボルドー，ブルゴーニュ，シャンパーニュ，ドイツのライン，モーゼル等の醸造地が存在している．

　わが国では，『本朝食鑑』（1697，人見必大）等にブドウ（主にヤマブドウ）の果汁を古酒に入れ，氷砂糖を加え貯蔵する葡萄酒という名の酒が作られたとあり，薬用として用いられた．明治3年に現山梨県甲府市でわが国初

めてのブドウ酒醸造が開始され，明治10年に山梨県祝村（現勝沼町）において民間企業での本格的な醸造として発展した．しかし，当時は日本酒を中心とした伝統的な食文化が大きく影響し，特に，酸味を強く感じるブドウ酒は日本人のし好に合わず余り普及しなかった．大正時代に半合成的な甘味のあるブドウ酒が作られ人気を博したものの，ブドウ酒が食生活の中に大きく入ることはなかった．本格的なブドウ酒の生産は太平洋戦争終結以降の，食生活の欧風化，高度経済成長に伴ってのもので，特に昭和45年の大阪万国博覧会に来日した多くの外国人が，日本に本格的ブドウ酒がないことを指摘し，このことが国際的に通用するブドウ酒醸造への転機となった．

13．キウイフルーツ（**Kiwifruit**）

1）原生地と伝播

　キウイフルーツは，マタタビ科マタタビ属のつる性の木本落葉樹である．原生地は，中国長江中流域の山岳地帯とされている．中国名は獼猴桃（びこうとう）（中国読みはミーホウタオ，サルの顔に似た果実の意味），英名はチャイニーズ・グーズベリー，和名はチュウゴクサルナシである．しかし，現在では商品名であったキウイフルーツが，世界共通語として用いられている．マタタビ属には，50種以上（変種を種として認めるか否かによって種の数が異なる）あるとされているが，マタタビ属の染色体は小さく，数えづらいだけでなく，倍数体や種間雑種も多く，種の分類が困難な属である．キウイフルーツの学名は *Actinidia chinensis* Planch. とされてきたが，最近，形態的差異や染色体数の違いから，*A. deliciosa*（A.Chev.）C.F.Liang et A.R.Ferguson var. *deliciosa* と新しく分類された．なお，キウイフルーツは6倍体で $2n = 174$ である．

　キウイフルーツは，中国の古代の書籍にあるように古くから知られていた果実であり，獼猴桃なる名称は唐時代に始まったとされている．しかし，中国では長く野生状態のままであった．1848年にロバート・ホーチュンがイギリス王立園芸協会の命により中国各地の植物を探索し，多数の植物を

持ち帰った中にキウイフルーツが含まれていた．これがヨーロッパへの最初の紹介であろう．

米国では，1904年に農務省が正式に導入を試み，1910年にカリフォルニア州で結実しているが，イギリス，米国とも経済栽培するまでには至らなかった．ニュージーランドには，1906年に中国からキウイフルーツの種子が導入され，1910年に初結実している．'ブルーノ''ヘイワード'は1920年代にニュージーランドで発見された偶発実生であり，世界で初めて経済栽培が行われたのは当国である．キウイフルーツという名は，果実がニュージーランドの国鳥"キウイ"に色も形も似ていることから命名された．

わが国には，昭和38年（1963）に工藤茂道がニュージーランドから種子を導入したのが最初である．翌年に東印東京青果（現東京青果株式会社）が，ニュージーランドから果実を輸入している．昭和45年に農林省園芸試験場が'ヘイワード'等の5品種の雌株と2品種の雄株を，同年に工藤茂道が300本の苗木をニュージーランドから導入しており，当時，温州ミカンの過剰生産期で転作作物が求められていたこともあり，栽培面積は急速に増加していった．

わが国では，'ヘイワード'が全面積の約70％を占めており，'香緑''ブルーノ'等がわずかながら栽培されている．栽培は青森県から鹿児島県に至る地域で行われており，主産地は愛媛県，福岡県，静岡県，和歌山県等である．

2）生理・生態等

キウイフルーツは，不良土壌環境に対する抵抗性が非常に弱く，過湿・乾燥のいずれにも弱い．土層の深い排水良好な土壌を好む．水分消費量が非常に多いので，適宜灌水する必要があるが，根は長時間の湛水状態に耐えることができない．キウイフルーツの繁殖は，挿し木，接ぎ木で行う．ニュージーランドでは，接ぎ木繁殖の場合，耐寒性の強い'ブルーノ'の実生台木が好まれている．

キウイフルーツは，雄花と雌花が別々の樹に付く雌雄異株である．したがって，必ず開花期が似た雄株を混植しないと，果実は結実しない．花は虫媒花であるが，花粉が微細なため風媒もごくわずか行われる．しかし，雄

花と雌花が50cm以上離れると風媒による受粉は困難である．果実が正常な発育をするためには，600～1,300粒の種子が必要とされており，この種子を確保するために人工受粉が行われる場合が多い．

キウイフルーツ果実は，樹上においてエチレン生成を開始する能力がなく，樹上では成熟せず収穫して初めて成熟（追熟）を開始する．収穫時の切断のショックや人為的なエチレン処理等により，初めてエチレン生成を開始して果実が成熟すると考えられている．収穫当時の果実は硬く，外観から収穫期を判定することは難しい．そこで，果実を適宜収穫して，屈折計糖度が6.5～7％になった時に収穫している．

果実は，ビタミンCを69mg/100gと温州ミカンの約2倍含む．また，果実にはタンパク質分解酵素アクチニジン（プロテアーゼ活性）を含んでいるため，ゼラチンと一緒に用いるとゼラチンは固まらない．利用の際には，加熱処理によりこの酵素を不活性化させる必要がある．

主要品種の解説

○ ヘイワード：ニュージーランドで偶発実生から育成された．樹勢はやや弱く，収量がやや少ない．収穫期は10月下旬～11月中旬である．果実重は100～130gと大きく，果形は楕円形で扁平，果肉は淡緑白色で食味は非常によく，貯蔵性に優れる．

○ 香緑：香川県農業試験場で'ヘイワード'の偶発実生から育成され，昭和62年に品種登録された．樹勢は強い．収穫期は11月上旬である．果実重は100g程度，果形は円筒形で，果頂部が最大横径となる．果肉は濃緑色で美しい．甘味が強く，食味は非常によいが，貯蔵性は劣る．

その他，雌株品種として'ブルーノ''アボット''モンティ''アリソン'等があるが，一長一短である．

○ トリム：雄株で，樹勢は強く，花粉量はやや少ない．開花期がやや遅いので，'ヘイワード'の受粉樹として使用される．その他，受粉用の雄株品種として'マッア'等がある．

○ 将来期待される品種

'ホート16A'（商品名：ゼスプリゴールド）──近年，ニュージーラン

ドにおいて育成された短毛で果肉が黄色，甘味が強く低酸の品種である．本品種は，アクチニジンが'ヘイワード'の1/7程度と，ゼラチンやタンパク質にはほとんど影響を及ぼさないほど少ないことから，新しい利用法が期待される．

　果実は生食する他，ジュース，ワイン，ジャム，ゼリー等に利用される．
　キウイフルーツの良質果は，果皮に毛が密生し，均一に着色，かつズッシリと重く，丸みのある果実である．購入した果実が硬い場合，追熟させる必要がある．硬い果実を室温に数日間放置し，耳たぶくらいの軟らかさになった時が食べ時である．リンゴやバナナと一緒にビニル袋に入れておくと，それらの果実が発生するエチレンにより早く美味しく追熟できる．追熟が不十分であると，酸味が強く甘味が不十分となるため，十分に追熟させることが肝要である．

　わが国に自生するサルナシ（コクワ），マタタビも，マタタビ属に属する．サルナシは，雌雄異株または雌雄混株で，果実は5〜10gと小さく果面には毛がなく，熟すと果皮は淡緑黄色となる．甘酸っぱく，食味はよい．ワインやジュース等にも利用される．サルナシの語源は，果実がサルの顔に似ており，サルが好んで食べることにちなむ．

　マタタビは，雌雄異株または雌雄混株で，蕾の時期にマタタビミタマバエが産卵し虫えいを形成する虫えい果と，正常果とがある．虫えい果には，昔から木天蓼（もくてんりょう）という漢方薬として使われ，利尿や鎮痛の効果，精神が安定し熟睡できる効果，疲労回復効果等があるという．正常果は成熟すると，長さ約3cmの長楕円形となり先端が尖り，果皮は黄褐色となる．食味は渋いが特有の風味があり，果実酒，塩漬，味噌漬等として利用される．マタタビ果実にはマタタビ反応と称し，ある種のネコ科動物に麻酔性を示すマタタビラクトンを含む．サルナシ，マタタビとも挿し木繁殖をする．

3）こぼれ話

　キウイフルーツは，タンパク質分解酵素を含み，肉を軟らかくする．日本人は軟らかい肉を好むことを聞きつけたニュージーランドでは，果物としてよりは，この用途のためにキウイフルーツを売りつけようとしたとい

う話がある．実際，スライスした生果実を肉に挟んでおくだけで肉は軟らかくなり，風味が増す．しかし，果実は日本人のし好に合い，わが国でも経済栽培に加え，家庭果樹として親しまれている．

　キウイフルーツの英名は，チャイニーズ・グーズベリーという．グーズベリー（スグリ）は，北アメリカ等に原生していた野生種を改良したもので，果径1.3～1.8 cm と小さく，果実としてのイメージが悪い．このことから，1959年にニュージーランドのある輸出会社が，本種を国鳥にあやかってキウイフルーツと名付けたのである．

　キウイフルーツの語源が鳥の「キウイ」なら，少しはこの鳥のことを知っておいた方がよいと思い，少し紹介する．キウイはダチョウ目に属し，ニュージーランド特産の鳥で，全長48～84 cm，体重1.4～4 kgで，羽は褐色ないし灰色である．夜間に雄はキー・ウィーと鳴き，雌はクルッルと鳴く．キウイという名は，この鳴声に由来する．飛ぶことはできず，よたよたしながら早く走る．眼は幾分退化しているが聴覚，嗅覚はよく発達している．非常に臆病で，昼間は地下の穴等に潜み，夜間活動する．

14．イチジク（無花果，Fig）

1）原生地と伝播

　イチジクは，クワ科イチジク属の落葉樹である．イチジク属には約800～900種あるといわれるが，経済栽培されているのはイチジクのみである．原生地は，以前は小アジアのカリア地方とされ，この地名をとって学名に *Ficus carica* L. という名が付されている．しかし，その後の調査からアラビア南部が原生地であり，後にシリア，小アジアに，さらに地中海沿岸諸国に伝来したという説が定説とされている．

　エジプトでは既に BC 2700年という早い時代に，イチジクを栽培していたという．また，イチジクの記載は『旧約聖書』にも出てくる古い果樹であり，古代ギリシアで改良され，アッティカのイチジクは有名であった（こぼれ話参照）．古代ローマ時代の博物誌家プリニウス（AD 23頃～79）によると，当時ローマにはイチジクが広く栽培されており，挿し木苗でギリシ

アから直接伝わったとのことである．トルコ，シリアは原生地と誤認されるほどイチジクの栽培歴は古く，栽培と品種改良に力を入れた．そして，ウマイヤ朝（661～750）時代に西ヨーロッパへ勢力を拡大した時，スペイン，ポルトガル，モロッコに優れた品種を導入した．それが，スペイン，ポルトガルにおける今日の乾果イチジク産業の基を築いたとされている．

　米国への導入は，16世紀末にスペイン人の移民者によるのが最初で，さらに1769年にスペインの宣教師等が，スペインの品種をカルフォルニア州に導入している．同州で商業的な生産が始まったのは1885年とされるが，スミルナ系品種についてコバチによるカプリ系品種の受粉の必要性を知らなかった等の苦労を経験し，多くの品種改良・栽培研究を経て，現在のカリフォルニア州のイチジク産業を築くに至っている．

　中国には，8世紀の唐代にペルシアから伝わったという説があるが，異説もあり中国に伝来した年代は明らかでない．イチジクの呼び名は，中世ペルシア語 Anjir の中国での音訳語「映日果（インジークォ）」がさらに転音したものとされる．中国において「無花果」という文字は，14世紀末に存在したという（転音：語が複合する際に前の語の末尾に起る母音の転換）．

　わが国には寛永年間（1624～1644）に，中国を経て渡来したという説と，西洋・南洋から伝わった種子を長崎に植えたという説とがある．このイチジクを'蓬莱柿(ほうらいし)'または「在来種」とよび，「唐柿(とうがき)」「南蛮柿」と称する地域もある．芸州（現広島県）で主に栽培されていた．明治時代末期には，主として米国より多くの品種が導入され，本格的な栽培は大正時代になって始まった．ところで，なぜ'蓬莱柿'「唐柿」「南蛮柿」とよんだのか？"蓬莱,唐,南蛮"という言葉は，導入先をイメージしたものと想像されるし，"柿"については，当時の日本人がイチジクの味がカキに似ていると感じたためか，中国の古書『酉陽雑俎(せいようざっそ)』(860)に"味は甘柿（干柿）に似る"ことからきたともいわれるが，定かではない．

　わが国における主要品種は，明治42年に桝井光次郎がカリフォルニア州から導入した'桝井ドーフィン'（後述）が80％を占め，次に'蓬莱柿'（後述），'桝井ドーフィン'の枝変わり'サマーレッド'が続く．

現在のイチジクの栽培面積は1,000 ha余りで，主産地は，愛知県が特に多く，次いで福岡県，和歌山県である．

2）生理・生態等

イチジクは，比較的高温で降雨量が少ない気候を好む．わが国での経済栽培の北限は，東北南部とされている．イチジクには自発休眠が無いか，あってもわずかで，生育可能な温度条件がそろえばいつでも発芽する．土壌は中性に近いアルカリ性土壌を好む．果樹の中ではモモとともに根の酸素要求度が高く，耐水性は弱い．イチジクの繁殖は，普通，挿し木で行うが，イチジクには線虫類（ネマトーダ）が寄生しやすいので，苗木の選択に当たっては本害虫の寄生がないことに注意する．また，いや地現象が著しいので，連作を避けることも肝要である．しかし，カミキリムシ類に注意し疫病果等を取り除けば，一般家庭での栽培は容易である．

イチジクでは，新梢の葉えきに倒卵状球形の花のう（果のう）が着く．これが果実で，偽果である．果実の最外部には表皮細胞があり，その表面はクチクラ層で覆われている．その内側に花床が肥厚し多肉質となった内壁があり，内壁に多数の小花（小果）を着ける（これを隠頭花序という）．花床は外部皮層，維管束，内部皮層からなる．可食部は花床と多数の小花である．果実を食べる時，皮として剥がれる部分は表皮細胞と外部皮層の部分である．小花は'桝井ドーフィン'で2,000～2,800個もあり，これらが開花する．このようにイチジクは「無花果」と書くが，花がないわけではない．花は雌雄異花で，雄花と雌花は同一の花のう内にあり，普通，雄花は内壁の上部（果頂部）に，雌花は下部に着生する．雌花が受粉・受精した場合，種子となる．食べていると小さな粒を舌に感じるが，これが種子である．ただ，わが国で栽培されている品種は受粉しなくても，単為結果性があるため肥大・成熟する．この場合，種子はシイナ（胚等がない種子）なので発芽しない．

イチジクの着果の仕方は，他の果樹と少し異なっている．春に伸長した新梢の基部2～3節目以降の各節に果実が順次着く．基部に近いものは8月下旬に成熟し，順次先端に向かって成熟して行く．これが秋果である．遅

く着果した果実は低温のため落果するが，先端の数個は芽の状態で越冬する．翌春これらの芽は発育を開始し，6～7月に成熟し夏果となる．即ち，夏果は2年生枝に着生する．このように収穫時間が長く，しかも毎日または隔日に収穫が必要で，このことが規模拡大を妨げる大きな要因の1つとなっている．

　イチジクは果樹園芸学的に，次の4種類に分類される．①カプリ系：原始的なイチジクで雌花と雄花があり，雄花を着生するのはこのカプリ系だけである．ブラストファガ属の体長2 mmにも満たないコバチが花のう内に生息し花粉を媒介する．果実は食用に適さない．②スミルナ系：雌花のみを着生し，コバチによるカプリ系品種の花粉の受粉を必要とし，受精により多数の種子ができる．この種子は油脂を含み，特有の香味を与える．本種は，乾果として最も優秀な品質をもつ．単為結果性はない．③普通系：雌花のみを着生し，夏果と秋果とも単為結果する品種の総称である．わが国で栽培されている品種'桝井ドーフィン''蓬莱柿'はこれに属する．④サンペドロ系：雌花のみを着生し，夏果は単為結果するが，秋果はカプリ系品種の花粉で受粉しないと結実しない．わが国ではコバチがいないので，秋果は結実しない．

　イチジク果実の成熟促進法は古くから知られており，果頂部にオリーブ油を注入する方法は，BC 3世紀頃既にギリシアで行われていたという．現在は，エテフォン100～300 ppmを果面に散布または塗布する方法が行われており，熟期を7～10日間促進できる．

　なお，果実，葉，枝の切り口から分泌する乳液には，フィシンというタンパク質分解酵素を含んでいる．乳液はいぼの治療，痔の塗布薬に，服用すれば回虫駆除に効果がある．葉は刻んで布袋に入れ浴槽につけて痔の治療に，乾果は緩下剤等として用いられる．

主要品種の解説

　○ 桝井ドーフィン：夏秋兼用種で夏果，秋果とも単為結果性を有する．夏果の熟期は7月上～中旬で，結果量は少なく，果実重は150～200 gである．秋果の収穫期は長く8月中旬～10月下旬まで続き，果実重は80～110 g

である．果形は長卵円形で，甘味・酸味，香りとも少なく品質は中位である．果頂の裂開少なく，果皮は薄いが輸送性に富み，日持ちもよい．

○ 蓬莱柿：秋果専用種で単為結果性を有する．まれに夏果を産する．秋果の収穫期は長く9月上旬～11月上旬まで続き，果実重は60～70gである．果形は短卵形ないし円形で，甘味は中，酸味がややあり，独特の爽快味がある．品質は中～中の上である．果頂は裂開しやすいが，果皮は厚く輸送性に富み，日持ちもよい．

果実は生食する他，乾果等に加工される．

イチジクの良果質は，果実全体が締まっていてツヤがよく，大きい果実である．イチジクは特に貯蔵性がなく，常温で適熟果（6～7分着色）で2～3日，完熟果（9～10分着色）で1日程度，0℃の貯蔵でも完熟果で3～4日と日持ちが悪いので，早めに食べることが肝要である．

3）こぼれ話

『旧約聖書』の創世記に禁断の木の実を食べたアダムとイブは，自分達が裸であることに気付き，イチジクの葉をつなぎ合わせて腰に巻いたとある．イチジクの葉を用いたのは格別な意味があるのではなく，パレスチナではイチジクの葉が最も大きいため画材にされたに過ぎないともいわれている．ただ，イチジクの葉は粗剛で，肌に触れると余り気持ちのよいものではない．『旧約聖書』に出てくる禁断の木の実は，リンゴ，カンキツ，アンズ，イチジクともいわれ定かではないが，古代ギリシア・ローマ時代においてイチジクは，ブドウ，ナツメヤシ，オリーブとともに極めて重要な作物であった．当地域においてこれらの果樹が重視されたのは，夏期が高温乾燥で，年間降雨量が少ない地中海性気候に加え，土地は石灰岩質でやせており，穀物の生産高が低かったことが原因している．

古代ギリシアでは，乾燥イチジクが貴重な甘味資源であると同時に，果実は体力や脚力を増すというので，競技者はこの果実をこぞって食べたという．ペルシア王クセルクセスは，イチジクの採れるアッティカの攻略を行ったが，サラミスの海戦（BC480）でアテネのテミストクレスに敗れている．

わが国でのイチジクの評判は，余り好ましくない．"イチジクを屋敷に植えるな"といわれ，これは，大きな葉が日光をさえぎったり，根が広がって宅地内に入ったりするからである．また，花が咲かないことから，家が栄えないともいう．

イチジクがわが国へ渡来する以前に，イチジクとよばれていた植物（現在のイヌビワ）がある．この植物は，"本物"のイチジクが伝来して以降，ビワによく似ていることからイヌビワと改名することになる．このことから，わが国には，イチジクという"本物"の植物そのものが渡来する以前に，植物名だけが早く伝わっていたと推測される．イヌビワは，関東以西に自生するイチジク属の落葉樹で，雌雄異株である．

15. ブルーベリー（Blueberry）

1）原生地と伝播

ブルーベリーは，ツツジ科スノキ属の落葉樹である．果実が成熟すると青～藍色に着色することからブルーベリーという名が付いた．したがって，ブルーベリーには多数の種を含んでおり，その中で果樹として重要なものは，米国北東部原生のハイブッシュ・ブルーベリー（樹高1～2mの種，ハイブッシュと略），米国南東部原生のラビットアイ・ブルーベリー（樹高2mを超える種，ラビットアイと略），米国北東部やカナダの南東部に自生するローブッシュ・ブルーベリー（樹高50cm以下の種，ローブッシュと略）で，それぞれに，特に前2者には多くの品種がある．

ブルーベリーの品種改良は，1908年に米国農務省が民間人の協力を得て野生種を集め，優良個体の選抜を開始したのが最初である．20世紀生まれの新しい果樹である．

わが国では，ハイブッシュを昭和26年に，農林省北海道農業試験場がマサチューセッツ農業試験場から導入したのに始まる．ラビットアイは，昭和37年に農林省特産課が米国から導入している．経済栽培されるようになったのはごく最近で，統計資料に栽培面積が1haと記録されたのは昭和51年のことである．現在，ハイブッシュ，ラビットアイが，多くの都道府県

で小規模に作られている．栽培面積は400 ha弱で，長野県が30％を占め，次いで岩手県，山形県である．

わが国の高山帯に自生するスノキ属の果樹として，クロマメノキ（浅間ブルーベリー）が一部の愛好者によりジャム等に利用されている．後述するクランベリー，コケモモもスノキ属の果樹である．

2）生理・生態等

ハイブッシュは *Vaccinium corymbosum* L., *V.australe* Smallが重要な種であり，ラビットアイには *V. ashei* Readeの1種がある．ローブッシュには *V. myrtilloides* Michx., *V. angustifolium* Ait.等が属する．前2者は「栽培ブルーベリー」と，後者は「野生ブルーベリー」ともよばれる．ブルーベリーは低温に抵抗性があり，ローブッシュが最も寒地に向き，次がハイブッシュで，ラビットアイは暖地に向く．栽培種として重要なのはハイブッシュとラビットアイであり，以降は両種について記す．

ハイブッシュにおいて，正常な花芽の発達のために必要な低温要求はモモと同程度とされ，本種の適地は，北海道，東北，長野県等である．ラビットアイは比較的高温・乾燥条件下でよく生育し，関東以西の温暖な地域が適地である．ブルーベリーは，酸性土壌を好むので，施肥には生理的酸性肥料を用いる必要がある．苗木の繁殖は，挿し木で行う（ハイブッシュは休眠枝挿し，ラビットアイはミスト下で緑枝挿しを行う）．

ブルーベリーは，両性花，虫媒花である．ハイブッシュは自家和合性が高く，ラビットアイは低いが，いずれの場合も他家受粉により果実肥大が促進されるので，他品種の混植を行う方がよい．熟期は，ハイブッシュで6月上旬〜7月下旬，ラビットアイで7月上旬〜9月上旬で，大部分の栽培品種は3〜5週間にわたって成熟するので，収穫は約5日間隔で着色の進んだ果実から行う．

果実は花床と子房が発達した偽果で，液果，果径は1〜3 cmと小さく，軟らかく多汁で甘酸っぱい．果実中に50粒前後の種子を含むが，種子は小さく品種によっては食べる際にその存在に気付かない．果実は生食用として，またジャム，ゼリー等の加工用として利用される．

良質果は，果実が大きく色が濃く，果皮に張りがある果実である．果実を室温に置くと，5日位で萎びや果汁のしみだしがみられ，冷蔵庫（2℃）に保存すれば2〜4週間貯蔵できるが，食べたい時に買って食べる方がよい．長期貯蔵には冷凍がよい．

3）こぼれ話

米国では，野生のブルーベリー果実を古くから先住民が利用していた．ヨーロッパから米国北東部に移住した初期の人達が，厳冬期の飢えを乗り越えられたのは，先住民から分けてもらった乾燥果実やシロップのおかげであり，また野生果実の採取や利用法を先住民から教わったことによるとされている．つまり，"ブルーベリー果実が先祖の命を救った"といわれるほど，米国の歴史の中でブルーベリーは大きな意義をもった果樹といえる．米国では，幼児にアルファベットのBの文字を教えるのに，Blue berry という言葉を用いるという．

ブルーベリーが脚光を浴びるようになったのは，第二次大戦中にブルーベリーのジャムを食べていたイギリス空軍のパイロットが，"薄明かりの中でも，ものがよく見える"と証言したことによる．1960年代にフランス，イタリアの研究者がブルーベリーの成分の研究を開始して以来，"物がよく見える"本体がアントシアニンであることを，明らかにした．ブルーベリーのアントシアニンは抗酸化性に優れ，その強さは緑茶のカテキンやタマネギのケルセチンに匹敵するといわれている．

16．カンキツ

1）原生地と伝播

カンキツとは，ミカン目，ミカン科，ミカン亜科に属する植物である．ミカン亜科の分類は，米国のスイングル（Swingle,W.T）と田中長三郎等が行っている．スイングルはミカン亜科を2連（科と属の間の分類単位）に，田中は8連に分けている．欧米の研究者はスイングルの分類を，日本の研究者は田中の分類を用いている．

ここでは，田中の分類にしたがって述べる．8連の中にカンキツ連があ

り，カンキツ連はカンキツ属，キンカン属，カラタチ属，クリメニア属（カンキツ属から分離したもので，砂じょうは無柄に近い）から成り立っている．田中は，カンキツ属を初生カンキツ亜属（花序を有し，果皮の剥皮が困難．ライム区，シトロン区，ザボン区，ダイダイ区，パペダ区に分かれる）と後生カンキツ亜属（花序がなく，果皮の剥皮が容易．ユズ区，ミカン区，唐キンカン区に分かれる）に区分している．

スイングルと田中長三郎の分類の違いは，前者は野生種や自然発生した種類を重視したのに対し，後者はそれらと同等の地位に栽培の過程で発生した種類も置いたことにある．

田中によると，カンキツは，カラタチ属→カンキツ属→キンカン属と進化したとし，後の細胞遺伝学研究でも，キンカン属はカンキツ属やカラタチ属に比べ，構造的に進化しているとし，田中の説を支持している．

◆**カンキツの種**◆岩政正男の興味ある意見を述べておく．「種」とは，他の集団とは遺伝子の交換を行わない仕組みが成り立った集団のことをいう．したがって，異なる種の間では一般には雑種は作りにくく，たとえ雑種ができてもその雑種は生殖不能か，子孫の維持が難しい．しかし，カンキツの場合，属が異なるキンカン，カラタチの間でも容易に雑種が誕生し，その雑種の種子稔性は高い．にもかかわらず，さらに近縁な関係にある，例えばブンタンとグループフルーツにも，それぞれに学名を与えている．このような例はカンキツの場合多数存在するが，野生のアメリカブドウ（北アメリカに原生分布するブドウ亜属の総称）から誕生した'コンコード'には学名はない．「種」として扱われ学名を有するスイートオレンジ，温州ミカン，ナツダイダイ等も「種」にランクされるほどの遠縁の間柄ではなく，「品種」のレベルで行動している．このように，カンキツの「種」は，イネ，トウモロコシ等の他の植物の「種」とは全く異なる範ちゅうの存在で，「変種」や「品種」と同格に取扱った方が正当なのである．今後は，世界中のカンキツ研究者が従来の形態的調査だけでなく，遺伝的，生化学的な知見を加えながら総合的に判断し，分類を再構築する必要がある．ただ，これには相当長期間を必要とするので，当分は従来の分類に依存することになるが，種名に眩惑されず，それぞれの種類に対して植物学的に正しい認識をもつことであろう．

◆**品種，系統と学名との関係**◆品種とは「他と明確に区別できる特性をもち，その特性を維持しながら繁殖できる集団」をいう．一方，系統とは「品種より明確な差異はなく，微細な変異をもった集団」をいう．このように，品種として扱うか系統として扱うかは，主として変異の程度によるものであ

り，その間に絶対的な区別はない．

　このことが特に問題となるのは，次々と枝変わりが発見されている温州ミカンである．早生系統と晩生系統との間には，熟期の違いという明確な差異があり，品種として取り扱ってもよいようにみえる．しかし，早生系統と晩生系統の間には熟期が少しずつ異なる系統が連続的に存在し，熟期が近い系統の間では，熟期の面から品種として区別できないことが多い．したがって，温州ミカンの場合，枝変わりや珠心胚実生から生じた変異の少ない系統を品種とよんでよいか疑問が残る．

　一方，学名は種について与えられるものである．つまり，学名は属名，種名，その後に命名者の名前が記載される．リンゴ，モモ等の果樹名は植物分類学上の種名あるいは亜種名に相当するが，植物学上の分類と果樹の分類とは異なった目的で行われるため，両者は必ずしも一致しないことがある．なお，植物の分類は，形態的特徴，生殖，生活史，細胞遺伝学等の知見を体系化できている．一番大きな階級が門で，次に綱，目，科，属，種が置かれている．必要に応じて階級の増設が認められており，例えば，科や属の下に亜科，亜属等を置くことができる．

　カンキツは，2000万〜3000万年前から存在したといわれ，カンキツの原生地を大別すると2つに分かれる．1つは，インド東部のヒマラヤ山麓からアッサムにかけての地域である．この地域には，インド野生ミカン，シトロン，ライム，レモン，ラフレモン，ブンタン，ダイダイ（サワーオレンジ），スイートオレンジ，ポンカン，オオベニミカン等が原生分布していたと考えられている．なお，ブンタンの原産地はマレーシアと考えられているが，原始型はアッサムであり，それがマレーシアやタイに伝わり発展を遂げたとする岩政正男の考えにしたがった．もう1つは，中国四川省以東の長江流域以南と浙江省から広東省に至る沿岸地域を含めた地域で，ユズ，ミカン類，唐キンカン（シキキツ），キンカン，カラタチ等の原生地と考えられている．日本列島に野生するタチバナやシィクワシャーは，インドや中国原生のミカン類とは異なった系統で，古い時代に原始的なミカン類が日本列島に伝わり進化したものと推定されている．

　インドに原生分布していたダイダイ，スイートオレンジ，シトロン，ブンタン，レモン等の中国への伝来について述べる．スイートオレンジは2200年以上前と考えられており，原生地から雲南，四川に伝わり，長江を

下降し湖北省，湖南省に広がり，中国のオレンジ品種群を形成した．ダイダイは恐らくBC2世紀頃に伝わったと考えられている．ブンタンは3000年前に伝わったという説もあり，3世紀には広く行き渡り，この頃既に赤いブンタンの記録がある．シトロンも2000年前には存在していたようである．シトロンの変種である仏手柑は16世紀には知られていたが，詳細は不明である．レモンは元の時代には存在していたので，10世紀頃の宋の時代に伝来したと思われるが，東洋では発達しなかった．キンカンは中国が原生地であるが，その記録は10世紀以降なので，キンカンが中国で利用し始められたのは，それほど遠い昔ではなさそうである．

カンキツで最初に中近東やヨーロッパに伝わったのは，シトロンである．中近東にシトロンが伝わった時期は，BC7～BC6世紀かそれ以前とみなされている．アレクサンドロス大王の東征（BC334～BC324）の時，ペルシア（イラン）にシトロンが栽培されていたという．シトロンはまもなくギリシアに導入され，1世紀にはローマに伝わった．次ぎにアラビア人により，サワーオレンジが10世紀初頭に，レモンが12世紀初めにインドから中近東に伝わり，その後地中海地方に導入された．スイートオレンジもアラビア人によりインドから中近東に導入され，十字軍の遠征（1096～1270）によりエルサレムから地中海地方にもたらされた．一方，中国のスイートオレンジは，16世紀初頭にポルトガル人によって地中海地方に伝えられた．インドおよび中国より伝来したスイートオレンジから，地中海地方で優良な品種群が生まれ，世界各地に広まった．

新大陸へのカンキツの伝播は，コロンブスの2回目の航海（1493）の時に，植民地を設けたハイチにスイートオレンジ，サワーオレンジ，レモン，ライムの種子を播いたのが最初と伝えられている．アメリカ大陸には多くはそこから，また移民に関連して多種のカンキツが伝播していった．カンキツがフロリダ州に伝わったのは1565年頃，カリフォルニア州には1769年である．

ブラジルには1530年頃にスイートオレンジが導入され，16世紀中頃にはレモン，シトロンも存在していたという．特に，バイア州に伝わったオ

レンジのうち，18世紀末〜19世紀初めに'セレクタ・オレンジ'の突然変異として'バイア・オレンジ'（バイア・ネーブル）が生まれた．1870年に米国農務省が本種の苗木を導入し（以前にも導入したが失敗），ワシントン市の温室に植えたことから「ワシントン・ネーブル」の名が付いた．'バレンシア・オレンジ'の発生については諸説あるが（後述），1870年代にカリフォルニア州とフロリダ州に導入され，今日の大栽培に至った．

一方，インドからヨーロッパに伝わったブンタンは，1642年にChaddock船長により西インド諸島のバルバドス島に導入されたと伝えられている．1750年頃にこの島で，ブンタンとスイートオレンジの雑種としてグレープフルーツが誕生し，1830年頃にフロリダ州に伝わり，今日の隆盛をみるに至っている．クネンボは，1880年に現ホー・チ・ミン市から米国に送られ，その種子から'キング'が発生したと伝えられている．'キング'自体には栽培価値はないが，育種の親としては注目すべき品種で，'アンコール''カラ'等の味の濃厚な新品種を生みだしている．

わが国に原生していたカンキツは，タチバナだけである．奈良時代の725年にオオコウジが，その前後してユズ，カラタチが，10世紀以前にシトロンが中国から入ったと推定されている．なお，8〜9世紀にタチバナとミカン類の雑種とみられるコウジが発生したとされる．ダイダイ，紀州ミカンの伝来については，「こぼれ話」を参照．

鎌倉時代に入ると中国からマルキンカンが渡来し（鎌倉時代以前の可能性も指摘されている），ハナユ，マレー半島原産のクネンボ（温州ミカンの近縁種，160g前後，寛皮性で味濃厚）も室町時代には既に存在したと考えられている．オオベニミカン（約150g，寛皮性，中国南部・台湾で良品を栽培）も古い時代に渡来していたようだが，その年代は明らかでない．室町時代末期には，紀州のミカン，駿河のミカン等の産地が現われ始めた．

室町時代末期には南方との交流が盛んとなりブンタンが，また中国からスイートオレンジが渡来した．スイートオレンジは，キンクネンボ（金九年母）とか唐ミカンの名で，現鹿児島県や熊本県の天草で古くから栽培されていた．江戸時代初期にはナガキンカン，ブッシュカンが，文政9年（1826）

にニンポウキンカンが，中国から伝わっている．紀州ミカンの突然変異として'無核紀州'が江戸時代に発生しており，これはわが国で選抜された突然変異の初めである．さらにスダチ，キズ，カボス，ナルト，サンボウカン，ヒュウガナツ等が偶発実生として発生している．

温州ミカンの来歴について述べると，温州ミカンの原産地は，中国浙江省温州と考えられていた時期もあったが，現鹿児島県長島が原産地であることを，田中長三郎が明らかにしている．温州ミカンが果実で渡来したとすれば，温州ミカンは多胚性（後述）で多くの珠心胚をもっているため，これが発芽し生育すれば，中国と同じ果実ができる可能性は極めて高い．この場合，温州ミカンは中国原産ということになる．しかし，田中長三郎の踏査では，浙江省温州には温州ミカンのように無核のものはない（1921）．そこで，温州ミカンは，中国から帰国した僧あるいは中国交易船等が長島にもたらした「早桔」(そうきつ)（多胚性），「本地早」(ほんちそう)（多胚性），「榠桔」(まんきつ)（単胚性）等のミカン類の偶発実生と推定されている．つまり，多胚性品種の「早桔」「本地早」の中にも1個だけ交雑胚があり，温州ミカンはこれらから，あるいは単胚性品種である「榠桔」の種子からわが国で発生したものと思われる．その時期は，江戸時代初期といわれているが，戦国時代から室町時代にさかのぼるとする説もある．温州ミカンは九州近辺に多少広まったものの，"嫁して3年子無きは去る"の封建時代には，温州ミカンの無核性が忌避され，明治時代になるまで広く普及するまでには至らなかった．江戸時代の主要ミカン類は，紀州ミカン，コウジ，クネンボである．

2）生理・生態等

カラタチ属を除く他のカンキツは，全て常緑性で，葉は単葉（図8）である．新葉・新梢は，4，7，9月頃に発生する．一方，カラタチ属は，三出羽状複葉である．この三出葉性は単一優勢遺伝子に支配されおり，スイートオレンジとカラタチの雑種であるシトレンジ類の葉は主に三出葉である．カンキツ属の葉脈は網状脈であるが，キンカン属の葉は網状脈が不明瞭であり，これが両属を分ける特徴の1つである．なお，カンキツ属，キンカン属，カラタチ属の間では相互に交雑可能であるが，クリメニア属について

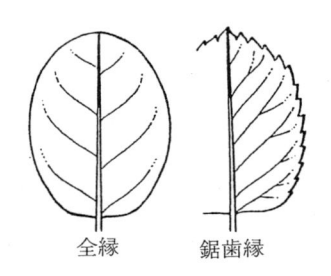

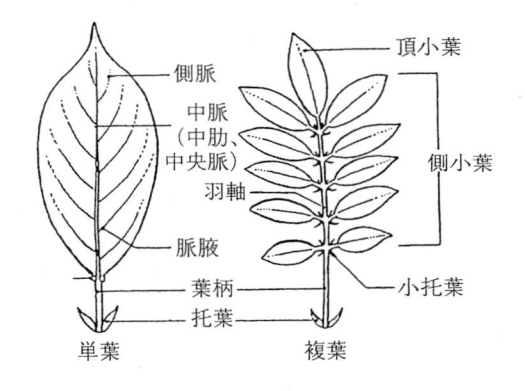

図8 葉の各部の名称および葉縁の形

は今までのところ他属との交雑は成功していない．

カンキツの花には，有葉花(ゆうようか)と直花(じきばな)とがある．新葉を伴って新梢の先端部に着いた花を有葉花という．一方，新梢がほとんど伸びず，新葉を伴わずに花が着く場合を直花という．結果母枝が充実し，周辺に古葉が多く着生している時は有葉花が多くなり，そうでない時は直花が増える．有葉花は直花に比べて，開花時期は遅いが果実肥大はよく，減酸が遅い．充実した直花の方が果実品質は優れるが，落果する割合が多いので，4枚程度の葉を着けた有葉花を確保する栽培が望まれる．

ここで，カンキツの種子の特殊性について簡単に触れておく．カンキツには単胚性と多胚性の種子がある．前者は，リンゴ，ナシ，ブドウ等大部分の果樹にみられるように，種子親(母親)の雌ずいに花粉親の花粉が受粉・受精してできた胚(交雑胚)を1個もつ種子である．カンキツでは，アサヒカン，'アンコール'，イヨ(イヨカン)，オオタチバナ，'カワチバンカン'，キヌカワ，クレメンティン，紀州ミカン，シトロン，ジャバラ，テンプル，ナガキンカン，ナルト，ハッサク，'バンペイユ'，ヒュウガナツ，多くのブンタン，ヤマブキ，わが国育成の'清見''南香''ありあけ''スイートスプリング'等がこれに属する．これに対して多胚性の種子とは，一つの種子の中に

交雑胚1個と突然変異がなければ種子親と同じ遺伝子をもつ胚（珠心胚：胚のうを取り巻く珠心細胞が胚となる）が多数存在し，これら複数の胚の多くは植物として生育する．カンキツでは温州ミカン，オレンジを初め大半の品種がこれに属する．

多胚性の種子の中にも1つだけ交雑胚が存在するので，この胚を育てれば，種子親と花粉親との遺伝子が混ざった雑種を育成することができる．しかし，現在では，種子の段階で珠心胚と交雑胚とを区別することは困難なため，種子を播種し植物体に育ててから判断することになる．このことは育種の効率化の面からは，多大な労力と時間を必要とする．そこで，単胚性の品種を種子親として用いれば，容易に雑種を獲得することができるので，優秀な単胚性品種を如何に多く保有するかが画期的な新品種育成の決め手になる．

カンキツの多くの品種は自家和合性であるが，自家不和合性の品種として，'オーランド''ミネオラ''カワチバンカン'，クレメンティン，ハッサク，'バンペイユ'，ヒュウガナツ等がある．したがって，自家不和合性で単為結果性が少ない，'オーランド''ミネオラ''カワチバンカン'，クレメンティン，ハッサク，'バンペイユ'，ヒュウガナツ等では，受粉樹の混植が必要である．なお，単為結果性のある品種として，温州ミカン，'宮内伊予柑''不知火''ワシントン・ネーブル''無核紀州'等がある．

カンキツには無核（種なし）品種と有核品種とがある．無核になるためには，単為結果性があることが第1条件であるが，それに加え，雌性不稔性か雄性不稔性かの性質を備える必要がある．雌性不稔性であれば完全無核になるが，温州ミカンのように雄性不稔性だけであれば，周囲に花粉をもつ他の品種があれば有核になる．

カンキツは，落葉果樹に比べ一般に耐寒性は弱い．樹体の耐寒性は，（強）カラタチ，ユズ，スダチ，カボス＞（やや強）温州ミカン，キンカン，サンボウカン，クネンボ，紀州ミカン，コウジ，タチバナ，シィクワシャー＞（中）'川野ナツダイダイ'，ダイダイ，ハッサク，フナドコ＞（やや弱い）ナツダイダイ，'バレンシア・オレンジ'，ネーブルオレンジ，タンカン，キヌ

カワ，ナルト，イヨ，ポンカン＞（弱い）ブンタン，レモン，シトロン，ライム，仏手柑である．なお，果実の耐寒性は樹体より弱く，樹上越冬する中晩生カンキツの栽培に当たっては果実への防寒対策が重要となる．

　カンキツの多くは，耐陰性が強く密植栽培にも十分に耐えるが，高品質果実を生産するためには，受光量を高めるように独立した樹冠を作るための間伐や，整枝・剪定が必要なことはいうまでもない．なお，果樹の中でもカンキツの多くは，隔年結果性が強く連年安定生産の難しいことが，経営を不安定にする要因である．隔年結果防止には，適正な肥培管理に努めるとともに，隔年交互結実法の導入も有効である（前述）．

　果樹における低樹高化の重要性については前述したが，カンキツの中にはイヨ等のように逆に樹勢が弱く，強勢台木等の利用により樹勢強化を図る必要のある品種がある．有望視されている強勢台木として'スイングルシトルメロ'，半強勢台木としてカラタチの変異種である'ポメロイ''USDA'等があり，台木としての有用性の検討がされている．

　カンキツに発生する主な生理障害として，温州ミカン等で問題になる「浮き皮」，高温・強日射による「日焼け」，土壌乾燥による「干害果（キクミカン）」，「す上がり」，ハウスミカン，ネーブルオレンジ，'マーコット'等に多発する「裂果」，中晩生カンキツに多発する油胞組織が褐変・黒変し，甚だしい時は果皮表面が陥没する「こ斑症」等がある．

　浮き皮とは，着色が進むにつれて，果皮と果肉との生長バランスが崩れ，その間に空間を生じる現象である．収穫が遅れ過熟になったり，着色期の高温・多湿や窒素の遅効き等により症状が激しくなる．確たる対策はないが，適期に収穫することや，着色期に炭酸カルシウム水和剤を散布する方法がある．

　す上がりは，凍結により砂じょう内の果汁が減少するものと，粒化症に大別される．粒化症は果実の過熟現象で，砂じょうが肥厚して半透明となり，果汁が少なく淡白な味になる．サンボウカン，ポンカン，'川野ナツダイダイ'等に発生しやすい．粒化症の発生防止法は，樹勢を安定させ，適正着果量を維持し，収穫適期を逃がさないことである．

◆**不思議な現象「回青」**◆樹上の果実は成熟に伴い，果皮のクロロフィル（葉緑素）が消失し，カロテノイドが増加し橙色となる．しかし，一旦着色した果実が，再び緑色になることがあり，この現象を回青という．'バレンシア・オレンジ'，ダイダイ，ヒュウガナツ等に起こる．これは，成熟期の気温の上昇と光線により，再びクロロフィルが再生されるものであり，遮光と果実温の上昇を抑えるアルミ箔製等の袋掛けにより防止できる．

カンキツの便宜上の分け方には色々あるが，ここでは，ミカン類，雑柑類，スイートオレンジ，サワーオレンジ，タンゴール・タンゼロ，ライム，シトロン（レモン，シトロン），ブンタン・グレープフルーツ，ユズ類（ユズ，カボス，スダチ等），キンカン，カラタチに分けた．なお，食酢等に用いる，ライム，レモン，ユズ類を香酸カンキツと称することもある．以下に，主要品種・系統の果実形質等について特徴的なことを記す．

（1）ミカン類（Mandarin, Tangerine）

ミカンというと一般には温州ミカンのことをさすが，ミカン類というと剥皮が容易なカンキツの総称である．ミカン類には温州ミカン以外に，紀州ミカン，ポンカン，'アンコール'等があり，英名でマンダリンまたはタンゼリンという．

ア）温州ミカン（Satsuma mandarin）

長島の原産地から，筑後地方に入った温州ミカンを在来系と称し，この在来系は各地に入り，枝変わりとして愛媛県の平系，大阪府の池田系，大分県の早生系を生んだ．一方，原産地から長崎県に入ったものは伊木力系とよび，これが愛知県に入り尾張系を生じた．現在（平成14年），温州ミカンの栽培面積で第1位の'宮川早生'，第3位の'興津早生'，第4位の'日南1号'，第5位の'上野早生'は早生系に属し，第2位の'青島温州'，第6位の'大津4号'，第7位の'南柑20号'は尾張系に属する．このように，現在栽培されている温州ミカンの多くは，早生系と尾張系から出ている．原産地の温州ミカンの成熟期は11～12月であったが，在来系の枝変わりから早生系が発見され，現在，その早生系を変種として認め，温州ミカン（*Citrus unshiu* Marc.）に対して，ワセウンシュウ（*Citrus unshiu* Marc. var. *praecox* Tanaka）とよぶようになった．現在，温州ミカンを熟期により，以下のよう

に分けている．
① 極早生温州……従来の早生温州より熟期の早い一群の系統に対して，岩政正男が付けた名称である．熟期は9月上旬〜10月上旬，'上野早生''日南1号''豊福(とよふく)早生'等．
② 早生温州……熟期は10月中〜下旬，'宮川早生''興津早生'等．
③ 普通温州……早熟系：熟期は11月上〜中旬，'南柑20号'等．中熟系：熟期は11月中旬〜12月上旬，'大津4号''林温州''南柑4号'等．晩熟系：熟期は12月中〜下旬，'青島温州''今村温州'等．晩熟系は貯蔵ミカンとも称し，3〜4月頃まで貯蔵・出荷できる．

なお，ハウスミカンには，加温ハウスと無加温ハウスがあり，加温ハウスは加温開始時期によって，早期加温（5〜7月出荷）と後期加温（8〜9月出荷）に分けられるが，最も早いものは4月下旬頃から出回る．

温州ミカンはわが国の果樹では，最大の栽培面積を有し，栽培の北限は千葉県，茨城県の南部である．主産地は，愛媛県，和歌山県，静岡県，熊本県，長崎県，佐賀県等である．

主要系統の解説

○ 宮川早生：大正4年頃福岡県の宮川謙吉により，在来系の早熟枝変わりとして発見され，大正14年に田中長三郎により命名された．熟期は10月中〜下旬で，12月頃まで樹上に置いてもす上がりしない．果形は扁球形で，糖度，酸度ともに高く味は濃厚である．早採りすると酸味が強いことと，腰高であることが欠点である．

○ 青島温州：静岡県の青島平十により尾張系温州の枝変わりとして発見された．昭和26年，静岡県柑橘農業協同組合連合会静岡支所の枝変わり品評会で注目された．その後静岡県柑橘試験場で特性調査が開始され，昭和40年に正式に静岡県の奨励系統に指定された．熟期は12月中〜下旬，果形は扁平で，糖度は高く，酸度は中位で味は濃厚である．3月中旬頃まで貯蔵ができる．じょうのう膜が厚いことと，隔年結果性がやや強いことが欠点である．

○ 興津早生：現果樹研究所が，'宮川早生'の珠心胚実生の中から選抜し，

昭和38年に命名登録された．熟期は'宮川早生'より約1週間早く，12月頃まで樹上に置いてもす上がりせずに糖度が上がり，食味がよくなる．果形は'宮川早生'より扁平で，糖度は高く，食味良好である．

　美味しい温州ミカンは，ジク（果梗）が細く，果実が扁平，果面が滑らかで，果皮の色が濃く，ズッシリと重い果実である．浮き皮の果実は淡白である．大きさは，小〜中位がよい．温州ミカンは貯蔵性があるので，冷蔵庫に入れる必要はなく，涼しい所に置くと長持ちする．

　　イ）アンコール（Encore）

'アンコール'は，カリフォルニア大学で'キング'に'地中海マンダリン'を交雑して育成された品種である．露地栽培での熟期は4月中旬，果実重は100〜150gで，果形は扁平，果頂部に突出部（ネック）を生じることがある．果皮は薄く非常に滑らかで橙色，強い香気がある．多汁で糖度は高く，食味は濃厚である．わが国では施設栽培が一般的で，果実重は200g以上になる．果皮には緑斑が残ることが多いため，袋掛けや遮光を行う．

　　ウ）ポンカン（Ponkan）

　ポンカンには高しょう系（果形指数（横径×100/縦径）が120以下，腰高で球形に近い）と低しょう系（同120以上で，扁球形）があり，前者は大果（150〜200g）で，カラタチ台とは不親和である．一方，後者は小果で，カラタチ台と親和性がある．サンボウカンに似て果梗部にはネックがあるもの，ないものがある．従来，ポンカンは温暖な地域で'吉田ポンカン''今津ポンカン'等の高しょう系が経済栽培に用いられていたが，温度要求量の比較的少ない低しょう系の'太田ポンカン'が育成されたことにより，広い地

　温州ミカンには，フラボノイドの一種であるヘスペリジンを大量に含んでいる．本成分には，毛細血管を強くし，高血圧や動脈硬化を予防する効果がある．ヘスペリジンは，オレンジ，イヨ，レモンにも多く含まれている．また，温州ミカンには，カロテノイドの一種であるβ－クリプトキサンチンを高含有し，ガンの予防効果はβ－カロテンの約5倍あることを，果樹研究所が明らかにしている．しかも長期間体内に蓄積され，効果を発揮する可能性があるという．また，果樹研究所の疫学調査では，温州ミカンを多く摂取した人は，糖尿病の罹患率が減少する．

　果樹研究所は，ブンタン，ハッサク，ナツミカン，グレープフルーツの果皮に含まれているオーラプテンがマウスの皮膚ガン，ラットの口腔ガン・大腸ガンに顕著な抑制効果を示すことを明らかにしている．

域で栽培されるようになった．ポンカンの熟期は12月上旬～1月上旬，酸は少なく甘味に富み美味である．わが国には，明治29年に当時の台湾総督樺山大将が，ポンカン，タンカンの苗木を軍艦海門に託して郷里鹿児島県に送ったのが最初の導入とされている．

エ）紀州ミカン（コミカン，Kinokuni mandarin）

紀州ミカンは中国原産で，わが国への伝来時期は不明であるが，かなり古い時代とされる．単胚性なので中国のものと同一のものか疑問が残る．熟期は12月上～下旬，果実重は40～60g，酸味が少なく甘味が強く，種子は多いものの香気があり食味は優れる．'桜島ミカン'も本種である．本種の変種として，紀州ミカンより果実が扁平で大果な'平紀州'，無核の'無核紀州'がある．

オ）コウジ（柑子）

コウジは，耐寒性が非常に強く，病虫害にも強い．古来，日本各地に栽培されていた．熟期は12～1月で，果実重は40gと小さい．収穫当初は酸味が強く，貯蔵すると減酸が進むが食味は淡白である．

カ）シィクワシャー

シィクワシャーの原産地は明らかでないが，台湾から奄美大島と考えられる．タチバナに近縁である．古くから沖縄で自生し，種子繁殖が行われてきたので変異が大きく，果実重には25g位のものから60g位のものまである．収穫期は系統により異なるが，食酢用は8月下旬～10月中旬，果汁用は10～12月，生食用は12～1月である．カンキツの強勢台木としても利用される．最近，機能性成分の発見により評価が高まってきている．

キ）タチバナ（橘）

タチバナは，耐寒性は強いが高温や乾燥に弱い．花は小さく上向きに着生する．タチバナの語源はこの「立花」に由来する．本種は，紫宸殿の右近の橘の古事にみられるように，古くから神聖な樹木として，神社仏閣の境内に植えられてきた．枝にはトゲあり，果実重は10g位で，酸味が強く生食には不向きであるが，直立する樹姿は美しい．文化勲章は，タチバナの花を図案化したものである．

ク）不知火

'不知火'は，現果樹研究所が，「興津21号」（後の'清見'）に'中野3号ポンカン'を交雑して育成したタンゴールである．果梗部にはネック（デコ）のあるものから，ないものまであるが，ある方が品種特性を表わすとして好まれる．熟期は2～3月で，果実重は200～280g，果形は球～扁球系で剥皮は非常に容易である．じょうのう膜は薄く，糖度も高く，ポンカンの香りがあり，食味は極めてよい．現在あるカンキツの中で，最高の果実品質といわれている．単為結果性が強く，ほぼ無核である．樹勢が弱いことと，減酸が遅いことが欠点であるが，最近では珠心胚実生の系統が育成され，これらの欠点が解消されつつある．なお，系統出荷され，糖含量が13％以上等，一定の基準に達したものを，「デコポン」として販売されている．

ケ）その他有望なミカン類

'はるみ'――現果樹研究所が，'清見'に「ポンカンF－2432」を交雑して育成し，平成8年に命名登録された．熟期は1月中～下旬で，果実重は200g以上になり，剥皮は容易である．じょうのう膜は薄く，芳香を有し，糖度が高く，食味は極めてよい．通常無核である．隔年結果性の強いことが欠点である．

(2) 雑柑類（Miscellaneous citrus）

雑柑類とは，わが国で生まれた中晩生カンキツをいう．ナツダイダイ，ハッサク，イヨ，ヒュウガナツ，サンボウカン，'河内晩柑'，キヌカワ，ナルト等をさす．中生カンキツとは，1月から2月上～中旬に収穫するカンキツをいい，晩生カンキツとは，それ以降に収穫するカンキツをさす．しかし，栽培地域により収穫期が異なること等から，現在は両者を区別せず，中晩生カンキツと一括していう場合が多い．なお，イヨはタンゴールの項で述べる．

ア）ナツダイダイ（ナツミカン）

ナツダイダイは山口県原産であり，ブンタンの血を引く偶発実生とみられる．来歴についてははっきりしないが，一説には1700年頃，現山口県長門市仙崎大比日の海岸に漂着したカンキツ果実を西本チョウが発見し，そ

の種子を自宅の庭に蒔いたのが起源とされる．樹齢300年の原木が現存し，天然記念物に指定されている．ナツダイダイが萩市に伝わったのは19世紀初頭で，栽培が盛んになったのは，明治維新に禄を失った士族に本種の栽培を奨励してからである．熟期は4～6月である．冬期に凍害を受けると苦味やす上がりが発生する．

　昭和10年頃，大分県津久見市の川野豊の園地でナツダイダイとして栽植された樹の中から発見されたのが'川野ナツダイダイ'，別名「甘夏」である（昭和25年に名称登録）．本種は，ナツダイダイに比べ酸の消失が早く食味も良好であるため，ナツダイダイに代わり増殖された．熟期は3月中旬であるが，2月頃から可食期に入る．果実重は約400g，剥皮はやや困難，じょうのう膜は厚く硬い．完熟すると甘酸適和し，美味しい．'川野ナツダイダイ'にも枝変わりが発生しており，'ニューセブン''紅甘夏''サンフルーツ''立花オレンジ'等が選抜されている．

　　イ）ハッサク（八朔）

　ハッサクは1860年頃，現広島県因島市の恵日山浄土寺の境内で発見され，ブンタンの血を引く偶発実生とみられる．旧暦の8月朔日（上旬の意味）に熟すことから，八朔と命名された．自家不和合性が強く，受粉樹の混植が必要である．熟期は2～3月であるが，一般には低温による落果を防ぐため年内に収穫し，減酸後，2月以降に出荷される．果実重は400g前後，剥皮はやや困難，じょうのう膜は厚く強靭である．果汁は比較的少ないが甘酸適和し，日本人好みの味である．ハッサクにも'農間紅八朔'，'八朔No.55''早生八朔'等の枝変わりが選抜されている．ハッサクは，カンキツトリステザウイルス（前出）に弱いが，'八朔No.55'とよばれる弱毒ウイルス（前出）をもった抵抗性の系統が発見されている．

　　ウ）ヒュウガナツ（日向夏）

　ヒュウガナツは，別名ニューサマーオレンジという．1820年代（文政年間），現宮崎市の真方安太郎の宅地内で発見された．親は不明であるが，ユズが関与していると考えられている．熟期は5～6月である．果実重は200～250gで，果皮の白いアルベドも食べられるので，ナイフで果皮の外側（フ

ラベド）を剥き，果肉と一緒に食べると風味が増す．果実は，気温の上昇とともに果頂部から回青する．枝変わりとして早生系の'オレンジ日向(ひゅうが)'がある．

　エ）サンボウカン（三宝柑）

　江戸時代に和歌山城内にサンボウカンの原木があり，三宝に載せて藩主に献上したことからこの名がある．当時は門外不出であったが，明治時代以降一般に栽培されるようになった．果梗部には乳頭状の突起（ネック）がある．熟期は3～4月，果実重は220～270gで，果皮は厚いがもろくて剥きやすい．香気があり美味であるが種子の多いことが難点である．

　オ）カワチバンカン（河内晩柑）

　'カワチバンカン'は約90年前に，熊本県の西村徳次宅の裏庭で発見されたもので，ブンタンの血を引く偶発実生と考えられている．3月に収穫し4月に出荷されるが，本来の熟期は4月下旬～5月上旬である．果実重は500g程度，果形は短卵形で，果面は黄色，滑らかで美しい．果皮は，厚くて軟らかくやや剥きにくい．ブンタンの芳香があり，食味は非常によいが，種子の多いことが欠点である．

　その他，淡路島原産のナルト（鳴門，270g前後，糖，酸多く，苦味も多少ある），岡山県原産のキヌカワ（絹皮，400g前後で，酸味少なく淡白）等がある．

　(3) スイートオレンジ（Sweet orange）

　スイートオレンジは，普通オレンジ，ネーブルオレンジ（無核），ブラッドオレンジ，無酸オレンジに大別される．世界のカンキツ栽培面積の約70％は本種である．わが国にも明治時代以降多くの品種が導入されたが，冬期の低温と夏期の高温・多湿のため高品質なものができず，ネーブルオレンジ，普通オレンジが少し栽培されているに過ぎない．

　ア）普通オレンジ（Common orange）

　普通オレンジとは「へそ」がなく，果皮色が橙色のオレンジの総称である．突然変異により多数の品種群がある．

　○ バレンシア・オレンジ（Valencia orenge）：原産地はスペインのバレン

シアではなく，ポルトガル領アゾレス諸島といわれている．恐らく母樹はポルトガルから同諸島へ伝わったものであろう．バレンシアという名称は，スペインのバレンシア地方に栽培されているオレンジと似ていることから命名されたようである．

'バレンシア・オレンジ'は晩生のオレンジ（熟期6〜7月）で，オレンジの中では生産量が最も多く，各国で栽培されている．果実重は200g前後，果形は球形または長球形で，剥皮は困難であるが，完熟するとやや剥きやすくなる．香気に富み，柔軟多汁で食味は非常によい．果実の耐寒性は弱く，冬期低温になると落果が多くなる．わが国では，和歌山県，神奈川県等でわずかに栽培されているに過ぎない．果実は気温の上昇にともない，果梗部から回青する．

その他，無核品種として'ハムリン''シャムーティ'，千葉県の福原周平の園地で発生した有核の'福原オレンジ'等がある．

　　イ）ネーブルオレンジ（Navel orange）

ネーブルオレンジとは，果頂部に二次心皮に由来する小さな果肉を内蔵した「へそ」（navel）を有し，無核が特徴の品種群をいう．花粉母細胞が初期に退化する雄性不稔で，雌性も強度の不稔性である．

　○ ワシントン・ネーブル（Washington navel）：来歴については，前述した通りである．単為結果性が強い．オレンジの中では早熟であるが，2月中旬〜3月まで樹上に置くと糖度が増加する．果実重は200〜250g，果形は球形〜長球形である．剥皮は難しいが，オレンジの中では剥きやすい方に属する．じょうのう膜は薄く，甘酸適和で香気に富み，品質は非常に優秀である．

わが国には，明治22年（1889），玉利喜造が米国より導入したのが始まりとされる．その後，本種から'白柳ネーブル''森田ネーブル''大三島ネーブル''吉田ネーブル'等多くの枝変わりが選抜されている．

　　ウ）ブラッドオレンジ（Blood orange），無酸オレンジ（Acidless orange）

ブラッドオレンジは，わが国では血ミカンとよばれ，果皮や果肉が赤い品種群である．大半の品種は地中海地方で発生しており，ヨーロッパでは

重要な品種であったが，現在は普通オレンジやネーブルオレンジに押されている．'タロッコ''マルチーズブラッド'（ともに種子は数粒ないし無核）等多くの品種がある．一方，無酸オレンジは酸が極めて少ない品種群で，果汁が貯まればすぐに食用できるので，オレンジの中では最も早生といえる．特有な風味と甘いだけで，わが国では敬遠されている．

4）サワーオレンジ（橙，Sour orange）

原生地のインドから西方に伝わったものがサワーオレンジで，中国に渡来したものがダイダイ（代々とも書く）である．成熟果でも落果し難く，収穫しなければ3代の果実が同一樹上になっていることから，ダイダイと命名されたとされている．ダイダイを正月の飾りに用いるのは，代々の子孫繁栄を願うためである．隔年結果性は少ない．果実重は180g前後，果形は球形で果頂部に凸環がある．やや剥きにくい．酸が多く生食用にはならないが，食酢として利用される他，マーマレードにすると良品となる．

5）タンゴール・タンゼロ（Tangor・Tangelo）

タンゴールとは，ミカン類とオレンジ類の雑種の総称である．自然にできたタンゴールとして，タンカン，イヨ等がある．人工交雑してできたタンゴールとして，'マーコット'，現果樹研究所が育成した'清見''天草''せとか'等がある．店頭で清見オレンジという名称をよく目にするが，これは誤りであり，清見タンゴールとすべきである．タンゴールとは，ミカン類の英名である tangerine の tang とオレンジの英名である orange の or の合成語（tangor）である．

一方，タンゼロはミカン類とブンタン，あるいはグレープフルーツとの雑種の総称である．タンゼロとして，米国育成の'オーランド''ミネオラ'，'セミノール'，現果樹研究所が育成した'スイートスプリング（上田温州×ハッサク）''サマーフレッシュ（ハッサク×ナツミカン）'等がある．タンゼロとは，ミカン類の tangerine の tang とブンタン（pummelo），グレープフルーツ（pomelo）の elo の合成語（tangelo）である．

ア）イヨ（伊予柑）

イヨは，明治19年（1886），山口県阿武郡東分村（現萩市）の中村正路

の園地で発見され，文献によると明治25年に「穴門蜜柑」として紹介されている．その起源は不明であるが，タンゴールとされている．明治22年，三好保徳が松山市に持ち帰り，普及に努めた．当時，「伊予蜜柑」という名称を用いたが，愛媛県（伊予）産の温州ミカンと混同するため，「伊予柑」とよぶようにした．

昭和30年，松山市の宮内義正の園地で枝変わりとして早熟性のイヨが発見され，昭和41年に'宮内伊予柑'として，名称登録された．イヨには単為結果性はほとんどないが，'宮内伊予柑'には認められ，無核になることが多い．'宮内伊予柑'は，一般に12月中旬頃に収穫され，貯蔵後2月を中心に出荷される．果実重は250g前後で，果皮はもろくて剥きやすい．甘酸適和し芳香に富み風味はよい．じょうのう膜が厚く硬いのが欠点である．現在栽培されているイヨの多くは本種である．

イ）マーコット（Murcott）

'マーコット'は，米国農務省育成のタンゴールである．露地での熟期は3〜4月である．果実重は，露地栽培では80〜120gと小さいが，施設栽培では150g前後になる．剥皮はやや困難である．じょうのう膜は薄く，糖含量は14〜15％と多いが，酸も高めで食味は濃厚である．わが国では施設向きの品種であるが，種子の多いことが欠点である．単胚性のため，育種の種子親として利用されている．

ウ）タンカン（桶柑，Tankan）

タンカンは中国広東省の原産で，スイートオレンジとポンカンまたは他のミカン類との偶発実生と推測されている．熟期は3〜4月で，果実重は150g前後，剥皮は比較的容易である．じょうのう膜は薄く，酸味が少なく甘味に富み，食味では最高級に属し，温州ミカンと並ぶ東洋の名果である．種子が少なく無核果もある．わが国での栽培適地は少なく，沖縄県，鹿児島県等で栽培されている．桶柑という名は，桶に入れて売り出される甘味のある柑橘に由来する．優良系統として，鹿児島県果樹試験場によって'垂水1号'が選抜されている．

エ）清見

'清見'は，現果樹研究所が'宮川早生'に'トロビタ・オレンジ'を交雑して育成し，昭和54年に命名登録された．わが国で育成された最初のタンゴールである．熟期は3月中〜下旬で，果実重は普通200〜250g，剥皮はやや難である．じょうのう膜は薄く，オレンジ香を有し，食味は極めてよい．通常無核であるが，花粉がかかると種子ができる．単胚性のため，育種の種子親として有用であり，'不知火''はるみ''天草'等の優良品種を出している．

オ）セミノール（Seminole）

'セミノール'は，米国農務省のスイングルらにより育成されたタンゼロ（'ダンカン'×'ダンシー・タンゼリン'）で，1931年（昭和6年）命名された．果実重は150〜200g，果皮は赤橙色を呈し非常に美しい．剥皮は容易で，じょうのう膜は薄く，柔軟多汁で爽快な風味がある．ただ，酸含量が多く，4月中旬以降まで樹上に置くと果皮の赤橙色が脱色するので，3月下旬〜4月上旬に収穫し，酸の減少をまって5月以降に出荷される．種子の多いことが欠点である．

この姉妹品に，'ミネオラ'と'オーランド'がある．前者は果実重150g程度，果梗部にネックを生じ，果皮は赤橙色で，柔軟多汁で芳香があり，風味は非常に濃厚で味はよい．後者は果実重は'ミネオラ'とほぼ同程度であるがネックはなく，果皮は橙色，柔軟多汁で甘く酸は少ない．両者とも，自家不和合性で受粉樹の混植が必要である．

カ）有望なタンゴール

○ 天草 ── 現果樹研究所が，「T-378（清見×興津早生）」に'ページ（ミカン類×ブンタン）'を交雑して育成し，平成5年に命名登録された．熟期は12月中〜下旬で，果実重は200g以上になり，剥皮性は'清見'よりよい．じょうのう膜は薄く，オレンジ香を有し，食味は極めてよい．無核である．

○ せとか ── 現果樹研究所が，「清見×アンコールNo.2」に'マーコット'を交雑して育成し，平成10年に命名登録された．熟期は2月中〜下旬

で，果実重は200g以上の大果となり，剥皮は比較的容易である．じょうのう膜は薄く，芳香を有し，食味は極めてよい．通常無核である．

(6) ライム（Lime）

ライムはレモンより高温を好み，耐寒性は非常に弱い．果形は丸く，レモンより幾分小さい．四季咲き性である．ライムには，酸果ライムと甘果ライムとがあるが，一般には酸果ライムをライムという．酸果ライムは，多汁で酸含量は約7％と多く，酸はレモンより舌触りが柔らかく上品である．小果系と大果系とがある．

小果系は30〜50g，代表品種に'メキシカンライム'がある．本種の原産地はインドであるが，西インド諸島やメキシコで野生化していたことから，この名がある．'メキシカンライム'は多胚性であり，枝に小さなトゲがある．カンキツトリステザウイルスに非常に罹病性であるので，同ウイルスの検定植物として利用される．

大果系は100g前後で，代表品種に'タヒチライム'がある．本種は，19世紀後半にタヒチ島からカリフォルニア州に導入されたのでこの名があるが，起源は不明である．無核でまれに種子を含み，単胚が多い．3倍体とされるが異論もある．枝にはトゲはない．'タヒチライム'の耐寒性，かいよう病・トリステザウイルスの抵抗性は'メキシカンライム'より強いので，わが国の西南暖地や沖縄県で検討の価値がある．両系統とも，香り付け，飲料，調理用に利用される．

なお，インド原産の甘果ライムは150g前後で酸はほとんどなく，口に苦味が残る．

(7) レモン・シトロン

　ア）レモン（Lemon）

レモンは，中国には10世紀の宋の時代に伝来したが，広く栽培されなかった．わが国には明治6年に伝わり，雨の少ない瀬戸内海の島々で栽培されたが，昭和39年のレモンの自由化に伴い生産は衰退した．しかし，輸入の際にカビ等の発生防止に使用されるポストハーベスト農薬の安全性に不安を感じる消費者から，より安全な国産レモンへの要求が高まり，広島県を

中心に栽培面積が増加している.

　レモンの枝には普通トゲを有する.雌ずいを欠く不完全花が多い.四季咲き性のため,わが国では5月,7～8月,9～10月と年3回開花する.その中で5月頃に開花し,10～12月に横径が5～6cm(100g前後,酸含量6～7%)になった緑果を順次収穫する場合が多い.収穫後,貯蔵性と輸送性を高めるため予措を行う.予措中に果皮のクロロフィルが分解され,果皮は黄色となる.代表的な品種に,'リスボンレモン''ユーレカレモン'等がある.わが国ではこれまで,比較的耐寒性のある'リスボンレモン'の栽培が多かったが,最近,耐寒性は弱いがより品質のよい'ユーレカレモン'や,それから選抜された'アレン'等の栽培も広がっている.なお,米国の主要品種である'リスボンレモン'の原産地はポルトガルとされているが,ポルトガルには'リスボンレモン'という品種名そのものはない.

　日本産のレモンの中には,グリーンレモンと銘打って緑のままで売られているものもある.やや青臭さが残るが,新鮮である.果実の選び方としては,硬すぎる果実は皮が厚いので,ほんの少し弾力があり,果皮が滑らかで傷や変色がなく,ズッシリと重いものがよい.

　　イ)シトロン(Citron)

　シトロンは,レモンやライムの種子親とみなされていた時期もあったが,最近の研究で否定されている.カンキツの中では,かなり異質の存在とされている.わが国には『日葡辞書』(1603,日本イエズス会)にその名があることから,江戸時代以前に伝来したと思われる.

　シトロンの枝にはトゲがある.花はレモンに似て細長く,四季咲き性の傾向がある.果実重は100g前後のものから,5kgに達するものもある.挿し木繁殖が容易にできる.生食には適さないが,果皮を砂糖煮にしたり,菓子の材料に使用する.果皮や葉から採取したシトロン油は香料の原料となる.また,乾燥果を漢方薬に利用する.なお,シトロンは中国で枸櫞と書く.クエン酸はこの語に由来する.

　シトロンの栽培品種に'ディアマンテ',エトローグがあり,エトローグはエクソーティス・ウイロイドの検定植物として利用されている.ブッ

シュカン（仏手柑）はシトロンの変種で果形が人の手に似ることから，この名が生まれた．観賞用にされる．

(8) ブンタン・グレープフルーツ

ア）ブンタン（文旦，Pummelo, Shaddock）

ブンタンには，ザボン，ボンタン，紅肉種をウチムラサキ（内紫）等の異名がある．ブンタン，ザボンの名の由来は「こぼれ話」を参照．耐寒性が弱く，わが国では四国，九州等の温暖な地域で栽培されている．ブンタンは，室町時代末期に南方から果実で持ち込まれ，さらに明治時代以降，台湾，中国から優良品種が穂木で導入された．多くのブンタンは単胚性であるため，自然交雑により多数の品種が発生し，現在の品種群を形成している．

ブンタンには，'バンペイユ'（後述），'麻豆ブンタン'（台湾原産），'阿久根ブンタン'（本田ブンタンとも，鹿児島県原産），'平戸ブンタン''江上ブンタン'（長崎県原産），'土佐ブンタン'（後述），'水晶ブンタン'（高知県原産），近縁種には晩王柑（高知県原産，ブンタンの偶発実生か），安政柑（広島県原産，ブンタンの血を引く偶発実生），大橘（鹿児島県原産，ブンタンの血を引くが来歴不明，土佐ブンタンと酷似するが別物．食味は極上），'谷川ブンタン'（現果樹研究所が育成，麻豆ブンタンと多分サンボウカンの交雑種），等がある．果実は生食する他，砂糖煮の文旦漬に，果皮はマーマレードに用いられる．

○ バンペイユ（晩白柚）：マレーシア原産．自家不和合性が強く，単為結果性も余り強くないので生産安定のために，受粉樹の混植が必要である．わが国で栽培されるブンタンの中では最大で，3kgを超える果実もある．露地での熟期は2～3月頃であるが，寒害を避けて早採りされる．じょうのう膜からの肉離れはよく，肉質は柔軟多汁で食味はよい．熊本県では，施設栽培により，商品性の高い果実が生産されている．本種は大正9年（1920）に，島田弥一によりサイゴン植物園から台湾に導入され，白柚に似ているが晩生であることから'バンペイユ'と命名された．昭和5年に，現鹿児島県果樹試験場にも導入されている．

○土佐ブンタン：鹿児島県で'法元ブンタン'とよばれていた品種が高知に導入され，「土佐ブンタン」の名で栽培された．露地での熟期は3～4月，果実重は400g前後，やや剥きにくい．じょうのう膜からの肉離れはよく，果汁は少ないが味はよい．

イ）グレープフルーツ（Grapefruit, Pomelo）

グレープフルーツは，ブンタンとスイートオレンジの雑種である．グレープフルーツの名は，果実がブドウのように房状に着くためとか，果実の香りがブドウに似ているからともいわれている．

1830年頃，フロリダ州で最初の経済品種'ダンカン'（有核，果皮・果肉は淡黄色）が偶発実生として生じた．本種は，今もフロリダ州で主に加工用として栽培されている．1862年に，画期的な偶発実生として無核の'マーシュ'（別名：マーシュシードレス，果皮・果肉は淡黄色）が生じた．この'マーシュ'の枝変わり（キメラ）として1913年に果肉が赤色の'トムソン'（無核，果皮は淡黄色）が現われた．その後，無核で，果皮が赤みを帯び，果肉も赤色の'ルビーレッド'等様々な優良な品種が育成されている．

1958年に，カリフォルニア大学で2倍体の無酸ブンタンに4倍体のグレープフルーツを交雑し，3倍体の無核のグレープフルーツタイプが育成された．本種は'オロブランコ'といい，グレープフルーツより糖度が高く，酸味が少ない．果皮の着色が遅く，成熟期にも緑色が抜けず，緑果で店頭に並ぶ．イスラエルから「スイィティー」という商品名でわが国にも輸入されている．

カンキツの良質果は，果皮にツヤがあり，傷がなくズッシリと重い果実である．ネーブルオレンジはへその小さいものがよい．貯蔵方法は，温州ミカンと同じである．

(9) ユズ類

ア）ユズ（柚，柚子）

ユズは中国原産で，奈良時代にわが国に渡来し，古くから調理用として利用されてきた．果面が粗い（ユズ肌）ことから，古くはオニタチバナとよばれていた．中国では，昔，柚はユズを意味していたが，いつ頃からか，柚はザボンの名称に変わった．現在，中国ではユズのことを香橙と書く．

ユズの枝には，多数の鋭いトゲがある．しかし，ユズは長い間，実生繁殖されてきたために変異も多く，枝にトゲのないもの，無核のものもあるが，無核ユズは一般に小さい．無核で枝にトゲのない品種として'多田錦'があるが，これも普通系に比べ果実がやや小さい．

ユズは耐寒性が強く，栽植地は東北地方にまで及んでいる．耐病虫性も強く，カンキツの中では，数少ないヤノネカイガラムシ抵抗性であり，その抵抗性品種育成のための育種素材として利用されている．

普通系のユズは，果実重100～130g，有核である．10月中～下旬の7～8分着色期の果実が，果汁も多く，この時期に収穫されるが，8～9月の緑色果を利用することもある．低温貯蔵して，3月頃まで出荷される．酸が多いので生食は無理であるが，香味料，食酢，ユズ練と称してジャム・菓子類に用いられる．果皮は風呂に入れユズ湯とする．ユズ湯は血行を促進し，肌に潤いを与え，風邪の予防に役立つといわれる．ユズ香は神経をリラックスさせる．

ユズの血を引くものとして，カボス，スダチ，ハナユ，キズ等がある．

イ）カボス

カボスの来歴は明らかでないが，大分県臼杵市の言い伝えによれば，元禄8年（1695）に宗玄という医師が，京都である僧からもらい植えたとされている．大分県に樹齢200年以上と推定される古木が存在し，300年以上も前から利用されていたようである．果実重は100～150gである．カボスは緑色果で出荷すること，成熟に従い酸が減じること等を勘案して，9月上～中旬に採取する．果実を香り付け，食酢として利用する．日本料理，特にフグ料理には欠かせない．カボスの名は，ダイダイの古名「カブス」が訛ったものとされている．

ウ）スダチ

スダチの来歴は不明であるが，徳島県に古木がある．スダチは耐寒性が強く，病害虫の被害も少なく，栽培容易である．果実重は30～40gで，風味のよい8～10月の緑果ないし黄緑色の果実を採取し，香り付け，食酢として利用する．特に焼き魚には不可欠である．最近ではハウス栽培が盛ん

となり，初夏から市場に出回る．スダチの名は，酢タチバナの略という．

　　エ）ハナユ（花柚）

　ハナユは中国から渡来したといわれているが，詳細は明らかでなく，室町時代には存在していたと思われる．果実重は60g前後で，ユズに比べると香りが劣る．種子の中には単胚も混じる．用途はユズに似る．ハナユと称するのは，花の香気が高くて吸い物や料理に用い，果実より花を主にするところからこの名がある．木は小さく，盆栽に向く．

　その他に，キズ（木酢）がある．本種は50g前後で，古来，酢ミカンとして利用されてきたが，現在は自家用に供されている程度である．

（10）キンカン（金柑，Kumquat）

　キンカンは，四季咲き性で年に3回開花し，多くの場合，7月中旬に最も多く咲き，9～10月にも咲くが，5月に咲くのは稀である．枝にトゲを多く生じるものに，マルキンカン，マメキンカン（果実重1g前後で，盆栽用）があるが，それ以外の品種ではほとんどトゲを生じない．

　キンカンには，果実が球形ないし長球形で果実重11～13gのニンポウ（寧波）キンカン（別名：明和キンカン，ネイハキンカン），長卵形で果実重10～12gのナガキンカン（別名：ナガミキンカン），果実が球形で果実重5～8gのマルキンカン等がある．ナガキンカンは単胚性であるが，他のキンカンは多胚性である．

　わが国では7月に開花し，12月下旬頃に熟す果実の品質が最もよいとされる．果肉は酸味が強いが，果皮はやや厚く甘味があり，香気も強く食用にする他，糖果やマーマレードに利用される．木は小型で枝葉が密生し，葉も果実も美しいので，観賞用としても価値が高い．

　わが国における生果販売用としては，食味のよいニンポウキンカンの栽培が多い．最近育成されたキンカンに，ほぼ無核の'ぷちまる'がある．本品種は，現果樹研究所がナガキンカンに4倍体のニンポウキンカン（普通は2倍体）を交雑して育成し，平成11年に命名登録された3倍体キンカンである．果実重は11g前後，沖縄県等の暖地や施設栽培では20gにも達する．熟期は1月で，果皮に苦味がなく糖度が高い．

(11) カラタチ（キコク，Trifoliate orange）

　カラタチの葉は三出羽状複葉で，冬期に落葉する．果実は30～50g，果面に短毛が密生し，10月頃に成熟し黄色を呈するが，果汁は非常に酸味が強く，苦味もあり食用にはならない．カラタチは，カンキツトリステザウイルスには免疫性があるが，エクソコーティス・ウイロイドには罹病性である．耐寒性が極めて強く，青森県まで分布する．カラタチは，カンキツのわい性台木として利用されており，変異系として，さらにわい性の'ヒリュウ'がある．'ヒリュウ'は多胚性であるが，交雑胚に由来する交雑実生の出現が多い．交雑実生は'ヒリュウ'の特徴である枝の屈曲が少ない等の形態に違いがみられることから，これらの差異に基づいて珠心胚実生を幼苗時に選抜する必要がある．

　カラタチのもつ耐寒性や耐病性をカンキツに付与する目的で，米国ではスイートオレンジと属間交雑を行い，シトレンジ類が育成されているが，台木として利用されているに過ぎない．

　今後，生食用カンキツとして消費者側が望む品種は，果皮が剥きやすく，剥いた時に手に果汁が付着しないこと，種子がないこと，じょうのう膜が薄くそのまま食べれること，芳香があること，甘味が強く適度に酸があること等である．さらに，β-クリプトキサンチン，ノビレチン等のように機能性成分を多く含むことも重要である．栽培者側としては，作りやすく，豊産性で，自家和合性で自家摘果性を有すること等である．

3）こぼれ話

　カンキツに「柑橘」の漢字を当てるに至った経緯を近藤・大垣の『中国の柑橘』（1979）から要約しておく．"わが国における最古の漢和字書である『新撰字鏡』（898～901，昌住）に，初めて「甘橘」なる漢字が記載されている．その後，中国から伝来するカンキツも増え，柚，橙，枳，柑，橘等の名があることから，カンキツの種類に応じて，これらの漢字を使い分けていたのであろう．年代が経過するにつれて，わが国で出現するカンキツの種類も増え，これらを総称する必要性が出てきたことは容易に想像できる．『和漢三才図会』（1712，寺島良安）に"柑橘柚之類"と書かれてお

り，この頃からが「柑橘」なる語の始まりと推測されている．即ち，「柑橘」なる総称はわが国で生まれた名称である．なお，1700年頃の学者が柑橘なる文字を用いたのは，古くから柑は食用カンキツをさし，橘は薬用カンキツをさしていたことに由来する".

"沖に白帆が見える．あれは紀の国みかん船"という俗謡がある．これは，江戸時代の貞享2年（1685）にミカンの価格が高騰しいている江戸に，悪天候をおしてミカンを満載した船を紀州（大部分は今の和歌山県）から送り，一攫五万両の大金を儲けたという紀国屋文左衛門の話である．このミカンは紀州ミカンといい，現在の温州ミカンではない．この紀州ミカンは今日も12～1月に時々売られている．果実は小さく40～60g，種子が多く食べづらいが，甘く香りがあり美味しい．紀州ミカンは，温州ミカンがわが国に広く普及する明治時代中期まで主流品種であった．

紀州ミカンのわが国への由来は，明らかではない．熊本県に伝わる伝説として，景行天皇（記紀で第12代天皇）がAD 88年に肥後国小天（現熊本県天水町）に行幸され，カンキツの種子を下賜されたとか，神功皇后（じんぐう）が三韓を征しその帰途にカンキツを持ち帰り，これを肥後国八代（現八代市）に植えさせ賜うたという話が残っている．紀州ミカンの紀州への導入には幾つかの説がある．天正2年（1574）に紀州有田郡糸我の住人が，八代から苗木を持ち帰ったという説，元和5年（1619）に紀州藩主徳川頼宣が，ミカン苗木を八代から取り寄せたという説等である．

紀州ミカンの来歴については，もう1つ興味を引く話がある．AD 70年頃，垂仁天皇（記紀で第11代天皇）の命を受けて，田道間守（たじまもり）が常世国（遥か遠くの国）から，非時香菓（ときじくのかぐのこのみ）というカンキツを持ち帰ったという話である．『古事記』や『日本書紀』には，非時香菓はタチバナと記されている．後世になってこのタチバナに異論がとなえられた．タチバナは日本に広く原生分布し，また利用価値の少ないカンキツを，わざわざ遠方の国から持ち帰るとは思えないというものである．現在，これに関しては，牧野富太郎の紀州ミカン説と田中長三郎のダイダイ説がある．前者は，生死を賭して導入するからには，食用として価値の高い紀州ミカンであるというものであ

る．後者は，非時香菓は常に結実し，よい香りがするという意味であり，これに相応しい果実は，香りがあり食酢，薬用等として価値が高く，前年の果実も樹上になっているダイダイであるというものである．真相は知る由もないが，紀州ミカン，ダイダイとも，かなり古い時代に渡来したことには間違いない．

わが国原産の温州ミカンを何故「温州」と名付けたのか興味がわく．江戸時代に温州ミカンには「李夫人」「ハダヨシ」「薄皮クネンボ」「タネナシ蜜柑」「唐蜜柑」等多くの地方呼称があった．その呼称が温州ミカンという名称に統一されたのは，1800年代の前半ではないかと推定されている．浙江省温州は中国のカンキツ産地の中でも，品質の優れたカンキツを産する地域として知られている．恐らく，わが国の本草学者が中国の温州に思いをはせて，〈温州〉という文字を冠して「温州ミカン」と称したのではないかと推測されている．

ブンタン，ザボンの名の由来について岩政正男の『果樹品種名雑考』(1983)から引用すると，ザボンの呼称は，ポルトガル語のZamboaが転化したものであり，Zamboaはスリ・ランカ語のジャムボール（Jambole）に由来するという．ブンタン（文旦）の名称由来について，文は人の姓で，旦は俳優の意味である．つまり，昔，文という俳優の家に美味なる洋ナシ形のザボンがあり，そこから「文旦」の名が付いたという．一方，九州の阿久根地方では，元禄の頃，阿久根港に漂着した中国福州の船長，謝文旦が中国語の通訳に果実を贈り，その実生をもとに文旦が発生したと伝えられており，ブンタンの名称は船長の名に由来するといわれている．この話が仮に事実としても，文旦の名称由来は前者のものが正しく，謝文旦説は偶然の一致であろうとしている．

なお，ブンタンの英名をPummeloあるいはShaddockという．ブンタンは，Chaddock船長が西インド諸島のバルバドス島に最初に導入したという話は前述したが，当時の記録ではShaddockという名はないという．Captain Thomas Chaddockという名は現存したことから，Chaddockの頭文字CをSに書き違えたのではないかと考えられるが，真相は不明である．

ニンポウキンカンには，色々な呼び名がある．ニンポウキンカンの寧波は日本語読みでネイハなのでネイハキンカンともいう．本種は，中国浙紅省の原産で，宋時代（960〜1279）から栽培されていた．文政9年（1826），浙紅省寧波の船が遠州灘で難破し，清水港に船体修理のために寄航した時に，三保村折戸（現静岡市）の名主柴田権左衛門の世話に感謝した船員が，お礼にキンカンの種子を贈り，それを播いたのがわが国における始まりと伝えられている．本種は明和キンカンともいうが，明和は1764〜1772年の年代名であるから，年代が符合しない．これは，年代に由来するのではなく，ネイハがメイワに訛り，「明和」の字が当てられたものであろう．

　最後に，シィクワシャーの名前の由来を述べる．現在は本種のことをシィクワシャーというが，元来沖縄ではシークヮーサーとよんでいた．シークヮーサーの「シー」は「酸っぱい」，「クヮーサー」は「漬ける」「洗濯する」という意味である．昔，芭蕉布でできた衣類を一昼夜シィクワシャーの搾り汁に漬け，それを川の水で洗いながら棒でたたく洗濯法が行われていた．つまり，シィクワシャーという名は，"酢に漬ける，酢で洗濯する"ことに由来する．

　温州ミカンの花は愛媛県の，ナツミカンの花は山口県の，スダチの花は徳島県の県花である．

17. ビワ（枇杷，**Loquat**）

1）原生地と伝播

　ビワは，バラ科ビワ属の常緑樹で，ビワ属には20余種ある．その内ビワを含め5種を果実として利用するが，いずれも果実品質はビワより劣る．なお，学名は *Eriobotrya japonica* Lindl. で種名に「日本」の名がある．

　古来わが国にはビワの和名がなく，『本草和名』（918）では枇杷の唐韻をそのまま「比波」（ヒワ）としている．このことから，ビワは日本には原生せず，中国（原生地は中国の中・南部）から渡来したものとされていた．しかし，大分・山口・福井県等にビワの野生種がみられることから，日本にも原生分布していたと考えられている．中国での栽培歴は古く，既に周代

にビワの記載があり，6世紀に著された古書に果実の大きさや，白肉種と黄肉種の存在が記されている．

わが国におけるビワ栽培の歴史は明らかではないが，ビワが最初に文書で紹介されたのは，天平宝字6年（762）の正倉院の記録の中である．それによると，果実1升当たりの値段は"カキ・ミカンが100文，クリが50文，ウメが2文，ビワが0.25文"とあり，ビワ果実の評価が非常に低いことがうかがえる．その後，『三代実録』（901），『延喜式』（927）等や，江戸時代までの書籍にビワの記載がみられるが，果樹としては重要視されていなかったようである．

長崎出島に来日したスウェーデンのツンベルグ（1743～1828）は，1775～1776年にわが国の植物を採集している．その記録によると，長崎でもビワが栽培されており，「枇杷」をヒワ，ビワとよんでいたとある．当時，双方の名が用いられていたと思われる．当時のビワは，わが国に自生する小さな果実をつける在来系で，果実は丸く美味しいものではなかった．ビワが果実として注目されるようになったのは，江戸時代後期から明治時代にかけて中国から長形の大きな唐ビワと称するビワが導入され，これらが各地で実生繁殖され，'茂木''田中''楠'等の品種が生まれてからである．ビワ栽培が本格的に始まったのは明治30年代からであり，これらの品種を元に，多くの品種が育成された．現在の主要品種は，'茂木'が全面積の50％前後を占め，次が'田中''長崎早生''大房'である．主産地は長崎県が30％強を占め，次が鹿児島県，千葉県，愛媛県等である．

ビワ栽培は，中国，日本以外にも，スペイン，イタリア等の地中海沿岸諸国，米国，ブラジル等でも行われている．

なお，枇杷という呼称は，ビワの葉の形が楽器の琵琶に似ているところから，あるいは広葉に由来するという．

2）生理・生態等

ビワの耐寒性は，枝葉はカンキツより強いが，冬期に開花・結実するので花や幼果が寒害を受ける（蕾は－7℃，花は－5℃，幼果は－3℃が限界温度）．したがって，栽植に当たっては，冬期の最低気温が－3～－5℃に

頻繁に下がらない所を選ぶ必要がある．ビワは，果樹の中では比較的病虫害に強く，薬剤散布の少ない種類に属する．

　ただ，ビワ栽培での大きな問題点は，袋掛けを行うことである．これはモモチョッキリゾウムシ等の害虫防除や外観の美しい果実（果面の灰白色の毛じがとれると商品性が低下）を得るためだけでなく，紫斑症（赤あざ）やしわ果の発生防止，雨による裂果防止，さらに無袋の果実は剥皮が難しく食べにくくなることを防ぐために行い，現在では無袋栽培は困難である．袋掛けには多大な労力が必要となり，規模拡大を図ることを難しくしている一因である．

　ビワは両性花で，大半の品種は自家和合性であり，受粉樹を混植する必要はない．7月中旬～8月中旬に新梢の先端に花芽が形態分化し，秋に千成りヒョウタン状の花房となり，晩秋から2月にかけて順次開花し，5～6月に成熟する．果実は偽果で，花床が肥厚して多肉となったナシ状果である．果頂部にガク片が残存する．果面は灰白色の毛じが着生し，成熟すると白色の果粉でおおわれる．

主要品種の解説

　○ 茂木：天保・弘化（1830～1848）頃，当時長崎で女中奉公をしていた三浦シオが，奉公先の通詞からもらった唐ビワの種子を，茂木（現長崎市北浦町）の自家の畑に播種して得た偶発実生である．熟期は長崎県で5月下旬～6月上旬である．果実重は40g程度で，果形は長卵形，果皮は黄橙色，果肉は緻密で多汁である．糖含量は11～12％で，酸味が少なく，食味はよい．豊産性であるが，耐寒性がやや弱く，温暖・肥沃地でないとこの品種の特性を示さない．

　○ 田中：明治12年に長崎に旅行していた博物学者田中芳男が，唐ビワの種子を東京の自宅に播種して得た偶発実生である．明治20年に結実したとされる．熟期は'茂木'より7～10日遅い．果実重は60～70g，果形は短卵形で角張り，果皮は黄橙色，果肉はやや硬い．甘味は中程度で酸味が強く，早採りすると食味が著しく悪い．日持ちはビワの中ではよい．豊産性で，耐寒性は強い．

○ 長崎早生：長崎県果樹試験場が'茂木'に'本田早生'を交雑して育成し，昭和51年に品種登録された．熟期は'茂木'より約2週間早い．果実重は40～45g程度で，果形は長卵形，果皮は黄橙色，果肉は軟らかく，多汁である．糖含量は12～13％で'茂木'より1％ほど多く，酸味は'茂木'より少し強いが甘酸適和し，香気があり，食味は良好である．豊産性であるが，冬期に温暖な地域でないと生産が安定しない．早生品種でハウス栽培にも向く．

　その他，'大房(おおぶさ)'（農事試験場園芸部が育成．果実重は70～80gと大果で，時には130g)，最近，長崎県果樹試場が育成した'涼風(すずかぜ)' '麗月(れいげつ)'（施設栽培に適する），千葉県暖地園芸研究所が'田中'と'長崎早生'を交雑して育成した3倍体の無核品種'希房'（栽培には植物生長調節剤の処理が必要）等の有望品種がある．

　果実は生食する他，缶詰，ジャム，ゼリー等色々な加工品に利用される．なお，種子にはアミグダリン（青酸配糖体）を含むため，果実を利用する際，種子を破砕しないように注意する必要がある．

　ビワの良質果は，ヘタ（果柄）がしっかりしていること，果皮に張りがあり傷や変色がなく，毛じが密生し，左右対称に膨らんでいる果実である．ビワは日持ちが悪く，食べたい時に買ってすぐ食べるのがよい．

3）こぼれ話

　完熟したビワは極めて美味しい．ビワは，本当の実力より過小評価されている嫌いがある．過小評価される理由として，ビワ果実は打撲に弱く毛じがとれると商品価値を大きく損なうので，本来の味に達する少し前に収穫されること，種子等の廃棄部分が多いという先入観が強いこと等がある．実は，ビワの果肉歩合は70％で，イヨとバナナの60％より高い．

　また，わが国では古来からビワに対してよくない風評のあることも一因している．例えば，"ビワを植えると貧乏になる" "ビワを家に植えると病人が絶えない"等である．これらの風評は，ビワは樹勢が強く枝葉が繁茂するため日当たりや風通しが悪くなり，湿気も多くなるため，他の農作物の日陰になったり，健康によくないことに由来する．樹勢が強く枝葉が繁

茂する果樹は他にも多くあり，ビワだけがこの風評を受けることはビワにとっても合点がいかぬことであろう．

一方，お寺の境内でビワの樹をみかけることがあり，僧侶が民間薬として利用していたことがうかがえる．中国では"秋に葉を茂らせ，冬に花を咲かせ，春に実を結び，夏に成熟する"ことから，ビワは四季の気を一身に集めていて，優れた薬効があると考えられているようである．現に葉の裏面の毛じをぬぐい去ったものを枇杷葉（びわよう）と称し，煎じて飲用すると鎮咳や健胃の効果，利尿作用等がある．ビワの葉の他に，数種の薬物を加えた枇杷葉湯（びわようとう）が夏負けを防ぐ飲料として，江戸時代に大道で売られていた．種子には，鎮咳，去痰効果等がある．

ここで，一瀬 至の面白い逸話を紹介する．現在でも，長崎県茂木地方のビワ農家は枇杷のことを「ヒワ」とよんでいる．長崎県のあるビワ栽培の長老が，"「ヒワ」は悲話につながるが，「ビワ」は美話につながる．農家が丹精を込めて作った果実を悲話とするのはおかしい"という話である．篤農家のビワへの深い愛情を示すものとして，興味深い．

18. 特産果樹

1) アケビ（Akebia）

（1）原生地と伝播

Akebiaは，アケビ科アケビ属のつる性の木本落葉樹で，原生地は，中国，朝鮮半島，日本である．Akebiaの基本種は，掌状複葉をなす小葉の枚数や形態からアケビ（小葉5枚），ミツバアケビ（小葉3枚）の2種に分類される．その他，前2者の雑種と推定されるゴヨウアケビ（小葉3～5枚）がある．ここでは，これらを総称する時は，英名のAkebiaを用いた．

アケビは温暖地に多く本州，四国，九州に分布し，ミツバアケビは日本全域に分布するが寒冷地に多い．

アケビの語源は，果実が熟すと割れて白い果肉を現わすところから「明け美」「開け実」，ムベより熟期がやや早いので「秋ムベ」にちなむ，等諸説がある．

(2) 生理・生態等

Akebiaは栽培に当たっての気象的な制約は少ないが，日当たりのよい排水の良好な所を好む．果実と葉が触れ合うと果実がさび状になり，商品価値が低下するので，風の強い所を避ける．繁殖は，接ぎ木，挿し木，取り木により行う．

Akebiaは雌雄同株で，花序の基部に雌花を2～3花着け，先端部に多数の雄花を着ける．雌花は雄花より大きく容易に区別できる．自家不和合性のため，他品種・系統の混植が必要である．受粉は虫媒による．

果実は液果で，収穫時期は品種・系統により異なるが，8月下旬～10月中旬で，大半の品種・系統は熟すと紫色を帯びる．縦の裂開線がはっきりした軟らかい果実から収穫する．裂開した果実は商品性が低下するので，裂開前に収穫することが肝要である．果肉は淡黄白色，クリーム状で，その中に黒色の種子が多数ある．果肉にはあっさりとした甘味がある．

現在栽培されているAkebiaの多くは，大果で着色に優れるミツバアケビで，受粉樹としては花粉が多く，果実品質も比較的よいアケビを用いる．なお，アケビとミツバアケビの区別は，前述した葉の形態以外にガクの色でも区別がつく．前者は淡紫色であるのに対して，後者は濃黒紫色である．

主な品種としては，ミツバアケビから選抜したものが多く，長野県果樹試験場が選抜した'向方(むかがた)1号'，現群馬県農業技術センターが選抜した'紫宝(しほう)No.1'等がある．主産県は山形県であるが，愛媛県，群馬県等でも栽培されており，栽培面積は拡大傾向にある．

果実を生食，新芽を食用とする他，未熟な果実や果皮を漬物とする．果皮や未熟な果実を使った料理も多い．木部を乾燥させ煎じて服用すると（アケビン $C_{35}H_{56}O_{20}$ を含み漢方で木通(もくつう)という），利尿，消炎，鎮痛等の効果がある．また，乾燥させた果実を煎じ服用すると脳卒中の予防，目の炎症に効果があるという．ミツバアケビのツルは編み物，玩具細

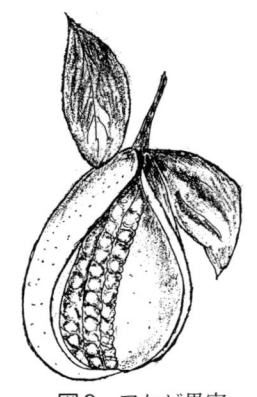

図9　アケビ果実
（池上　徹　画）

工，結束用等の材料として古くから利用されている．

Akebiaによく似た近縁種に，アケビ科ムベ属のムベがある．ムベは，つる性の木本常緑樹で，関東以西の本州から沖縄県，中国，台湾，朝鮮半島南部に分布する．果実は裂開せず，甘味が強く生食される．

3）こぼれ話

『延喜式』(927)に"朝廷の御料として貢進された"とトキワアケビの名が出てくるが，これはムベのことで，アケビの名が初めて認められるのは平安時代末から鎌倉時代の『山家集』(西行の家集，編者・成立年未詳)という．

Akebiaの新芽は，山形県，新潟県，長野県等では，「木の芽」「もえ」といい，山菜として浸し物や味噌汁の具，てんぷらとして使われる．ほろ苦い味がして美味しく，早春を感じる味である．

2）イチョウ（銀杏，Ginkgo）

(1) 原生地と伝播

イチョウは，裸子植物（雌花の心皮が子房を作らず胚珠が露出する植物群）のイチョウ科イチョウ属の落葉樹である．イチョウは生きた化石といわれ，その起源は古生代のデボン紀（約4億1000万年前～約3億6000万年前）にさかのぼるともいわれており，中世代のジュラ紀（約2億万年前～約1億4000万年前），白亜紀（約1億4000万年前～6500万年前）に最も繁栄したとされる．化石から推定すると，ジュラ紀においてイチョウ属植物は12種は存在し，地球上に広く分布したとされるが，新生代の氷河期に多くのイチョウは絶滅した．氷河期の中国は比較的温暖であったため，中国のイチョウは絶滅をまぬがれたと考えられている．現在のイチョウの原生地は，中国南部である．

イチョウは鴨脚樹，公孫樹とも書く．イチョウの語源は「鴨脚」の宋音アフキャクを，入宋した日本僧がヤーチャウと聞いたのをイーチャウと覚えたことによるとされる．

鴨脚樹という名は，葉の形が鴨の脚に似ていることに由来する．公孫樹は後世の異名で"イチョウの実は結実までに長年月を要し（実際は10～20

年），孫の代になる"という意味である．

　銀杏はイチョウともギンナンとも読むが，イチョウは植物名，ギンナンは種子をさす．ギンナンは銀杏の中国読みギンアンの連声(れんじょう)（2つの語が連接する時に生じる音変化の1つ）である．

　わが国にイチョウが伝来した時期については明らかでない．仏教とともに伝来したという説，宋（960～1279）の時代に日本へ伝わったという中国での通説等があるが，帝国森林会編（1962）『日本老樹名木天然記念樹』によると，樹齢2000年のイチョウが長野県に，1870年生が福岡県に，1600年生が広島県と大分県に，1550年生が長崎県に生存するとされる．これらの樹齢が正確であれば，上記の諸説は疑わしいことになる．いずれにせよ，かなり古い時代から神社仏閣や庭園に，また街路樹として植えられていたようである．イチョウをヨーロッパへ最初に紹介したのは，17世紀末に来日したドイツの学者ケンペル（1651～1716）である．

　わが国において，ギンナンの採取を目的に営利栽培された歴史は比較的新しく，50～60年前といわれている．イチョウの栽培面積1,000haほどあり，主産地は愛知県，大分県，福岡県であるが，他の地域でも散在樹的に植えられている．品種として'久寿(きゅうじゅ)''金平衛(きんぺえ)''藤九郎(とおくろう)''栄神(えいしん)'等がある．

(2) 生理・生態等

　ギンナンを植物学的にみると，被子植物のように子房に包まれた胚珠をもたないので，果実ではなく種子である．イチョウは，花粉管で精子が形成されることを平瀬作五郎が発見（1896）したことでも有名である．これは，種子植物における精子の存在を初めて発見したものである．

　イチョウは，耐寒性があり，全国的に栽培が可能であり，病害虫の被害はほとんどなく，栽培容易である．イチョウは雌雄異株で風媒で結実し，一説によると，花粉は1km以上飛ぶという．繁殖は挿し木，接ぎ木で行う．イチョウは性の転換をし，1枝が雌枝になることがある．

　多くの品種は熟期が10月中～下旬であるが，'金平衛'のように7月中旬頃に熟す早生系もある．7月出荷のものは「水ギンナン」ともよばれる．多汁質で一見果肉様にみえる外種皮は，独特の臭気を発し，この液に触れる

とかぶれることがある．中に中種皮（殻），内種皮（渋皮）があり，その中の胚乳と子葉を食用とする．なお，受粉したが受精しなかった場合には，子葉はできない．子葉があるものとないもので食用上に差はないが，子葉のないものは発芽しない．

　ギンナンは焼いて食べる他，料理に用いられる．ギンナンは漢方では白果といい，咳止め，痰切れをよくする効果があるとされ，また頻尿や夜尿症にも効果がある．ギンナンには微量の青酸配糖体を含むため，食べすぎないほうがよい．

　ギンナンの良質果は，丸形で大きく，殻が白く平滑であばた（小さな凹み）が少なく，よく乾燥したものである．

3）こぼれ話

　イチョウの学名は *Ginkgo biloba* L. という．属名 *Ginkgo* は，ドイツ人のケンペルが日本産の植物につい記した著書『廻国奇観』（日本語訳名，1712）の中で，銀杏の音読ギンキョウを Ginkyo と記載したが，リンネがそれをGinkgo と誤って記述したとされる．

　イチョウは，老木になると大枝や幹から乳房状の突起が下垂する気根（地上から出る根の総称）の発生することがある．これは，"乳"とよばれ，中にデンプンが蓄えられている．昔は，出産・授乳の信仰の対象になったという．また，雌木の葉縁に大胞子嚢を形成し，肥大して葉上銀杏を生じることがある．これはオハツキイチョウといわれ，イチョウが進化論的に胞子で繁殖するシダ植物とつながりを示すものとして興味深い．

　徳川氏の家紋は葵（三葉葵）であることはよく知られているが，徳川氏が三河に入国する以前は銀杏（剣銀杏）を家紋として用いていたとされる．

　イチョウの木は東京都，神奈川県，大阪府の県木である．

3）オリーブ（Olive）

（1）原生地と伝播

　オリーブは，モクセイ科オリーブ属の1種で常緑樹である．原生地は小アジア，地中海東部の沿岸，北アフリカ等諸説があり不明である．オリーブの学名は *Olea europaea* L. で，その種名に *europaea*（ヨーロッパの意）を用

いるほど人類が最も古くから利用していた果樹の1つである．BC 3000～BC 2000年にシリア，メソポタミア，イスラエルを中心とする中近東で栽培されていたとされる．オリーブは樹齢が長く，スペインのマジョルカ島には1000年を越える老樹が果実をならせているという．

わが国へのオリーブの導入について，果実はスペイン王から豊臣秀吉に贈られたとされ，苗木は文久年間（1861～1864）に幕府医学所の医師林洞海（どうかい）の意見によりフランスから導入され，横須賀に植えられたのが最初といわれていたが，結実をみずに終わっている．明治7年（1874）に佐野常民（日本赤十字社の創始者）がイタリアから苗木を持ち帰り，現東京都と和歌山県に植えたが，このうち和歌山県のものが結実した．これがわが国での最初の結実とされるが，栽培されるまでは至らなかった．明治12年，松方正義の発案で前田正名がフランスから苗木2,000本（3,000本とも）を内務省勧農局三田育種場に導入し，現神戸市の同附属農場に植え付け，さらに苗木を和歌山県，愛知県，高知県，鹿児島県に配布した．同農場では明治15年（1882）に結実し，わが国最初のオリーブ油と塩蔵果実が生産された．しかし，栽培そのものは順調ではなく，明治41年に農商務省が米国から導入した苗木を三重県，香川県，鹿児島県に配布・試作したが，香川県小豆島だけで順調に生育した．これが，わが国における栽培の最初の成功例である．現在，オリーブは香川県，岡山県等で少し栽培されている．

(2) 生理・生態等

オリーブは降雨量が少なく，乾燥する地域が適地と思われがちであるが，乾燥抵抗力は強いものの，水分が十分にある方が生育は順調である．気温については，温州ミカンが栽培できる地域であれば栽培可能であり，耐寒性も弱い方ではなく－8℃程度の低温にも耐える．オリーブは浅根性で強風により倒伏しやすいだけでなく，葉が硬く，葉擦れにより果実が傷つきやすいため，防風対策が必要である．オリーブは，果樹の中では石灰欠乏に弱い．繁殖は挿し木，接ぎ木等で行うが，現在，緑枝挿しにより能率的に苗木生産が行われている．

花は両性花（完全花）であるが，柱頭が退化して針状となった受粉不能な

不完全花が非常に多く，結実不良の一因となる．風媒花で，花粉の飛散は400m程度といわれている．自家不和合性の程度は品種間で大差があり，主要品種は強く，受粉樹の混植が必要である．交雑不和合性もあるが主要品種間ではほとんど問題にならない．主な品種に，スペイン系の'ミッション'，スペイン原産の'マンザニロ'，イタリア原産の'ルッカ'等がある．

オリーブの果実は，クチクラ層でおおわれた薄い外果皮，中果皮の果肉，内果皮の硬い核，中に1個，まれに2個の種子を含む石果である．果実にはオリュロペインという苦味成分が含まれているので生食には適さず，オリーブ油や塩蔵品（苛性ソーダで渋を抜く）として利用されている．塩蔵品には淡黄緑色になった未熟果を利用するグリーン・オリーブ（塩味と渋みがやや強い）と，紫色になった成熟果を利用するライプ・オリーブ（おだやかな風味）がある．収穫期は品種により異なるが，'ミッション'の場合，グリーン・オリーブで10月下旬～11月上旬，ライプ・オリーブで11月中～下旬である．

新鮮で傷のない果実の果肉のみを圧搾法で搾った油をバージンオイルとよび，緑がかった淡黄色で特有の芳香があり，精製（脱酸，脱臭）しないで食用とされる最高級の油である．オリーブ油は一価不飽和脂肪酸のオレイン酸（抗変異原性作用等がある）が60～80％と多いのが特徴で，各種脂肪酸をバランスよく含んでいる．オリーブ油は，食用油，マーガリンの原料とされる以外に，酸化安定性に優れ乾燥性の低い油であるため，頭髪油，化粧品等に利用される．

オリーブ油は口に含んだ時，ピリッとした苦味のあるものが最上品である．

3）こぼれ話

ギリシア神話では，学問・技芸・知恵等をつかさどる女神アテネ（アテナ）と海神ポセイドンがギリシアにある一つの都市の支配権を争った時，神々は相談の結果，人間に最も役に立つものを創造した者にその都市を与えることに決めた．アテネはオリーブを，ポセイドンは馬を作った．神々はオリーブの方が重要であると判断し，アテネにその都市を与えた．それ

が今日のギリシアの首都アテネの由来である．都市アテネの丘には，BC438年に女神アテネを祭るパルテノン神殿が竣工した．女神アテネの祭典で行われる競技の優勝者には，オリーブの枝で作った冠が与えられた．

古代ギリシアでは，オリーブの樹は痛みを予防・軽減するという言い伝えから，神の慈愛の象徴とされている．さらに，『旧約聖書』では，ノアの洪水の後，"鳩がオリーブの枝をくわえてきた"とあり，以来平和の象徴とされている．国際連合では，地球をオリーブの枝で囲んだ旗章を国連旗としている．

明治時代にわが国でオリーブを栽培する目的は，日清・日露戦争で確保した広大な漁場から獲れる魚類を，缶詰加工するためにオリーブ油が必要であり，缶詰を輸出して外貨を獲得するためであったとされている．

明治時代の初期において，外国から導入した果樹の栽培は，当時果樹生理に対する知識が乏しいため失敗した例が多い．オリーブの栽培もそうであり，不結実の原因として当初降雨等の気象条件を考えていた．しかし，主原因は自家不和合性が強い品種に対しても受粉樹を混植しなかったり，不完全花の発生が多く，その対策を知らなかったことによる．

オリーブは，香川県の県花，県木である．

4）カリン（花梨，Chinese quince）

(1) 原生地と伝播

カリンは，バラ科ボケ属の落葉樹で，原産地は中国であるが，原生地は不明である．中国では2000年前から漢方薬として用いられている．わが国への伝来は，弘法大師が中国から苗を持ち帰ったという話，『本草綱目啓蒙』(1803，小野蘭山が講義したものを，孫・門人が整理）に，藤原鎌足の死を聞いた在唐の彼の子が，中国の五台山から持ち帰り植えた安蘭樹（古くは，あんらじゅ）が大和多武峰の談山神社にあるという話（この安蘭樹はカリンのことである）等があるが，わが国への渡来時期は不明である．

(2) 生理・生態等

カリンは冷涼な気候を好み，耐寒性は強い．栽培適地はリンゴと同様と考えてよい．カリンは両性花で，自家和合性が弱く結実確保のため，異系

統を受粉樹として混植する必要がある．受粉は虫媒による．開花数は多いが，不完全花や子房の発育不良花が多く，このことが結実数を少なくする一因である．挿し木繁殖ができるが，普通は実生台に接ぎ木をする．主産地は，長野県，山形県，山梨県である．

果実はナシ状果である．収穫期は10月下旬〜11月中旬で，果実重は200〜500g，果形は一般に楕円形ないし倒卵円形，成熟すると芳香を放つ．果肉には石細胞が多く生食には適さず，ジャム，ゼリー，砂糖漬，果実酒等に，乾果は煎じて痰や咳止めに利用される．芳香があるため，部屋において香りを楽しんだりする．

カリンの近縁で酷似していることから，よく混同されるものにマルメロ（Quince）がある．マルメロは，バラ科マルメロ属の落葉樹で，原生地はイラン，トルキスタンである．ヨーロッパではギリシア，ローマ時代から栽培歴をもつ古い果樹である．カリンの果皮は無毛で，葉縁は鋸歯縁であり，マルメロの果皮には柔毛があり，葉は全縁（図8）で裏面には白毛があるので，区別できる．マルメロは，寛永11年（1634）に中国から長崎に渡来したとされ，現在，長野県，青森県，山形県等で栽培されている．用途はカリンに似る．

3）こぼれ話

カリンの和名の由来は，建築家具材として重用されるマメ科の花櫚と木目が似ているからという．カリンは，神社等に安蘭樹の名で植えられている．古くから痰や咳き止めとして利用されており，『和漢三才図会』（寺島良安，1712自序）にも，酒に浸し飲むと，痰が去ることが記されている．

カリンは"借りん"に通じることから，借金をしないですむと縁起を

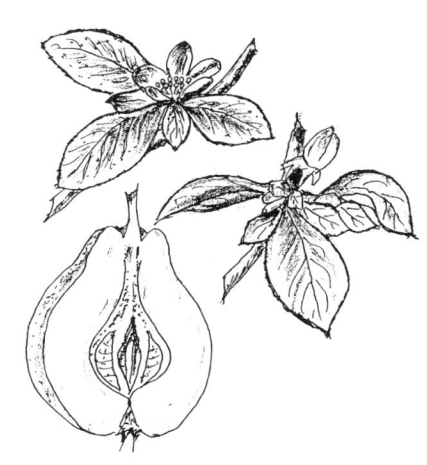

図10　カリン
（池上　徹　画）

かつぎ屋敷に植える地方がある．昭和54年頃，カリン酒が咳止めや喘息に効くという情報がマスコミから流され，栽培面積が増加している．

5) ザクロ（石榴，安石榴 Pomegranate）

(1) 原生地と伝播

ザクロは，ザクロ科ザクロ属の落葉樹である．原生地はイラン，アフガニスタン，西パキスタン，インド西北部といわれている．ザクロは約1200万年〜100万年前にさかのぼる古い植物であり，人類の歴史の中でも，最も古く栽培が始まった果樹の1つである．古代ギリシア時代にはカルタゴ人が愛好し，"カルタゴのリンゴ"という呼称があるほどである．ザクロの属名 *Punica* はラテン語の Punicus（カルタゴの）に，英名はラテン語の pomme granatum（種子の多いリンゴ）に由来する．中国への伝来は前漢の武帝の時代に張騫（〜BC 114）が西域から持ち帰ったとする説と，インド，チベットを経て3世紀に伝わったという説がある．

わが国へのザクロの渡来は，恐らく10〜11世紀で，中国からとされている．鎌倉時代中期にはすでに栽植され，江戸時代にはかなり普及していたようであるが，果樹園としての栽培はない．わが国では，ザクロは花木として，特に山梨県では甲州の八珍果の1つとして古くから庭木として利用されていた．果実は副産物として利用されるにすぎず，果樹として改良されずに終わっている．果樹として栽培している国も多く，米国からわが国に輸入されているザクロは，大果の'ワンダフル'が主体である．

「安石榴（あんせきりゅう）」という名は，安石は安息，榴は瘤（こぶ）で，即ち"安息国（イランの酋長アルサケスが建国した国で，BC 247〜AD 226）から伝わった瘤のような実がなる木"の意味という．石榴は安石榴の略である．

(2) 生理・生態等

ザクロは温暖な気候を好むが，わが国での北限は明らかでなく，青森県でも結実することが知られている．病害虫は，ほとんど見られない．繁殖法には，主幹の基部からたくさん発生する「ひこばえ」を株分けする方法もあるが，挿し木で容易に苗木が育成できる．

ザクロは両性花，自家和合性であり，受粉樹の混植や人工受粉の必要は

ない．果実は花床が発達したもので，先端に6裂した円筒状のガク（宿存ガク）が残る．熟期は9～10月で，果皮が黄赤色に変わり，わずか裂果した頃に収穫する．果径は10cmを超えるものもあるが，わが国の在来品種は5cm程度である．果実は果肉を形成せず，内部には6小室あり，薄い隔壁で区分されこれに沿って多くの種子が並ぶ．種子は多汁の外種皮に包まれ，この外種皮を食用とする．

　ザクロは，充実した枝の頂芽と，それに続く2～3芽のえき芽が翌年伸長し，その枝の先端に花芽を着ける．したがって，着花させるためには，結果枝の切り返し剪定を行わず，主として間引き剪定を行う．

　果実は生食する他，ジュース，シロップとして利用される．漢方では成熟果皮を石榴果皮（せきりゅうかひ）といい，慢性下痢，下血，脱肛，駆虫に効果がある．樹皮や根はアルカロイドのペレチェリン等を含み，駆虫剤，整腸剤等として，花は止血薬等として用いられる．

　わが国におけるザクロは花木としての品種が多く，八重咲き品種，一歳ザクロやヒメザクロのようにわい性で四季咲き性のものもある．

3) こぼれ話

　ザクロは，前述したように先端に6裂した円筒状のガクが残る．3000年前にユダヤのソロモン王はザクロの果樹園を開いたという．ソロモン王は果実のガクを見て王冠を思いつき，以降王位の象徴として，この形の王冠が継承されている．一方，ザクロは民主主義の表象とされている．これは，王冠はガクで廃棄部分，中にある多数の種子が可食部分であり，前者が不要な王，後者が大切な民衆であるという意味である．

　ザクロは種子が多いので，古代ギリシア・ローマでは豊穣の象徴とされ，中国では子孫繁栄の印として結婚式の祝宴等に供される．

　わが国でザクロが果樹として発達しなかった裏には，鬼子母神信仰があったように思われる．インドにおいて，鬼子母は邪悪で他人の子を殺し食べていたが，仏にさとされ帰依し，その後，産生と保育の神となった．仏は"もし人の肉を食べたい時には，この実を食べなさい"とザクロの実を与えたと伝えられている．この伝説から，ザクロの実は人肉の味がすると

いう誤った風評が広まった．反対に，茨城県では子供をザクロの木の下で遊ばせると，疳の虫を封じるという言い伝えや，中国のようにザクロを植えると家が栄え，子宝に恵まれる吉木とする地域もある．

なお，ザクロは果実が熟すと口を開けることから，馬鹿の隠語として用いられる．

6）ハスカップ

(1) 原生地と伝播

ハスカップは，スイカズラ科スイカズラ属の落葉性低木（低木：樹高がほぼ2mを超えないもの）である．ハスカップの和名は，一般にクロミノウグイスカズラとされるが，正確にはクロミノウグイスカズラと同属のケヨノミの総称である．クロミノウグイスカズラは，北海道，本州中部以北，南千島，朝鮮半島，中国東北部，東シベリアに原生分布し，ケヨノミの分布地もおおむね重なる．なお，クロミノウグイスカズラは低地に，ケヨノミは標高の高い所に多く見られる．ハスカップを畑地で栽培すると自生地より良好な生育を示し，収量も多くなる．このことから，ハスカップの自生地が連続せずに散在する理由として，良好な環境条件下では他の植物との競合に負けるためと推測されている．栽培されているハスカップの多くは，クロミノウグイスカズラである．

(2) 生理・生態等

クロミノウグイスカズラは，樹高1～2mで，地際から多くの枝を発生してブッシュ状の樹形を形成する．葉や新梢の毛じは少ないか，ない．ケヨノミは，クロミノウグイスカズラと比べて樹体は小さいく，葉や新梢に毛じが密生するが，葉，花，果実の形態は類似する．

ハスカップの土壌適応性は広く，土壌凍結する地帯でも栽培されていることからも耐寒性は非常に強い．耐暑性は暖地での栽培試験がないため不明であるが，夏期の高温が問題になる可能性はある．繁殖は一般に挿し木（休眠枝挿し）で行うが，取り木，株分け繁殖も容易である．挿し木苗では2～3年で結実する．

ハスカップは，両性花，新梢の基部節の花が最初に咲き，新梢の伸長に

つれて順次開花して行くため，開花期間が長い．果実の成熟も基部節から進んで行き，果実の成熟期間は2～3週間に及ぶ．多くの系統は自家和合性が低いため，結実を確保するために他の品種・系統を混植する必要がある．なお，北海道立中央農業試験場は，自家和合性が比較的高く果実の大きい'ゆうふつ'等の優良品種・系統を選抜している．

　ハスカップの平均的開花期は，北海道の中央部で5月中～下旬とまだ気温が低い時期であり，訪花昆虫の活動が鈍い．このことが生産不安定の大きな要因となっているため，防風施設を設置し，訪花昆虫の活動を助ける必要がある．

　ハスカップの熟期は，6月下旬～7月下旬である．果実は2個の子房が合体してできた液果で，成熟果は赤黒色あるいは青黒色，果実重は0.5～1g前後，果実の中に極めて小さな種子を多く含む（ジャムにした時，気にならない）．果形は変異に富むが，一般に長円形，卵形，円筒形が多い．生果の貯蔵は非常に困難で，普通は冷凍貯蔵される．

　ハスカップは，他の果実に比べ100g当たりの鉄（0.6mg，バナナ0.3mg），ビタミンC（44mg，リンゴ4mg），ビタミンE（1.1mg，バナナ0.5mg）が多く，ポリフェノール，食物繊維，有機酸も多く含む．昔から「貧血に効く」「不老長寿の果実」といわれてきた由縁である．糖含量は10～13％，中には15％を超える系統も選抜されているが，酸含量が2.5～3.5％と多い．果実は生食する他，ジャム，フルーツソース，果実酒，菓子類等に利用される．

3）こぼれ話

　アイヌでは，ハスカップを不老長寿の果実として愛用していた．ハスカップとは，アイヌ語で"枝の上にたくさん実のなる木"を意味する「ハシカプ」に由来する．地方により独特な呼び名があり，釧路地方では「ヤチグミ」，勇払周辺では「ユノミ」，等で古くから人々に親しまれてきた．

　産業としてのハスカップの歴史は昭和8年からと新しく，苫小牧市の製菓業者が自生している樹から果実を採取し，加工製品を販売したのが最初である．その後，次第に需要が増加し，農家による組織的な栽培が始まった

のは，1970年代からである．果実の取引価格が非常に高く，特に有利な転作作物として北海道で急速に栽培面積が増加していった．

7) その他の特産果樹

(1) キイチゴ (Bramble)

キイチゴは，バラ科キイチゴ属に属する落葉性または常緑性低木である．雑種ができやすく，また研究者により種の数が異なることでわかるように，分類の困難な属である．キイチゴは世界各地に分布し，特に北半球に多く存在する．果樹園芸学的には栽培種を，ラズベリー（果色により，赤ラズベリー，紫ラズベリー，黒ラズベリーがある），ブラックベリー，デューベリーの3種に大別するが，植物分類学者はブラックベリーとデューベリーとを区別しない．それぞれに多くの品種がある．キイチゴには，11倍体までの倍数体がある．

ラズベリーはヨーロッパおよび北アメリカの原生種から，ブラックベリーとデューベリーは主に北アメリカの原生種から改良されたものである．キイチゴの多くは枝にトゲを生じるが，トゲのない品種もある．ラズベリーは成熟すると果実は花床（花托）から容易に離脱するが，ブラックベリー，デューベリーは花床から離脱しない点が異なる．ブラックベリーとデューベリーの相違は，前者は枝が直立性また匍匐性等種々の性質を示し，開花は基部から順次先端部に及ぶ．一方，後者は一般に匍匐性で，開花は中心部から周囲に及び，1花序中の花数は少ない等である．ブラックベリーとデューベリーの果皮は黒皮〜濃赤色であるが，ブラックベリーにはしばしば白色のものがある．

キイチゴの野生果実は古くから利用されていたが，栽培歴は新しい．ラズベリーは16世紀になって初めてイギリスで栽培され，移民により米国に持ち込まれて，漸次，品種改良されていった．ブラックベリーとデューベリーは19世紀後半に米国で品種改良が進み，3種とも米国を中心に発展した．なお，デューベリーは，ブラックベリーと比べ果実が大きく，外観，風味とも優れるため，ブラックベリーに代わりつつある．

ラズベリーは冷涼な気候を好み耐寒性が強く，寒冷地でよく生育するが，

ブラックベリー，デューベリーはそれより弱く，−20℃が限界温度とされている．繁殖には，ブラックベリーは根挿し，株分けが，デューベリーは根挿し，取り木が，また赤ラズベリーは株分けが，紫ラズベリー，黒ラズベリーは取り木が向く．

キイチゴは両性花，虫媒花で一般に自家和合性であり，放任状態でもよく結実する．ただ，生産寿命は10年前後と短い．果実は花床の上に小さな石果が多数集まった集合果で，キイチゴ状果とよばれる．熟期は札幌において7月下旬頃で，1品種の収穫期間は25〜30日に及ぶ．果径は2〜4g内外で，甘味，酸味，香気がある．果実の日持ちは，常温で1〜2日，冷蔵しても3日位と悪い．長期貯蔵には冷凍する．果実は生食する他，果実酒，ジャム，ゼリー，ジュース等として利用される．

キイチゴは，わが国にも主なもので40種前後の野生種が知られており，その内，果実が利用できるものにエビガライチゴ，カジイチゴ，クマイチゴ，バライチゴ，モミジイチゴ等があるが，果樹としては栽培されていない．キイチゴの名は，草イチゴに対して木になるイチゴの意味で，『延喜式』(927)に"覆盆子"と記されており，儀式祭礼用の果実として宮廷内で栽培されていた．以降，室町時代までは，果実を食用に供していたが，江戸時代になると果樹から除外されている．明治6年(1873)に明治政府は，米国からラズベリーとブラックベリーを導入し，試作・普及に努めたが，経済果樹として普及するまでには至らなかった．最近，キイチゴに対する関心が高まっている．

(2) グミ (Oleaster, Gumi)

グミは，グミ科グミ属の総称で，約60種が北半球に原生分布する．常緑性と落葉性があり，小枝が変形したトゲをもつものが多い．わが国には17種前後分布するが，ほとんどが野生種であり，果樹として改良されていない．グミは，"ぐい(有刺植物)の実"の意といわれる．

落葉性のグミは広く日本全土に分布し，常緑性のグミは本州中部から四国，九州に分布する．根粒を有し窒素固定を行う．根粒菌はマメ科植物に付くリゾビウム属とは異なり，放線菌の一種であるフランキア属の菌であ

る．したがって，グミは荒地や砂丘地でも育ち，強健なので都会の緑化木，治山用樹木として向く．観賞用として庭木，生垣にも用いられる．

繁殖は挿し木，株分け，接ぎ木等で行うが，発根が容易なため挿し木で苗木を生産することが多い．花は両性花，時に雌雄混株で，自家和合性である．開花後，果実は萼筒（がくとう）が肥厚して多汁の中果皮を形成し，石果状を呈する．

わが国に自生する常緑性のグミとしてナワシログミ，マルバグミ，ツルグミ等があり，落葉性のグミとしてアキグミ，ナツグミ，ナツグミの変種でトゲのないトウグミ等がある．トウグミの中で特に果実の大きいものをダイオウグミ（ビックリグミ）という．ダイオウグミは5〜6月に赤く熟し，果実の長径は20mm前後，10g程度になり，栽培種として苗木が販売されている．アキグミは10月に熟し，小粒のものが多く渋味や酸味が強く，ナツグミより品質は劣る．グミは十分に熟さないと，渋味が残るので，よく熟すのを待って食べる．ジャム，果実酒にもする．材は粘り強く，農具・工具の柄とする．種子を乾燥させたものを漢方では胡頽子（こたいし）といい，下痢止めに効くという．葉はタンニンを含み，鳥取県ではアキグミの新芽を摘み茶として利用し，胃病に効くとか．

昔，ある地方ではその年の稲作の豊凶を，アキグミの着果の多少で占ったという．

(3) クランベリー（Cranberry）

クランベリーは，ツツジ科スノキ属の1種で，つる性の木本常緑樹である．北アメリカ北東部の湿地に自生するオオミノツルコケモモから選抜した果樹で，多くの品種がある．米国では非常に古い時代から先住民の食料とされてきたが，経済栽培は1815年頃にマサチューセッツ州で始まり，1830年頃にはかなり普及していた模様である．わが国には，昭和42年に初めて北海道大学農学部に導入されている．クランベリーは冷涼な気候を好み，泥炭地や腐食の多い湿地の酸性土壌を好む．挿し木繁殖が容易であり，挿し木した翌年に少しは結実するが，本格的な収穫は3〜4年目からである．

クランベリーという名は，花茎についた花冠の状態が，鶴（crane）の頭部

と首に似ていることに由来し，クレインベリーとよばれていたが，後に短縮してクランベリーとよばれるようになった．

　花は両性花で虫媒受粉され，果実は種子数に比例して大きくなる．果実は偽果の液果で，9〜10月に紅色または暗紅色に熟し，果径1〜2cm，酸味が強く，やや渋味があり，生食には向かない．クランベリーの品質で重要な要素は，アントシアニンの含量である．果実をジュース，ジャム，ゼリー，ソース等として利用する．特にソースは，感謝祭やクリスマスの七面鳥料理に欠くことができない．－1℃で冷蔵すれば1〜2カ月の保存が可能で，－20℃以下の冷凍貯蔵では数年間の貯蔵ができる．

　米国の先住民の間では，クランベリーを"平和の野イチゴ"と称し，難題の話し合いにはクランベリーを食べて臨んだという．なお，感謝祭とは，メーフラワー号でアメリカ大陸に渡ったキリスト教徒たちが，荒地を開拓して収穫を得，建国の基礎を作った働きをたたえる祭で，11月の第4木曜日に行う．

　わが国に自生する近縁種にコケモモ，ツルコケモモ等があるが，野生果実の域を超えない．

　(4) クワ（Mulberry）

　クワは，クワ科クワ属の植物の総称で，アジア東部から西南部，ジャワ島，スマトラ島，アフリカ西南部，北アメリカ南部から南アメリカ西部に原生分布する．落葉樹であるが，温暖地では常緑的になる．主な種に日本を含む東アジア，東南アジア，ヒマラヤに分布するヤマグワ（単にクワ），中国および朝鮮半島原産のマグワ（トウグワ），中国原産のログウ（ロソウ），カフカス原産のクロミグワ，北アメリカ原産のアカミグワ等がある．マグワ，クロミグワ，アカミグワは英語でそれぞれ，white mulberry, black mulberry, red mulberryといい，欧米では果実用として栽培されている．

　わが国では，『日本書紀』の仁徳天皇（5世紀前半の天皇）の記事に桑や蚕の記載があり，奈良時代以前に栽培されていたと考えられる．

　クワの語源については，色々な説があり，貝原益軒の『日本釈名』(1700)によると，"クは食うで，ワ（ハ）は蚕が食う葉"に由来するという．

クワは，北海道から沖縄にかけて広く分布し，土壌適応性も広い．多くの品種は雌花または雄花のみの雌雄異株であるが，まれに雌雄同株や両性花も存在する．風媒花である．基本的には自家不和合性であるうえに，果実採取用の品種は，大部分が雌花のみを着生するため，雄花を有する受粉樹の混植が必要である．挿し木繁殖は可能であるが，発根性が劣る品種が多いので，通常，接ぎ木繁殖を行う．

　クワ果実は，1個の花序に密集した各花の子房が成熟して，1個の果実状になるクワ状果とよばれるものである．果実の熟期は6月で，果実は熟すと赤紫色〜黒紫色を呈するが，白色の品種もある．果実は多汁で，甘味，酸味のいずれもあり，果実は生食する他，ジャム，ジュース，果実酒等として利用される．果実は軟らかく水分が多いため，日持ちは悪い．このため，青果物としての大規模な流通は行われていない．農林水産省蚕糸・昆虫技術研究所の調査では，果樹として有望な品種として'一ノ瀬'（果実重約1.5g，山梨県原産，養蚕用としても主流品種），'カタネオ'（約3.5g，イタリア原産か），'大唐桑'（約7g，中国南部原産）がある．

　クワの葉は養蚕に利用されるのが最大の用途であるが，葉をクワ茶として利用する他，若い枝，根の皮を薬用とする．漢方では，果実を桑椹子といい滋養，強壮，貧血，養毛等に効果がある．

　ウズベキスタンでは，クワの白い果実を食べると血液が浄化されると信じられており，赤紫色〜黒紫色の果実より高値で取引されているという．科学的に検証できれば面白い．

（5）サンザシ（山査子，Hawthorn）

　サンザシは，バラ科サンザシ属の1種（後述）をさすが，サンザシ属の総称として用いることもある．ここでは，後者の意味で使用する．サンザシは，通常トゲのある落葉性低木で，北半球の温帯地方に約1,000種存在するといわれており，特に北アメリカに多い．植物としての中国名が「山査」，その果実が「山査子」で和名のサンザシはこれによる．

　サンザシは，乾燥したやせ地でもよく生育する．繁殖は接ぎ木により行うが，根挿し繁殖も容易である．

サンザシ属の中で，果樹として栽培されているのは，中国北部に原生分布しているオオサンザシの変種オオミサンザシで，枝にはトゲを有するもの，ないものがある．中国で本種が栽培されたのは15世紀以降で，わが国にも江戸時代中期に伝来したとされるが，観賞用程度に植えられているにすぎない．

サンザシの果実はナシ状果で，7～10月に熟し，果径2～3cmで宿存ガクがあり，果形は円形または洋梨形，果皮は紅色で鮮明な果点がある．中国北部では重要な果樹の1つであり，生食するが余り美味しくはない．その他，ゼリー，乾果，糖果等に加工される．果実はビタミンAとCに富む．果実は利尿，通経に効果があり，また血管を拡張して血圧を下げる作用があるという．

享保19年(1734)に朝鮮から中国中部原生の「サンザシ」が薬用植物として伝来している(それ以前ともいわれている)．枝にはトゲがある．果樹としての価値は少ないが，食べることは可能であり，また庭木，盆栽用に利用される．わが国にもサンザシ属の植物としてエゾサンザシが長野県，北海道に，アラゲアカサンザシとクロミサンザシが北海道に自生するが，食用にはならない．

サンザシは，イギリスでは，長い冬が去って待ちかねた春，5月になって咲くのでMay flowerとよび親しまれている．サンザシの刺にはキリストの荊冠(けいかん)の伝説がある．捕えられたキリストがサンザシの冠を頭に載せられた時に飛び散った血がサンザシを清め，これによりサンザシの木は厄除けとされている．

(6) スグリ類

スグリ類とは，ユキノシタ科スグリ属(約150種ある)で，果樹として利用されているものの総称である(なお，スグリ属の総称名として用いる場合もある)．スグリ属は一般には落葉性低木であるが，まれに常緑のものもある．果実は宿存ガク性の液果で，通常は種子が多い．

スグリ類には，スグリとフサスグリがある．スグリの栽培は16世紀にイギリス，オランダ，ドイツで始められたとされ(イギリスでは13世紀頃と

もいう），ガチョウや魚料理の味付けソースの材料として利用されていたようである．その後イギリスを中心に品種改良，栽培が進み，1820年代には185品種あったとされる．米国では先住民が野生の果実を利用していた．新大陸発見後，イギリスから多数の品種が米国に導入されたが，気候に合わず多くは失敗に終わった．19世紀に入り米国は自国の野生種を用いて品種改良を行い，優良系統を選抜した．一方，フサスグリが最初に文献に登場したのは1550年代であり，イギリスで庭園果樹として利用されていたことが記載されており，1820年代には35品種・系統があったとされる．

わが国にはスグリ，フサスグリとも明治6年に，開拓使が米国から導入・試作したが，経済果樹に発展するまでには至らなかった．その後数回にわたり導入が試みられ，現在，スグリは岩手県等で，フサスグリは青森県等でわずかに栽培されている．

スグリ類は夏期に冷涼な気候を好み，耐寒性は極めて強い．特に，フサスグリは耐陰性があり，半陰地でもよく育つ．暖地では病害虫の発生が多く，花芽の着生も少ない．栽培可能な果樹の少ない寒冷地において，スグリ類は樹が小型で庭の隅に植えることができ，自家果樹としても適している．熟期は品種により異なるが，7月中旬〜8月上旬である．

　ア）スグリ（Gooseberry）

現在の栽培種は，北アメリカに原生するアメリカスグリとヨーロッパからカフカス，北アフリカ等に原生するセイヨウスグリ（オオスグリ）から改良されたものが多く，両者の雑種もある．スグリは果実が単生または3〜4果着生するが房状にならない．両性花で大部分の品種は自家和合性であり，単植でよく結実する．繁殖は挿し木，取り木，株分けで行うが，一般には休眠枝挿しでの繁殖が多い（フサスグリの繁殖も同じ）．ただ，セイヨウスグリは挿し木の活着率が低いので，取り木か株分けがよい．

アメリカスグリは樹勢が強く，一般にトゲはないが，たまに生育のよい太い枝の基部に小トゲを着ける．果実は小さく球形，果径1.3〜1.8cmで，熟すと果皮は紫色ないし黒色になる．うどんこ病にも概して強い．一方，セイヨウスグリはやや樹勢が弱く，枝にトゲがある．果実は大きく球形〜楕

円形で長さ3〜4cmで，熟すと果皮は品種により赤色，黄色，緑色になる．うどんこ病に弱い．セイヨウスグリ系の'ドイツ大玉''赤実大玉（あかみおおだま）'は生食用として好まれる．

甘い品種は生食にするが，多くはジャム，ゼリー，ジュース，果実酒等に利用される．フサスグリと同様に，日持ちが悪く，収穫後直ちに冷蔵した場合，1週間程度保存できるが，長期貯蔵する場合には冷凍する必要がある．

Gooseberryという名は，ガチョウ（Goose）の料理に味付けする液果（berry）の意味に由来する．

なお，スグリの名称は日本の野生種にも用いられる．これは，長野県や山梨県に自生するアメリカスグリに近い種で，品種改良されなかった．果実は生食する他，若い果実は塩漬にされる．スグリは，漢字として"酸塊"を当てるが，これは果実が"酸っぱくて丸いもの"の意である．

　　イ）フサスグリ（Currant）

フサスグリには，果実の色により，ヨーロッパ西北部の原生種とヨーロッパ中・北部，アジア東北部の原生種から改良された赤色系（アカフサスグリ）とヨーロッパ，中央アジアの原生種から改良された黒色系（クロフサスグリ）がある．両者とも果実は球形で，果径1cm位である．アカフサスグリには，果皮が白いシロフサスグリという変種がある．フサスグリの樹はスグリに似るが，樹高は約1.5mとスグリ（1.0〜1.5m）より高い．果実が房状になり，枝にトゲはない．両性花で自家和合性が強く，単植でよく結実する．用途はスグリと同じである．なお，クロフサスグリは熟すと脱粒しやすい．アカフサスグリは，果実がルビーのように美しく，庭木，盆栽にも向く．

フサスグリにはその他，北アメリカ原生のアメリカフサスグリがある．本種は，クロフサスグリに似た味である．

　◆小果類◆液果で低木性果樹の総称で，スグリ類，キイチゴ，ブルーベリー，クランベリー，ハスカップ等がある．収穫期が長期にわたる上に，果実が小粒，軟弱なものが多く，収穫に多大の労力がかかる．さらに，日持ちが悪い

ため，生果として利用される量には限度があるが，加工原料としては優れている．わが国では，従来，家庭果樹の域を脱しなかったが，最近，食生活の多様化に伴い，果実加工品の需要が急増している．わが国での栽培が増加するためには，外国との輸入競合を考えると，生産コスト低減が最重要課題である．

(7) セイヨウカリン（Medlar）

セイヨウカリンは，バラ科セイヨウカリン属の落葉樹である．原生地は南ヨーロッパから西南アジアとされる．ヨーロッパでは古くから果樹として栽培されてきたが，現在は果樹として栽培するより，生垣樹としての利用が多い．わが国には明治時代初期に米国から導入されたが，わずか観賞木，盆栽として利用されたにすぎない．

セイヨウカリンは耐寒性が強く，栽培容易である．欧米ではセイヨウナシの台木に利用されている．繁殖は接ぎ木による．

花は両性花で，新梢の先端に1個着く．小枝はトゲに変形することがある．石果で，10～11月に熟し，果皮は褐色になる．果形は扁円形または洋梨形で，果径3～5cm，頂部に葉状の宿存ガクを残す．収穫直後の果実は硬く，渋味と酸味があり生食に適さずジャムやゼリーの原料とされるが，追熟したり樹上で初冬まで放置して軟化させると美味になる．

図11 セイヨウカリン果実
（小学館，園芸植物大事典より梅林正芳 画）

(8) ナツメ（棗，Jujube）

ナツメは，クロウメモドキ科ナツメ属の1種であるサネブトナツメ（シナナツメ）を基本種として改良された変種の総称として扱うのが一般的である．なお，変種のうち，トゲのないものをナツメとして区別する見解もある．落葉樹である．サネブトナツメの原生地は，ヨーロッパ東南部～アジア南部とされているが，明らかでない．

中国では紀元前から栽培され，重要な果樹である．現在中国では400品種以上あるという．わが国にはナツメの野生はなく，中国から古い時代に渡来したもので，万葉時代には生食し，干しナツメを薬用としていた．『延喜式』(927)には信濃(長野県)，丹後(京都府)，因幡(鳥取県)，美作(岡山県)，備前(岡山県)，阿波(徳島県)の国々から干しナツメが献上されたとある．このように，平安時代以降，菓子として利用されてきたが経済栽培されたことはなく，明治時代以降も庭先果樹として植えられていたに過ぎない．現在，岐阜県等でわずかに栽培されている．

　ナツメの語源は，夏芽で初夏に芽を出すことによる．抹茶の容器「棗」は，ナツメ果実の形状に由来するという．

　ナツメは耐寒性，耐暑性があり，北限はほぼリンゴに類似する．アルカリ性土壌にも耐え，土壌乾燥にも強い．花は両性花で自家和合性である．繁殖は，主にヒコバエを利用する株分けで行うが，大量に苗木を育成するには根挿しがよい．中国では，古くから刪樹（さくじゅ）(一種の環状剥皮)という主幹や主枝に傷をつける着果促進法が行われている．

　果実は石果，果形は球形，長球形で通常3～8g程度で，中には50gになる品種もあり，中心に核がある(無核品種もある)．熟期は9～10月で，果皮は暗赤褐色，果肉はリンゴに類し酸味を帯びる．

　果実は生食する他，乾果として菓子等に利用される．果実をかるく湯通しして乾燥させたものを大棗（たいそう），種子を酸棗仁（さんそうにん）といい，漢方薬(強壮，健胃，鎮静，催眠薬等)に用いる．材は堅く，車軸や印材となる．

　ナツメ属には約40種分布しているが，果樹として重要なものは，上述したナツメとインドナツメ(イヌナツメ)である．インドナツメの原生地はインドである．熱帯・亜熱帯地方では，ナツメよりさらに耐暑性のあるインドナツメが栽培，利用されている．

　(9) ポポー(ポーポー，Papaw，Pawpaw)

　ポポーは，バンレイシ科ポポー属の落葉樹である．ポポーはバンレイシ科で唯一の温帯果樹である．原生地は北アメリカ東部の中～北部であり，わが国には明治27年(1894)頃，現東京大学大学院理学系研究科附属植物園

本園に導入されたが，果樹としては発達せず，時に庭先に植えられている程度である．

　ポポーは耐寒性が強く，病害虫にも強いので無農薬で作れ，東北から九州に至る地域で栽培できるが，土壌を乾燥させない管理が重要である．花が大きく美しく，秋の黄葉も美しいので，庭木向きの果樹である．繁殖は，過去には実生で行っていたが，品質等に変異が多いので，接ぎ木で行う方がよい．また，ポポーの根は浅く地表をはしり，所々で発芽して個体を生じるのでこれを株分けするか，根挿し繁殖も可能である．

　ポポーは両性花であるが，雌雄異熟（雌ずい先熟）で自家不和合性の強いものが多いので，雌ずいと雄ずいの受粉状態が似ている他品種の混植が必要である．ポポーの葉と花の形状はカキに似るが，果実は液果，アケビに似て長楕円形で100～200gのものが多い．熟期は9月中旬～10月中旬で，樹上で完熟させると落果しやすくなるので，やや未熟果を収穫して追熟させる．果皮にいくらか弾力性が出てきた時が食べ頃である．熟すと果皮は黒褐色，果肉は橙黄色になる品種が多く，クリーム状で甘味が強い．生食するが，特有の強い香りがあり，この香りを異臭として嫌う人も多い．

　ポポーは，明治38年頃に，京都府農事試験場にも導入されている．その導入経過が面白い．京都の郵便局へ米国から荷札のとれた小包が届いた．開けてみると苗木が入っていたので，処置に困り試験場に届けたところよく育ち結実したとのことである．

（左）果実のついた枝　（右）花のついた枝

図12　ポポー
（池上　徹　画）

(10) ヤマモモ（楊梅，Wax myrtle）

　ヤマモモは，ヤマモモ科ヤマモモ属の常緑樹で，原生地は中国南部，日本中部以西である．中国からモモ（ケモモ）が渡来するまでは，モモと称せられていたもので，名前の由来は"山に自生して食べられる果実（モモは果実の総称）"である．ヤマモモの歴史は古く，中国では紀元前から利用されており，わが国でも『延喜式』（927）や『枕草子』（平安時代中期，清少納言）等にも記されている．江戸時代の『農業全書』（1697，宮崎安貞）には育成方法が記載され，特に，阿波藩で保護され，飢饉時の代用食にも用いられていた．現在，徳島県，高知県で少し栽培されており，'瑞光'（中国福建省原産），わが国で見出された中国系と推定される'森口'等の品種がある．ヤマモモの変種として白色に熟すシロヤマモモがある．

　ヤマモモは雌雄異株，風媒花で，花粉は2〜4km以上飛び，この範囲に雄株があれば着果するといわれているが，着果安定のためには，雄株を混植する必要がある．隔年結果が著しい．ヤマモモは放線菌により根粒を形成し窒素固定をするので，やせ地でもよく生育し，強酸性土壌にも耐える．低肥料，低農薬で栽培可能であり，耐寒性は成木化すると温州ミカンより強

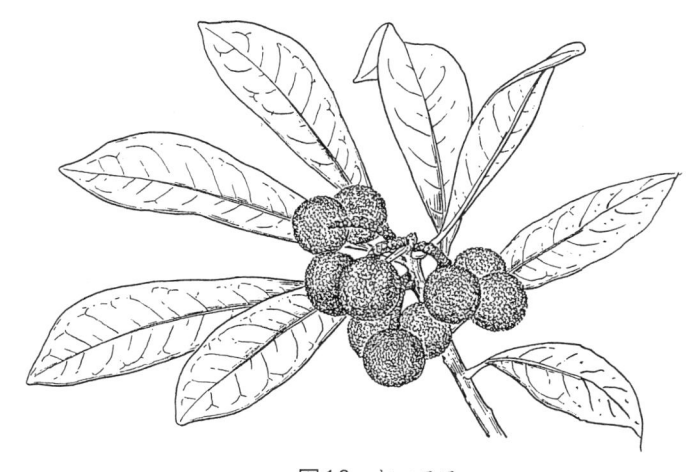

図13　ヤマモモ
(小学館，園芸植物大事典より梅林正芳 画)

いが，本州中部以南の温暖地での栽植が望ましい．結果年齢に達するのは遅いが，樹の寿命は長く，500年超すと思われる古木もある．繁殖は，やや難しいが接ぎ木により行う．

　ヤマモモの果実は石果で，中果皮が多肉質の可食部となり内果皮が核となる．熟期は6〜7月で，果実は球形，果径は8〜30mm程度である．表面に多汁質の突起を有し，成熟すると濃赤紫色を呈する．成熟期後半にはショウジョウバエが産卵するため，収穫期は産卵前までに限られる．日持ちは2〜4日と極めて悪い．

　果実は糖含量8〜12％，酸含量0.5〜1.8％で甘酸っぱく，未熟果や一部の品種では松ヤニ臭があるが，ほとんどの成熟果にはない．果実は生食の他，ジャム，果実酒等に利用される．果実には繊維を多く含み整腸作用がある．樹皮は褐色の染料として，漁網を染める．乾燥した樹皮は楊梅皮（ようばいひ）といい，下痢止め，打撲傷，口内のただれ，かゆい皮膚病等に効くという．

　ヤマモモは，常緑で樹形が美しい．葉は厚く排気ガスや潮風にも強く，土壌の適応性が広く，街路樹（路面を汚さないよう雄株がよい），庭園樹として利用価値が高い．ヤマモモは徳島県の県木，高知県の県花である．

　(11) ユスラウメ（Nanking cherry）

　ユスラウメはバラ科サクラ属の落葉樹で，原生地は中国北部である．わが国への渡来時期は明らかでないが，江戸時代初期に中国から伝来したとされ，庭木として栽植されていた．『農業全書』（1697，宮崎安貞）等にユスラウメの記載がある．

　ユスラウメの語源は，一説によると枝葉がよく繁茂し，少しの風にもユサ，ユサ揺れるからという．

　花は両性花で，モモと同様に2年生枝（前年枝）に着き，展葉前に開花する場合が多い．自家和合性が強い．耐暑性，耐寒性ともに強く，耐干性もあるが，多湿や日照不足には非常に弱い．繁殖には，ヒコバエを株分けする方法と接ぎ木法とがあるが，最近，挿し木繁殖が可能になった．

　ユスラウメの果実は，石果で核果類に属する．熟期は5月下旬〜6月，果径は1cm位で球形，多汁で甘酸適和し少し渋みがある．熟すと果皮色は桃

紅になるが，着色せず黄白色の白実ユスラウメがある．ユスラウメの果実は生食する他，果実酒，ジャム等に利用される．

ユスラウメの近縁種にニワウメがある．ニワウメの原生地は中国中部から北部，果径1cm位で7月頃に暗紫赤色に熟し，多汁で少し甘く生食可能である．ニワウメの花柄は3～10mm，葉や若枝は無毛であるのに対して，ユスラウメは無柄かほとんど無柄で，葉や若枝には繊毛が密生する．両種とも，モモのわい性台木としての研究がされている．

19. アボカド (**Avocado**)

1) 原生地と伝播

アボカドは，クスノキ科ワニナシ属の常緑樹である．原生地はエクアドル，コロンビアからメキシコ南部とされている．英名 avocado は，メキシコの先住民アステカ族の ahuacatl（生命の泉・果実の意）を，スペイン人が aguacate と書いたのが始まりといわれている．

アボカドは，原生地付近ではかなり古くから食用として利用されていた．しかし，アボカド種子の発芽力は常温では短期間で弱くなり（冷蔵すれば半年程度は発芽力を有する），また実生は断根移植が困難なため，同じく新大陸に発祥したパイナップル，パパイア，グアバ等に比べ伝播は遅れ，その世界的分布はごく近代になってからである．

アボカドがヨーロッパにもたらされたのは1601年で，メキシコから南スペインに導入されている．その後欧州では，地中海沿岸のごく限られた地域に栽植されたにすぎず，広く普及しなかった．米国には1833年にメキシコからフロリダ州へ導入され，経済栽培されるようになったのは，1900年頃からである．大産業に仕上げたのは米国であるが，現在生産量が最も多い国はメキシコであり，世界各国で消費量が増加しつつある．

わが国には，昭和12～13年頃，和歌山県の土居春作・種吉兄弟がカリフォルニア州より導入し栽培を試みた．その後も試作・導入が試みられたが，栽培は広がっていない．しかし，近年の健康食ブームで消費量は増加しつつある．

2）生理・生態等

　果樹園芸学では，アボカドを次の3系統に分ける．①メキシコ系は，果実が小さく（多くは250g以下），アニス（セリ科の植物）に似た香りがある．耐寒性があり，$-5℃$の低温にも耐える．脂質含量は最も高い．②西インド諸島系は，果実重は最も大きいが，耐寒性は最も弱く$-1℃$程度の低温で寒害を受ける．脂質含量は最も低い．③グアテマラ系は，果実が大きく（450〜900g），耐寒性と脂質含量は2者の中間である．アボカドは，相互の交雑等により，現在約1,900種の変種があり，明確な系統分類が困難になってきている．

　亜熱帯果樹であるため，南西諸島ではよく生育し結実するが，本州での適地は制限されている．栽培の北限は伊豆半島で，西南暖地の無霜地帯で栽培可能である．わが国での栽培に適す品種として，南西諸島ではグアテマラ系，本州では耐寒性と果実の食味の点から，メキシコ系とグアテマラ系の交雑品種である'フェルテ'等がよい．

　繁殖は，メキシコ系は挿し木でも比較的よく発根するが，挿し木苗は根が浅く，木の生育が緩慢であるため，普通は接ぎ木で行う．

　アボカドは，両性花で自家和合性であるが，雌雄異熟（雌ずい先熟）であるため，自家受粉は困難である．雌ずいと雄ずいの活動時間により，アボカドの品種は表4のように2群に大別される．1つの群は，1回目の開花では雌ずいが午前中に受精適期となり，午後に閉じ，2回目の開花は翌日に起こり，午後に同じ花の雄ずいが花粉を放出し，夜に閉じ開花は終わる．別の群では，1回目は午後に雌ずいが受精適期に，2回目は翌日の午前に雄ずいが花粉を放出する．したがって，結実率を高めるためには，雌ずいと雄ずいの活動時期が同一の品種を混植する必要がある．しかし，実際には樹の部位や天候により雌ずいと雄ずいの活動時間にずれが生じるため，1本でも多少は結実する．中には'ハス'等のように，1本で自家結実する品種もある．

　アボカドの果実は液果，果径は球形，卵形，洋梨形，果実内部に丸い大きな種子がある．開花期が長いためわが国における収穫期は，'フェルテ'で

表4 雌ずいと雄ずいの活動時間

	1回目の開花		2回目（翌日）の開花	
	午前	午後	午前	午後
A品種群	雌ずい受精適期			雄ずい花粉放出
B品種群		雌ずい受精適期	雄ずい花粉放出	

12～3月であるが，霜害を受ける地域では1月までに収穫する．果肉はタンパク質と脂質（少ない品種で約5％，多い品種で約30％）に富み，森のバターといわれている．脂質の80％以上はオレイン酸，リノール酸等の良質の不飽和脂肪酸なので，コレステロールの蓄積を心配せずに食べることができる．さらに，カリウム，葉酸，ビタミンEを多く含む．特に，カリウムは果実100g中に720mgとバナナ360mgの2倍含んでいる．生食や，サラダ等に利用する他，果皮，葉，種子等には，抗生物質等の薬用成分を含むため，薬用としての利用もある．

良質果は形が整っている果実で，追熟を必要とする．硬い果実は，室温に放置し，触ってみて軟らかい感触が出てきた時が食べ頃である．最もよい風味が得られる追熟温度は，13～21℃とされている．収穫後7℃の低温に置くと約1カ月間貯蔵できる．しかし，4℃以下の温度に長く置くと果実が低温障害を起こし，維管束および果肉が変色したり正常に追熟しなくなる．

3）こぼれ話

一説によると，avocadoは弁護士advocateの発音に似ていることから，欧米各国の人に受け入れやすかったという．アボカドの別名を英語でアリゲーター・ペアーというが，果皮がワニの皮に似て，ざらざらした品種があるからである．アボカド以外に和名として，ワニナシ，バター・フルーツがある．

冷やした果肉をワサビ醤油につけて食べると，マグロのトロのような風味があり，トロをもじって，"青トロ"という．寿司のたねとしても使われている．ただ，果肉にはタンニンを含んでおり，空気に触れると酸化して

黄緑色の果肉が黒ずむので，これを防ぐためにレモン果汁等をかけて酸化を防止する．

アボカドの種子を水洗し，種子の横腹に楊枝を3方からさし，水を入れたコップに尖った方を上にして種子の底部が水に漬かるように置く．2〜3週間で発芽し，観賞用植物として楽しめる．

20. チェリモヤ (Cherimoya)

1）原生地と伝播

チェリモヤは，バンレイシ科バンレイシ属の常緑樹である．冬がはっきりした地域では，低温期に落葉する．原生地はペルー，エクアドルのアンデス山脈の高原地帯である．チェリモヤの語源は，ペルー語で"冷たい種子"という意味のchiri muyaと"冷たい乳房"という意味のchiri moyuに由来するという．

ペルーでは有史以前から栽培されていたようで，原生地がスペイン領であったことから，スペインの地中海沿岸で早くから栽培され，現在大産地を形成している．米国カリフォルニア州には，1871年にメキシコから導入されている．わが国には昭和27年に田中諭一郎が導入したが，静岡県有用植物園で保存されるにとどまった．和歌山県では栽培を目的にして，昭和60年〜平成2年に米国およびスペインから栽培品種を導入し，少しハウス栽培されている．

2）生理・生態等

チェリモヤは"冷たい種子"の名の通り，バンレイシ属の中では冷涼な温度を好む．やや乾燥した夏期は冷涼な気候に適するが，冬期は温暖を好み，0℃以下の温度や霜には耐えない．繁殖は挿し木も可能であるが，一般には接ぎ木で行う．

両性花で，自家和合性であるが花粉が乾燥すると発芽率が極めて悪く，かつ雌雄異熟（雌

図14 チェリモヤ果実
(岩佐，2001)

ずい先熟）なため，新鮮花粉を用いた人工受粉が必要である．

　チェリモヤの果実は集合果で，果形は心臓形から球形，卵形，果皮は亀甲状で，果実重は70g～2kg以上で変異に富む．わが国の施設栽培では，5～6月に開花・結実し，9～10月に硬い果実を収穫し追熟させる．収穫果は，10℃で約10日間の貯蔵が限度であり，10℃以下の温度で長期間貯蔵すると低温障害を起こし，正常に追熟しない．追熟適温は15～25℃である．果実は，果形の整った400～500g程度のものがよく，食べ頃は，黄緑色の果皮が茶～黒っぽくなり，手に持ってゆで卵の殻を取った時のような軟らかみを感じる頃である．食べ頃になった果実は，冷蔵庫でも2～3日しかもたないため，余ったものは冷凍するとよい．

　果肉は白色のクリーム状で芳香があり，強い甘味とほどよい酸味があり，美味しい果物である．タンパク質が多く（1.3g/100g），生食の他，シャーベット，ミルクシェイク等にして食べる．チェリモヤはマンゴスチン，パイナップルと並んで，熱帯果樹の3大美味果といわれている．カリフォルニア州における主要品種として，'ベイズ''ホワイト'等がある．

　チェリモヤに似た果樹に，アテモヤ（Atemoya）がある．これはフロリダ州のウェスター（P.J.Wester）らによって，バンレイシとチェリモヤとの交雑により育成された種間雑種で，1913年に初結実している．その後，多くの品種が育成されている．非常に甘くて美味であり，わが国では小面積の施設栽培が沖縄県，静岡県等で行われている．アテモヤは，バンレイシのブラジル名「ata」とチェリモヤ（Cherimoya）の「moya」の合成語である．

3）こぼれ話

　チェリモヤが美味であることから，米国ではチェリモヤのことをトロピカル・デライト（熱帯の喜び）とよぶこともある．舌触りがカスタードに似ていることから，カスタード・アップルともよばれる．なお，この呼び名はバンレイシ科に属する他の果実にも使われることがある．

　新大陸発見後，ヨーロッパ人にとり，チェリモヤは経験のない美味しさのようで，色々な賛辞がある．ある有識者は，"甘美そのもの"，"自然の傑作"と評し，ある人は"もし私が，パリス（ギリシア神話で，トロイア王子）

なら，ためらうことなく金のリンゴの代わりにチェリモヤを選ぶだろう"等と評している．わが国でも，店頭で見かけるようになり，今後の消費が期待される果樹の1つである．

　チェリモヤの花は，2カ月間にわたり次々と開花し，開花時にはリンゴのような芳香を発する．比較的耐陰性があり，室内であれば越冬も可能なことから，鉢栽培すれば，観賞用植物として花の芳香を楽しむことができる．

21. ドリアン (Durian)

1) 原生地と伝播

　ドリアンは，パンヤ科ドリアン属の常緑樹である．ドリアン属は約28種からなり，その内6種について果実を食用できるが，実際に栽培されているのはドリアンとライである．ライの果実品質はドリアンより劣るため，経済栽培されているのは主にドリアンである．ドリアンの原生地はマレー半島，ボルネオ島，スマトラ島とされているが，明らかでない．ドリアンのduriはマレー語で"トゲのあるもの"，anは「物」の意である．

　ドリアンを，ヨーロッパ人が知ったのは15世紀以降であり，旅行者，宣教師等により紹介された．ヨーロッパ人に大きな印象を与えたのはイギリスの博物学者・社会思想家，ウォレス（A. R. Wallace，1823〜1913，バリ島とロンボク島の間に動物分布上有名なウォレス線を引いた人）である．彼の著書の中に，"ドリアンの味を経験するためならば，アジアまで旅行する価値がある"とある．

2) 生理・生態等

　ドリアンは高温多湿を好み，しかも気温や湿度の変化の少ない気候が適する典型的な熱帯果樹である．ドリアンは大木となるため，根群が土中深く伸長することが望ましい．取り木や挿し木繁殖も可能であるが，根群の発達が悪い．そこで，根部の発育のよい実生に接ぎ木する繁殖が普通行われている．種子は，果実から取り出した後約1週間で発芽能力を失う．

　両性花で幹生花，あるいは枝生花で，幹あるいは大枝から直接に花柄が伸長し，その先端から小花柄が分岐し花序が形成される．開花は夕方に始

まる．開花時には花から芳香や蜜線から分泌液を出して昆虫や鳥をよび寄せ，受粉が行われる．特に，コウモリの役割が大きいとされる．一般に自家不和合性が強く，他品種の混植が必要である．

　果実は木質の蒴果（乾果の1つで，熟すれば縦裂する果実）で，果形は球形〜卵形，果実重は普通1.5〜2.5kgで，中には5kg以上に達するものもある．果面にトゲが密集し，成熟するにしたがい果頂部に5裂開を生じ，裂果部を押し開くと，5条の裂線に沿って5片に分かれる．各片には1〜数個の種子がある．種子を包む多肉質の仮種皮が可食部である．

　果実は樹上で成熟し，自然落下したものでないと食味はよくない．自然落下した直後から3日までが最も食味がよいとされ，臭気も幾分抜ける．なお，自然落下して果実が割れると商品価値がなくなるので，成熟前にあらかじめ果梗をひもで縛り枝に吊り下げる．可食部はクリームチーズのような舌触りで，蜜とチーズを練り合わせたような濃厚な甘味がある．マレー種とタイ種ではマレー種の方が味，風味ともに濃厚であるが，日本に輸入されているものはタイ種で完熟前のものを収穫し，追熟させたものを販売しているので食味の劣るものが多い．可食部を種子ごと密封し冷蔵庫で保存すると10日前後は風味が維持できる．冷凍するとかなりの期間の保存が可能である．

　ドリアンは成熟に従い，果皮の内壁から卵の腐ったような臭気が放出される．この臭気を嫌う人も多く，この臭気のため，生産地でもホテルや飛行機内への持ち込みが禁止されることが多い．果実は生食する他，シャーベット，ジャム等に加工されたり，種々の料理の材料，貯蔵用として砂糖煮や塩漬にされる．未熟果は，ポテトチップのように油で揚げるか野菜として煮食する．種子も煮たり焼いたりして食用とする．

3）こぼれ話

　ドリアンは，一度その味を覚えると，一生その虜になるといわれている．産地では，果実の熟す頃になると，家財を売ってでも，ドリアンの入手に奔走するといわれる．このようにドリアンは熱帯果樹の王様といわれ，マンゴスチンを女王，マンゴーを王女にたとえる．

一方，日本人にはドリアンの臭気を嫌う人が多く，王様たる由縁が理解できない．しかし，臭気に慣れるとこよなく美味で終生虜になること，果面にトゲを備えた偉容が近づきがたいこと等から，熱帯果樹の王にふさわしいのかも知れない．

ドリアンには，強精作用があり多食すると上気しやすく，酒との併食によりさらに増幅するとか，悪酔いするとかいわれており，酒と同時に食べることは避けた方がよい．

ドリアンの果実が頭の上から落ちてきたら大変であるが，よくしたもので果実が落下する時刻は夜中の11～12時頃とか．

22. パイナップル (Pineapple)

1) 原生地と伝播

パイナップルは，パイナップル科アナナス属の多年生草本である．原生地はブラジル中・南部からアルゼンチン北部およびパラグアイといわれている．しかし，原生地とされる地域のパイナップルが真の野生種か否か，不明とする説もある．

パイナップルは，コロンブスの第二次探検隊により，1493年に西インド諸島のグアドループ島で発見された．当時は，すでに中米，西インド諸島に伝わっていたとされる．16世紀初頭にはしばしばヨーロッパへ果実や植物体が運ばれ，17世紀から18世紀にかけて当時流行していた温室栽培により栽培されたパイナップルが，貴族の間でもてはやされた．現在，栽培面積の多いフィリピンには，1558年にスペイン人により伝えられている．ハワイには16世紀に導入されたという話もあるが，19世紀初頭であろうとされている．生果は，日持ちが悪いため広く普及するまでには至らなかったが，大衆的人気を博すようになったのは，1884年にフランス人がシンガポールで缶詰の製造工場を建設したことに始まる．19世紀の終わりには，ハワイにおいて初めて商業生産のためのプランテーションが開始された．

パイナップルが最初にわが国に持ち込まれたのは，江戸時代後期にオランダ船が琉球の石垣島に漂着した時とされている．明治21年に朝武士干城

（沖縄県）が，沖縄県へ導入している．昭和10年頃から本格的に栽培が開始され，昭和32年には栽培面積は5,380haに達し，サトウキビと並ぶ沖縄県の基幹産業の1つとなった．しかし，平成2年の缶詰の輸入自由化に伴い加工産業は低迷し，栽培品種も生食用に切り替えられた．

2）生理・生態等

　パイナップルは，年平均気温が20℃以上で温度較差が少なく，冬期の最低極温が7℃以上の地域で，排水のよい土壌を好む．

　パイナップルには，草形，葉縁の鋸歯の有無，果実の形態等によりカイエン群，クイーン群，レッドスパニッシュ群，アバカシー群，カベゾナ群（3倍体の品種群）等がある．この中で，カイエン群は南米のフランス領ギアナのカイエンで発見されたもので，葉縁には鋸歯がなく，果実品質も優良なため，世界のパインプル生産量の大半を占めている．

　沖縄県では，露地栽培の場合，7～9月に収穫する夏実と，10～3月に収穫する冬実とがあるが，冬実は酸が多くて生食には適さない．エテホン等の薬剤処理により開花調節をして，収穫期を変える技術も開発されている．パイナップルは収穫回数を重ねるにしたがい減収し，品質が低下するので，普通，4年に2回収穫，5年に3回収穫を行った後に改植することが望ましい．しかし，最近，大苗植え付け等により3年2回収穫の栽培体系が確立されている．多年生草本であるが，収穫が終わると母株は枯死する．繁殖には吸芽，えい芽，冠芽等を利用する．

　パイナップルは，両性花で自家不和合性が強い．単為結果性があるため，果実は肥大・成熟する．ごく稀に他品種の花粉が受粉すると種子ができる．花芽形成は，短日や低温（15～20℃）で促進される．果実は，沢山の小花が集まった多花性集合果で，花のガクが発達してできた5角形の硬化した部分が集まって，果皮を形成する．果形は円筒形～球形で，果実重は1～2kgのものが多く，中には8kg前後のものもある．可食部は花軸，子房，花床，苞の基部が融合して，果肉状を呈した部分である．

　パイナップルの大きな特徴は，CAM植物であることである．果実は，ビタミン類に富み，タンパク質分解酵素ブロメラインを含んでおり，肉類の

消化を助ける．

　現在の沖縄県の栽培面積は600ha前後で，生食・加工兼用種のカイエン群の'N67－10'（果実重1.5kg程度）が大半を占め，次が生食用の'ボゴール'（700gと小さい）である．その他，沖縄県農業試験場で育成した'ソフトタッチ''サマーゴールド'があり，やや小果であるが食味は良好なため，今後の増殖が期待される．

　良質果は，表面の溝が深く全体的に赤味があり，ツヤのあるものである．この溝に緑色が残っている果実が新鮮である．葉に近い部分より尻の方が甘いので，尻が大きくズッシリ重みのあるものがよい．生食，缶詰用の他，ジュース，砂糖漬等として利用される．

　◆ CAM植物 ◆ 植物は，葉で炭酸ガスと水から炭水化物を合成する光合成を行っている．しかし，光合成の経路は植物により異なり，次の3種類がある．C_3植物は普通の光合成を行うもので，大半の植物がこれに属する．C_4植物は，C_3植物とは異なり光呼吸を行わず，光合成能力が非常に高い経路を有しており，サトウキビ，トウモロコシ等がこれに属する（光呼吸：C_3植物では，光合成と同時に酸素を吸収し，炭酸ガスを出す光合成とは逆の光呼吸を行っている．光合成が盛んになるほど光呼吸も活発になり，光合成は頭打ちになる）．CAM植物は，水分の損失を防ぐために昼間は気孔を閉じ，気温が下がった夜間に気孔を開き，炭酸ガスを取り込み有機酸まで合成し，昼間に有機酸を炭水化物に変える植物で，パイナップル，サボテンなどの乾燥地帯の植物がこれに属する．

3）こぼれ話

　新大陸へ渡ったスペイン人が，松かさに似ているパイナップルを見てpinaとよんだが，それが英語化してpine（松）となりapple（果物の総称の意）を付したものといわれている．わが国では，パイナップルの略称としてパインというが，英語においても口語ではpineで通じる．中国，台湾ではパイナップルのことを鳳梨（ほうり）という．これは，果実の冠芽が鳳（古来中国で尊ばれた想像上のめでたい鳥で，鳳凰が有名）の尾に似ていることに由来する．

　タンパク質の一種であるゼラチンを用いてパイナップルのゼリーを作る時，生果やそのジュースを加えると，タンパク質分解酵素の働きでゼラチンが分解されて固まらない．ゼラチンの代わりに寒天（食物繊維からなる）

を使うか，あるいは生果を加熱して酵素の働きを止めてから用いるか，缶詰のパイナップルを使用する．なお，パパイア，キウイフルーツ等の場合も同様である．

23．パッションフルーツ(**Passion fruit**)

1）原生地と伝播

　パッションフルーツは，トケイソウ科トケイソウ属の多年生のつる性木本植物である．原生地はブラジル南部とされている．パッションフルーツは，狭義にはパッションフルーツをさすが，広義にはオオミノトケイソウ，ミズレモン，チャボトケイソウ等，トケイソウ属の果実が食用となる種(しゅ)を総称する．ここでは，狭義のパッションフルーツについて述べる．

　パッションという名は，ラテン語の"苦悩＝キリスト受難"の意味である．1610年頃，スペインの宣教師が南アメリカを旅行中にパッションフルーツの花を見て，十字架を負うキリストの姿になぞらえ，名付けたという．その後，世界の熱帯・亜熱帯地方に伝播された．和名をクダモノトケイ，クダモノトケイソウといい，トケイ(時計)と称するのは，副花冠を時計の文字盤，3本の花柱を針に見立てたものである．わが国には，明治時代中期に見本的に導入されており，現在では沖縄県，鹿児島県，小笠原諸島等で少し栽培されている．

2）生理・生態等

　パッションフルーツには，熟すと果皮が深紫色にかすかな白斑がふる紫色種と，黄白色あるいは濃黄色になる黄色種がある．黄色種については，紫色種の雑種とする説，そもそもパッションフルーツには紫色種から黄色種を含む変異があるとする等諸説がある．現在，両者の交雑種も育成されている．

　パッションフルーツは亜熱帯性気候に適し，紫色種は－2℃以下にならず，降霜の少ない場所での栽培が望ましい．黄色種はさらに耐寒性が弱く，より高温を必要とする．繁殖は実生，挿し木，接ぎ木で行う．実生苗でも，条件がよければ1年前後で開花・結実する．その反面，経済樹齢は短く，5

〜6年である．

　パッションフルーツは両性花，虫媒花であり，黄色種は自家不和合性，紫色種は一般に自家和合性であるが，他家受粉で結実率が高まる．

　気候条件のよいところでは，パッションフルーツはほとんど周年収穫できるが，わが国では普通4〜5月に開花し，7月中旬〜8月下旬に収穫される．着花は長日条件下で促進されるため，電照栽培により秋冬期に着花させることも可能であるが，高酸果実となるのが問題である．果皮は硬く，落下した果実を集めるか，落果直前に収穫する．果形は円形または楕円形で，果実重は35〜60g，中には100g前後のものもある．一般には，紫色種は黄色種より小さい．果皮の表面にしわができた頃が食べ頃といわれるのは，果実の追熟法の間違いで，多湿条件下で追熟させればしわは防げる．果肉は種子の周囲に発達した黄色のゼリー状の仮種皮で，種子と一緒に食べる．黄

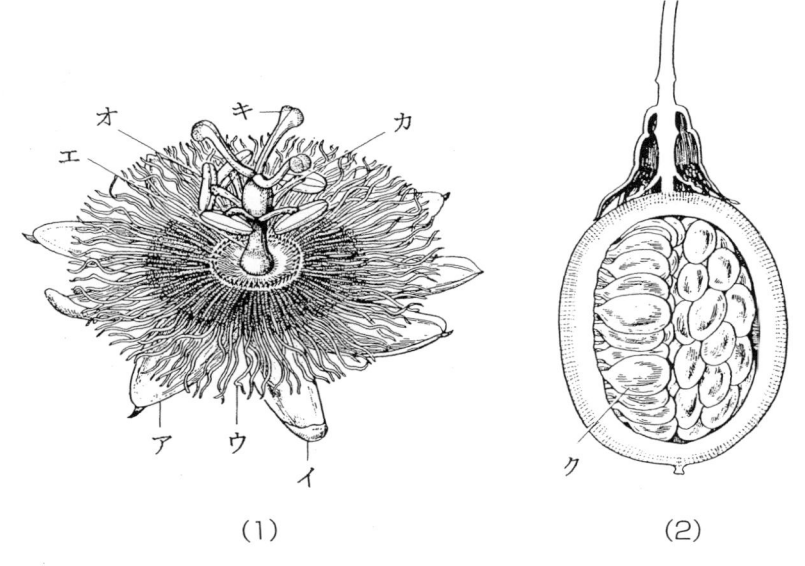

図15　パッションフルーツの花と果実
(1)：花（ア；ガク片　イ；花弁　ウ；副花冠　エ；子房柄　オ；葯　カ；子房　キ；花柱）
(2)：果実の縦断面（ク；種子）

（小学館，園芸植物大事典より梅林正芳　画）

色種は大果で多汁, 酸味が強いため加工に向き, 紫色種は黄色種に比べ酸味が少ないため生食に向く. 収穫果はポリ袋に入れ5℃前後で保存すれば, 約1カ月間は貯蔵できる. 生食する他, 主にジュースに, またゼリー, ジャム等に加工される. 果肉はリン（21m/100g）, 葉酸（86μg/100g）, ナイアシン（1.9mg/100g）のよい供給源である.

果実以外の部位, 特に葉には有毒な青酸が含まれているので注意が必要である.

3) こぼれ話

パッションの名の由来について, もう少し記述する. 中央の3本の花柱は十字架上のキリストで, 柱頭の膨らみは釘の頭に相当し, その下の5本の雄ずいの葯は十字架上で負った5カ所の傷, 射出するひげ状の副花冠が後光, 5枚のガク片と5枚の花弁は刑場で看取った裏切り者のペテロとユダを除く10人の使徒, 掌状の葉はキリストを刺した槍の穂先, または迫害者の手, 長い巻きひげはキリストを打った鞭とみなされている.

トケイソウ属には, 果実を食用とする以外に, 特徴のある美しい花を観賞するために栽培されている品種がある. 花木としてのトケイソウは, 江戸時代初期に渡来し, 伊藤伊兵衛政武の『地錦抄附録』（享保18年, 1733）に図と解説が記されている.

24. バナナ (Banana)

1) 原生地と伝播

バナナは, バショウ科バショウ属の多年生草本である. バショウ属には35種ほどあるとされており, 食用, 繊維の原料, 観賞用に利用される多くの品種群がある. その中で食用に利用されるものは, ユームサ節とアウストラリムサ節に属する. 現在, 経済栽培されている食用バナナの原種は, ユームサ節に属するムサ・アクミナータ（*Musa acuminata* Colla）とムサ・バルビシアーナ（*M. balbisiana Colla*）である.

ムサ・アクミナータの原生地は, マレー半島であるといわれている. 本種には, 小豆大の多くの種子があった. このバナナが種なしになった経過

を先ず紹介する．2倍体（AA，$2n=22$）のムサ・アクミナータの中から，単為結果性のあるバナナが出現した（第1段階）．ただ，単為結果性を有しても，受粉すれば種子ができる．完全な無核になるには，単為結果性に加えて，雌ずいに花粉がかかっても受精能力のない性質，雌性不稔性という性質を備える必要がある．つまり，単為結果性のあるバナナの中から，雌性不稔性のバナナが出現した（第2段階）．さらに花粉にも受精能力のない個体が現われ（第3段階），これで完全無核性のムサ・アクミナータができたことになる．その時期が何時か明らかではないが，BC 5000年以前と考えられている．

一方，上記の経過以外に，第1段階を経て単為結果性を有するムサ・アクミナータから3倍体（AAA，$2n=33$）のバナナが出現した．この3倍体のバナナは，単為結果性があるだけでなく，3倍体であるため種子ができず，2倍体に比べて果実が大きく樹勢も強く今日の優良品種の元となっている．

第1段階あるいは第2段階，3倍体のムサ・アクミナータは，フィリピンやインド等に伝わり，両地域等に野生していたムサ・バルビシアーナ（BB）と交雑し，2倍体（AB），3倍体（AAB，ABB），4倍体（ABBB）等のゲノムを有する品種群を生んだ．この雑種群はムサ・アクミナータより耐病性に優れ，ビタミン，デンプン含量等も増加したといわれている．これらの雑種群はムサ・アクミナータの純粋品種群とともに，各地に伝わっていった．

東方には，フィリピンからニューギニアを経由して太平洋上の島々に伝播していった．その時期は明らかでないが，紀元前から10世紀にかけての数次に渡るマライ・ポリネシア族の民族移動に伴ったものと考えられている．ハワイには500年頃ポリネシア人によってもたらされたとされている．一方，西方には紀元前の数世紀から5世紀にかけて，インド洋沿岸交易路やマレー人の移住を通して東アフリカへ伝わったとされている．これらの品種群はアフリカ住民に受け継がれ，アフリカ大西洋岸に達した．1482年，ポルトガル人がギニア湾でバナナを発見し，それをカナリア諸島に伝えた．そして，新大陸発見直後にスペイン人が，そこから西インド諸島のハイチ島に導入した．

古代エジプトの彫刻品にバナナのデザインが多く使われている．これはアフリカに自生しているアビシニアバショウで，真茎からデンプンを取るものである．ヨーロッパ人が初めて食用バナナを知ったのは，アレクサンドロス大王の東征軍がインダス川上流に達した時であるが，エジプト方面にバナナがもたらされたのは7世紀頃で，アラビア人によるといわれている．

　沖縄県では，1500年代既にバナナの栽培があったともいわれているが，明治21年（1888）に小笠原諸島から在来の品種を導入しており，恐らくこの頃から栽培が始まったのではないかと想像される．その後，同県には1910年代に台湾から'北蕉''仙人蕉'が導入・栽培されている．

2) 生理・生態等

　バナナは多年生草本であり，収穫が終わると母株は枯死する．茎は，真茎（塊茎）と仮茎に分けられる．真茎は球形状で地下部にあり，茎にみえるものは真茎から伸長した葉鞘が重なり合い長円筒状となったもので，これが仮茎である．新葉は仮茎の内部に螺旋状に巻き込まれ，上部へと生長し，展葉し成熟するが，外部から順次枯死する．幼苗から35〜45枚の葉が出た時に，杓子状の変形葉が現われ，続いて赤紫色の長さ30〜60cmの毛筆状の花穂が出現する．花穂では輪生する雌花が基部から先端部に向かって段状に着生する．雌花の子房が単為結果して果指（1本のバナナの部分）となる．1つの果段（果手）には20〜30の果指を着ける．数段〜10数段の果段を着けると，その先に中性花，その先端に雄花を着ける．これらは，果実形成には機能しない．

　バナナの栽培には15℃以上の気温が必要で，10℃で生育が停止し，5℃以下になると寒害を受ける．栽培には高温（25〜30℃）で，年間平均気温が22℃以上，四季の変化の少ない，湿度の高い気候を好む．バナナは特に多量の土壌水分を要求するので，土壌の有効水含量が十分にあることが必要である．

　バナナで最も怖い病害は，パナマ病である．この病原菌は土壌感染性の細菌の一種で，根から侵入して道管部がおかされ，茎葉部が褐変し枯死す

る．薬剤による防除は困難で，抵抗性品種を選ぶ必要がある．後述するグロス・ミッチェル系統は罹病性でキャベンディシュ系統は抵抗性である．

現在，普及しているバナナは種子がないため，吸芽で増殖する．吸芽は定植後，気温によっても異なるが，約1年で花芽を形成し，開花後約3カ月で果房は成熟する．収穫後，株はやがて枯死するので，母株の真茎から発生した吸芽1～2本を次作に用いる．5～6年は同一園地で栽培できる．

現在，AA，AAA，AAB，ABB等色々なゲノムをもつバナナが栽培されており，品種の数は約300ほどあるといわれている．わが国の店頭でよく見受けられるバナナは，ムサ・アクミナータのAAA群に属し，グロス・ミッチェル系統とキャベンディシュ系統である．キャベンディシュ系統には，'三尺バナナ'，'北蕉'とその変種の'仙人蕉'，'ジャイアント・キャベンディシュ'，果皮が赤い'モラード'，等がある．

バナナには，フラクトオリゴ糖とカリウム（360mg/100g）が多い．バナナは，生食の他，ジュース，バナナチップ，乾果，乾燥粉末，酒等に利用される．バナナ果実にはイースト菌が含まれているので，果実を発酵させて酒類が製造される．

美味しいバナナの選び方として，ジクの近くにいたんだ部分のあるものはよくない．大きさが揃い丸みを帯びたバナナが，良質果である．四角ばったバナナは未熟であり，追熟させても美味しくならない．所々に斑点がでているバナナは，うまく追熟されている証拠で，美味しい．バナナの最適貯蔵温度は13.5～15.5℃で，冷蔵すると果皮や果肉が褐変する．冬期には保温のために新聞紙等に包むとよい．ただ，バナナにも果糖が含まれているので，食べる直前に短時間冷蔵庫に入れた方が，甘味が増す．

料理用バナナをプランティンといい，熟期に達しても糖化が不十分で未熟果実とともにデンプン食品として利用される．世界におけるプランティンの栽培面積は，生食用バナナの半分強に相当し，特にアフリカで栽培が多く，食料として重要である．上述したようにBゲノムが入ると樹勢が強くなり，乾燥，病害にも強く，デンプンに富むことから，プランティンはムサ・アクミナータとムサ・バルビシアーナの交雑種のAAB，ABB群に属

する品種が多い．

　自家用には，果指が十分に肥大し登熟して角がとれるまで株に着けておく方が品質がよい．しかし，熟度が進むと，果皮が割れやすくなったり，果房内の果指の熟度が不均一であったりするため，バナナを遠方へ輸送するためには，緑色段階で収穫し，エチレンで追熟させて食用に供している．

　果実を食用とするものにアウストラリムサ節のフェイバナナ（*M. fehi* Bert. ex Vieill.）があり，ニューギニアからポリネシアにかけて原生分布する．2倍体で染色体数は $2n=20$，単為結果性があり，無核である．フェイバナナの花序は直立し，果手も果指も小さい．調理用，生食用の品種もあるが，現在の栽培面積は少ない．茎を切ると紅色の汁が出て，この汁を飲料にする．

3）こぼれ話

　世界でのバナナの生産量（2002）は，カンキツの9,873万トンに次いで6,865万トン（生食用）の2位である．バナナは，わが国でも最も親しまれている熱帯果樹である．簡単に皮が剥け，甘く食感が滑らかで，バナナを嫌いという人は少ない．バナナにはブドウ糖，果糖，ショ糖，デンプンをバランスよく含み，これら糖質は体内吸収速度が異なり，順次利用されるので，エネルギー補給が長時間続く．1984年のロサンゼルスのオリンピック大会でアメリカの選手団が食事にバナナを大量に取り入れ，好成績を収めたこともあり，スポーツ選手が試合前にバナナを食べることが多くなったようである．となると，カロリーは高そうにみえるが，バナナ1本で約80キロカロリーと食パン1/2枚にすぎない．

　前述したアビシニアバショウについて少し述べておく．これはバショウ科エンセテ属に属し，バナナの近縁種である．果指は長さ10cmほどで，大豆ほどの黒い種子を有する．種子で繁殖する．果実を食用とするのではなく，真茎に蓄えられたデンプンを利用するもので，太平洋戦争中，ニューギニアにいた日本軍は，これを食べて飢えをしのいだという．

　沖縄県の芭蕉布は，ムサ・バルビシアーナに属するリュウキュウイトバショウ（東南アジアからミクロネシア，ポリネシア西部に野生分布）の仮茎

から繊維を取り出して編んだものである．その他バショウ属には，バナナとは種(しゅ)が違うが，わが国の温暖地で観賞用として植えられている，耐寒性の強いバショウ（中国南部原産）やヒメバショウ（ビジンショウとも，中国南部から東南アジア原産），マニラ麻で有名なマニラアサ等がある．わが国には，バショウは平安時代に，ヒメバショウは1681年に渡来している．

　バナナは，葉鞘が重なり合い仮茎を形成するが，葉鞘を剥いで行くと仮茎はなくなってしまうので，存在しているようにみえるものでも実体は"無"であることを説くための比喩として，"芭蕉のごとく"という言葉がある．

25．パパイア（Papaya）

1）原生地と伝播

　パパイアは，パパイア科パパイア属の常緑性の半木性多年生草本である．パパイアはパパヤともよぶ．原生地は熱帯アメリカとされているが，その場所は不明であり，メキシコ南部からコスタリカにかけての地域という説がある．

　16世紀初めにスペインの探検隊により，パナマおよび南アメリカ大陸北西部で発見されてから，急速にカリブ海の島々に伝わり，スペイン人の足跡とともに世界に広まった．16世紀中頃にはフィリピンに，そこからマレー半島，インドに，中国には17世紀初期から中期，台湾には18世紀，ハワイには19世紀初頭に伝わったとされる．わが国には南蛮貿易で16世紀に琉球に伝えられたとされている．現在，沖縄県，鹿児島県，小笠原諸島で少し栽培されている．

2）生理・生態等

　パパイアの生育には最低16℃以上が必要で，わが国における露地栽培の北限は大隅諸島である．耐水性が極めて弱く，2日間の湛水でも枯死する．挿し木苗，接ぎ木苗もあるが，多くは実生苗を用いる．これは，前2者の苗より生育が早く，またパパイアはウイルス抵抗性が非常に弱く，接ぎ木や挿し木によりウイルス病に汚染される可能性が高いことによる．播種後，通

常1年前後に開花・結実し，その後7〜8年は結実するが，品質のよいものが得られるのは3〜4年位であり，その頃に更新するのがよい．わが国での栽培は，ウイルス病（パパイアリングスポット）を媒介するアブラムシを防ぐため，網室内で栽培が行われている．ハワイでは，遺伝子組換えにより開発された耐病性品種'レインボウ'が栽培されているが，わが国への導入はまだ許可されていない．

　パパイアの花には，雌花，雄花，両性花や中間型もある．雌雄異株が基本形であるが，両性花をつける株（雌雄両全株），まれに雌雄同株，雌雄混株（雑居性）がある．両性花は自家和合性であるが，受粉樹があると結実率と果実品質が高まる．受粉は風などの振動や昆虫により行われる．雌株は受粉を必要とするので雄株の混植が必要であるが，単為結果性のあるものが多く無核果が結実するが，有核果に比べ果実は小さい．雌花からは丸型の果実が，両性花からは長楕円形あるいは洋梨形の果実が多くなる．

　果実は子房壁（内果皮）が発達した液果で，果実重は300g〜4kg，10kg程度のものもあるが，一般には500g〜1.5kgの果実が取引されている．熟すと果皮は緑色の地色に紅黄色や橙黄色に，果肉も黄色あるいは赤色になり，独特の臭いを有する．この臭気は多くの日本人の好みに合わないので，臭気の少ないハワイのソロ種がよい．パパイアは樹上でも完熟するが，外観等が落ちるので，やや黄色に着色した果実を採取して追熟させる．

　果実の中央に多くの種子があり，取り除いた後，普通は生食するが，ジュース，ジャム等にも加工される．未熟果を，野菜として利用する．果実や葉にはタンパク質分解酵素パパインを含む．肉を葉で包み，あるいは果実とともに煮ると肉が軟らかくなる．若い果実や枝幹に傷をつけて乳液を採取し，これを乾燥させたものが粗パパインである．パパインは，医薬品の原料，ビール製造過程でのタンパク質の清澄剤，皮革製品の柔皮剤等として用途は広い．パパイアにはカロテノイド類を豊富に含み，ソロ種等の赤肉系ではリコピンを2mg/100g（黄肉系はほとんど含まず），黄肉系，赤肉系ともβ-クリプトキサンチンを1mg/100g程度含有する．ビタミンCも比較的多く含む（50mg/100g）．

パパイアの良質果は，果皮にツヤがあり，紅黄色や橙黄色が前面を被い，ふっくらとし，ズッシリと重い果実である．果皮にしわが寄った果実は，新鮮ではない．緑色がかったものはまだ未熟なので，室内において追熟させる．果実は6～10℃で保存し，温度が下がりすぎると低温障害を起こす．

3）こぼれ話

パパイアが日本に入ってきた当時，臭いため，なかなか馴染めなかったようである．酸味が少ないので，レモンをかけて食べると，臭いの嫌いな人も気にならないで美味しく食べることができる．生ハムとよく合うので，高級なオードブルの一品になる．

イボやあざを取るためにパパインにタピオカを練りあわせ，肌に塗布したり，葉は布を洗う時の石鹸の代用にもする．これらはパパインのタンパク質分解酵素としての効力を利用したものである．若芽と若葉は野菜として，幹や根の軟らかい髄の部分は漬物として利用される．

パパイアを観葉植物として育てるのも，トロピカル的でよいかも知れない．5月に完熟果を買い入れ，果肉を食べた後，種子の表面にある発芽抑制物質を良く洗い落とす．1～2日日陰で乾燥させた後，適当な大きさの鉢に播種すると，条件がよければ2～3週間で発芽する．結実するまで育てるのは，温度との関係で無理であるが，一時期楽しめる．

26．マンゴー（**Mango**）

1）原生地と伝播

マンゴーは，ウルシ科マンゴー属の常緑樹である．原生地は北部インドからミャンマー，タイ，マレー半島にかけての地域とされているが，余りにも古い果樹であるため確たる原生地は明らかでない．英名のmangoは，南インドのタミル語mankay，マレー語のmangga等に由来するという．

インドでは4000年以上以前（6000年以前とも）から栽培されていたとされ，宗教，文学との関係が古い．ヴェーダ時代（BC20世紀～BC5世紀．ヴェーダとはバラモン教の根本聖典）には，果実は食料，材は燃料として日常生活に重要な地位を占めていた．本格的な栽培が行われるようになった

のは，ムガル帝国（1526〜1858）の第3代アクバル皇帝（在位1556〜1605）が，インド東部のダルベンガに10万本のマンゴーを栽培させてからである．インドのマンゴーを最初に見た外人は，BC327年にインダス川流域に達したアレクサンドロス大王の遠征軍であったとされる．10世紀にペルシア人によりインドから東アフリカへ伝えられたが，世界に伝播するまでには長い年月を要し，その初めはポルトガル人が東洋に進出した16世紀になってからである．南米には18世紀初めに，米国には19世紀に導入され，その後熱帯・亜熱帯地方に栽培が広まった．原生地では古くから栽培されていたにもかかわらず，世界への伝播が遅かったのは，マンゴー種子の寿命が短いことに一因している．

マンゴーは，台湾には1561年頃オランダ人により，わが国には明治30年に現沖縄県農業試験場に，大正時代初期に現鹿児島大学にも導入されている．現在，わが国では，沖縄県，宮崎県，鹿児島県等で'アーウィン'が栽培されている．また，マンゴーはフィリピン，メキシコ，タイ等から輸入されているが，植物防疫上の問題から蒸熱処理がされており，生鮮果実に比べて品質は劣化している．

2）生理・生態等

マンゴーの生育適温は25〜28℃で，順調な生育には18℃以上が望ましい．1〜2℃の低温に耐えるが霜には弱い．根は直根性で，ゴボウ根が多く細根は少ないので，耕土が深く腐食に富んだ土壌がよい．

マンゴーは，両性花と雄花を同一の花序に混生する雌雄混株（雑居性）である．自家和合性があり，虫媒花である．単胚性と多胚性の品種があり，単胚性の品種は北部インドで，多胚性の品種はマレー半島で分化したとされる．マンゴーの花芽分化は土壌乾燥と20℃以下の低温で促進されるため，新梢が完全展葉した後，土壌を乾燥させ低温に遭遇させる必要がある．繁殖は，多胚性の実生を台木にして接ぎ木で行うが，その他，取り木，挿し木も可能である．隔年結果性が強いので，翌年の結果枝の確保に留意する必要がある．

マンゴーは熱帯果樹の王女と称される．果実は真果の石果で，果実重は

50g〜1.4kg，2.5kgを超す果実もあるが，栽培種の多くは200〜500gである．果形は勾玉状でやや扁平のもの，卵形，長楕円形，球形等がある．果実は外果皮，中果皮，内果皮からなり，外果皮は果皮とよばれる部分であり，中果皮は黄色，黄白色で多汁質の可食部である．内果皮は殻状で外側に繊維をつけ，中に種子が包まれている．果実から取り出された種子の寿命は，4〜5週間と短い．'アーウイン'は樹上で完熟（果実が袋内に落下した時が完熟時）させて生食するが，多くの品種は収穫後，追熟させて生食する．

マンゴー果実は生食する他，ジャム，ジュース，乾果等として利用される．未熟果は，ピクルス等に加工される．マンゴーはビタミンAをポンカンと同程度含む（レチノール当量100μg/100g）．加工の際に廃棄する果皮には良質のペクチンを含むので，抽出して粉末ペクチンとして利用する．

マンゴーの品種は極めて多く，600以上あるという．繊維が少なく，樹脂臭（テルペン油臭）の少ない品種が好まれる．ウルシ科に属するので，未熟果の白い乳液や収穫後に果柄からしみ出た液に触れるとかぶれるので，注意が必要である．また，食べる際に，稀にかぶれる人がいる．

わが国には，フィリピンの代表的品種である黄実系の'カラバオ'（多胚性）が，ペリカンマンゴーの商品名で輸入されている．メキシコからはアップルマンゴーの愛称でよばれている赤実系の'アーウイン''ヘイデン''ケント'が，カリフォルニア州からは緑実系の'キーツ'が（以上，単胚性），台湾からは'アーウイン'が，また，オーストラリアからオレンジ色系の'ケンジントン'（多胚性）が輸入されている．

主要品種の解説

○ アーウイン：わが国でも栽培されている品種で，フロリダ州において'リッペンス'（ヘイデンの実生）から1946年に選抜され1949年に命名された品種である．熟期は7月下旬〜8月中旬で，成熟すると果形は長卵形，果実重は450g前後，果皮は鮮紅色となり，果肉は橙黄色で果汁に富み，繊維はほとんどない．糖含量は14%前後でマンゴー品種の中では低いが，香りがよく完熟した果実は極めて美味である．

マンゴーの良質果は、果皮にツヤと張りがあり、傷や黒斑のない果実である．大きな黒斑は炭疽病によるもので、果肉まで侵入している．果実を10℃以下で貯蔵すると、低温障害を起こし、果肉が透き通ってきて味も悪くなる．

3）こぼれ話

マンゴーを食べる時は汁が垂れて衣服を汚すので、"マンゴーは湯殿で食え"とか、"淑女もマンゴーを食べる時は、行儀が悪くてもよい"といわれてきたが、果実を扁平な種子に沿って3枚におろし、両側の果肉はスプーンですくって食べ、中央の部分は皮を剥き取り種子をつまんで食べれば、上品に食べることができる．

釈迦はマンゴーの樹下で野宿をしたり、布教活動をしたと伝えられ、仏教徒には聖樹とされている．インドボダイジュ、サラノキ、ムユウジュ、エンジュ、マンゴーは「仏教五木」として尊ばれている．また、花は無数に咲くが、結実の少ないことから、悟りの困難さを示唆する木とされている（実際は1花序に200～2500個の小花を着けるが、結実するのは1～数個である）．

ヒンズー教との関係も深く、マンゴーは万物を支配する神プラジャパティの化身として崇拝されている．ヒンズー教寺院の壁にも多くのマンゴーの彫刻がみられる．

27. 他の熱帯・亜熱帯果樹

1）アセロラ（Barbados cherry, Acerola）

アセロラは、キントラノオ科ヒイラギトラノオ属の常緑樹である．原生地は米国のテキサス州南部から南アメリカ北部、西インド諸島とされているが、正確な原生地は不明である．原生地近辺では古くから利用されてきた．しかし、世界への伝播は遅く、1903年にキューバを経てフロリダ州に導入されて以降、ハワイ等世界各地に広まった．わが国には、大正時代に導入されたといわれているが、経済栽培は昭和40年代になってからで、沖縄県、鹿児島県等で少し栽培されている．

アセロラの生育適温は25～30℃であり，経済栽培には12℃以上が必要である．繁殖は，取り木や接ぎ木でも行うが，一般には作業が簡単な挿し木で行う．

アセロラは両性花で，年4～6回程度開花・結実する．自家和合性，虫媒花であり，単為結果する品種も多いが，経済栽培では結実安定のためにジベレリンやトマトトーン散布が行われている．果実は液果状の石果である．適温下では，開花後1カ月前後で完熟する．果皮は薄く，完熟すると濃赤もしくは赤色となり，果肉は軟らかく多汁である．果形は卵形または球形，果実重は3～10gで，色，形ともオウトウに似る．甘味系と酸味系に大別される．甘味系はうっすらと甘いが，酸味系はスモモに似た味がする．わが国では両系統が栽培されている．完熟果の方が美味しいが，2～3日で腐敗するので，青果物として扱う時は果皮がバラ色に変わり始めたら収穫し，常温下に置くと熟度が進み，収穫後7～10日間鮮度が維持できる．加工原料とする時は，収穫後速やかに冷凍することが望ましい．

アセロラ果実には，ビタミンCを甘味系でレモンの8倍(800mg/100g)，酸味系で17倍含む．果実は，生食する他，主にジュース，ジャム等に利用される．葉は乾燥させてお茶として飲用される．

花が年に数回咲くので，観賞用に鉢植えとして楽しむことができる．5月上旬から10月上旬は戸外に出し，それ以外の期間は室内の日光がよく当たる所に置き，夜間温度を10℃以上に保つ．

2) グアバ（バンジロウ，Guava）

グアバは，フトモモ科バンジロウ属の常緑樹である．原生地は熱帯アメリカで，恐らく南メキシコからコロンビアおよびペルーに至る地域といわれている．BC800年頃からペルーのインカ族が栽培し，果実を利用していたとされる．16世紀初めスペイン人が新大陸に上陸した時に見出し，その後，主にスペイン人により世界各地に伝播された．台湾には17世紀に導入されており，沖縄にもその頃渡来したのではないかとされている．

グアバは樹勢が非常に強く，熱帯果樹の中では耐寒性があり，最低気温5～8℃でも生育する．-1℃まで耐えるので，わが国の暖地なら栽培可能

な果樹である．土壌適応性も広い．沖縄県，鹿児島県等で少し栽培されている．

　繁殖は，実生苗でも播種から3～4年で開花・結実することから，従来，実生で行われてきた．しかし，実生苗は品質等に変異が大きいので，優良系を接ぎ木，挿し木，取り木で増殖する方がよい．

　グアバは両性花，自家和合性である．受粉は虫媒によるが，樹体を振動させると受粉効果が期待できる．気候等の条件が良ければ，年中を通じて開花・結実する．果実は液果で，果形は洋梨型のものが多く，球形，楕円形等もある．果頂部にはガク片が残り，ザクロに似るため中国や台湾では外国のザクロの意味でバンジロウ（蕃石榴），わが国でもバンザクロともいう．成熟すると，多くの品種で果皮は黄色，黄緑色となり，中には紅色等となる．果肉には白肉系と赤肉系があり，一般に生食用の糖の高いものには白肉系が多く，加工用の酸の多いものには赤肉系が多い．

　果実重は30～400gで，中にはそれ以上になるものもある．果実の中央部に小さな硬い種子が多数ある．3倍体の無核品種も育成されている．完熟果の方が品質はよいが，ある程度熟した果実であれば，15℃前後の温度で追熟させると，かなりの品質の果実が得られる．成熟すると麝香の香りが強くなり，果肉は軟化する．果肉には石細胞があり，ナシのようなザラザラした舌ざわりがある．完熟果の糖含量は4～12％，酸含量0.3％程度で皮ごと食べる．果実は10℃程度の温度で，2～3週間の貯蔵が可能であるが，3℃以下では低温障害を起こす．果実の最大の用途はジュース生産であるが，生食する他や，

図16　グアバ
（中村，1978）

ジャム，ゼリー等としても利用される．

グアバ果実は，ビタミンＣ（220mg/100g）を多く含む．カロテンを赤肉系では600μg/100gと高含有するが，白肉系にはほとんど含まれていない．葉には，タンニンの一種で抗酸化作用が強いプロアントシアニジンを多く含み，グアバ茶として利用され，高血圧，糖尿病に有効といわれる．その他，葉から，アトピー性皮膚炎，気管支喘息，アレルギー性鼻炎等に効果のある成分が抽出されている．

なお，近縁種のテリハバンジロウは，慣例的にグアバとして扱われることがある．

> ◆**テリハバンロウ**◆原生地はブラジル南部．バンジロウ属の中では最も耐寒性が強く，－7℃程度まで耐える．果実重4～16ｇと小さいが，グアバより甘く，イチゴの香りがある．このため，英名で，Strawberry guavaともいう．皮付きのまま食べる．非常に鮮やかなピンク色のジャムができる．温暖地であれば，戸外でも栽培可能である．

3）ココヤシ（Coconut palm）

ココヤシは，ヤシ科ココヤシ属の常緑樹である．原生地には，太平洋スンダ諸島説と南アメリカ北部説がある．ココヤシは有史以前から栽培されており，その野生種が発見されていないこともあり，原生地は明らかでない．

ココヤシのココ（coco）は，ポルトガル語でサルの意味である．果実を包む繊維質（中果皮）を剥がすと殻（内果皮）がある．そこに3個の丸い発芽孔があり，これを眺めるとサルの顔のようにみえるところから名付けられた．

ココヤシの栽培適地は最高気温が38℃以下で，年平均気温25～30℃で湿気の高い地域である．ココヤシは通常単幹で直立し，普通種の樹高は15～30ｍと高く，わい性種でも10ｍ前後あるので，薬剤散布をするのは費用の面から困難というのが実情である．

繁殖は種子で行われるが，そのため変異が多い．種子は，播種後120～150日で発芽する．実生苗は栽植後，普通種では6～10年で結実を開始し，その後80～100年ほど結実するのに対して，わい性種では4年前後で結実を

始めるが，盛果期は30～35年と短い．

　ココヤシは，花序の基部に1～数個の雌花とその上部に多数の雄花を着け，雌雄同株である．自家和合性の品種もあるが，雌雄異熟のため同一花序内では受粉できない．受粉は虫媒や風媒により行われる．次々と花を咲かせるので，1樹当たり年間に40～80個，多いもので200個の果実が取れるという．

　果実をココナッツという．果実は石果，果形は楕円形または卵形で，長さ10～35cm，直径17cmほどで，果皮は熟して橙黄色～灰褐色となる．果実は滑らかで皮質の外果皮，繊維質の中果皮，硬く厚い殻の内果皮からなり，中に種子がある．果実は受精後約70日でフルサイズに達するが，成熟までには約1年かかる．ココナッツの収穫には，人が木に登って収穫する他，棒の先にナイフをつけて切り落とす方法がある．時には，飼いならしたサルに収穫させたりする．

　幼果時には，殻の内に胚乳液（果水）を満たすが，熟すにつれて殻の内側にゼラチン状の脂肪層（胚乳層）を形成し始め，次第に厚くなり硬化し，果水は少なくなる．

　果水は，飲用や組織培養の添加物として利用される．固まりかけた液状の胚乳層はココナッツミルクといい料理に，固まったばかりの軟らかいものは輪切りにして果水と一緒に生食する．固まった胚乳層を削り搾った液状のものもココナッツミルクといい，調味料として用いる．完熟果の胚乳層を乾燥させたものが，コプラである．ココヤシの栽培で最も重要なのはコプラの生産である．コプラから搾ったヤシ油をマーガリン，石鹸，ろうそく等を作る原料とする．搾り粕は肥料や飼料にされる．花序の基部を切って，その切り口から出る液は甘く，これを飲用にするとともに，煮詰めてココナッツ糖やヤシ酒を作る．この酒を蒸留したものがアラックとして知られる．中果皮の繊維は織物，ロープ等に用いる．内果皮の殻は，スプーンや飾り物等の日用品となる．葉は熱帯の簡易ハウスの屋根をふくのに利用される．

　フィリピンでは，恋人を殺された娘が恋人の首を海岸に埋めたところ1本

の木が生え，恋人の面影に似た頭くらいの果実がなったという伝説，インドでは，人間に愛想をつかした神様が新しい人間を作ろうとして頭まで作ったが，いやになり捨てたのがココナッツである等，人の顔に見立てた伝説が多い．

島崎藤村の詩「椰子の実」に"…名も知らぬ遠き島より流れ寄る椰子の実1つ…"にあるように，ココヤシの果実は，何カ月も海を漂流しても発芽力を失うことなく，岸に打ち上げられて，そこで根を下ろし定着する．

◆**他のヤシ類**◆他のヤシ類として，フェニクス属のナツメヤシ（Date palm）がある．原生地は明らかでないが，メソポタミアに原生分布していたと考えられ，BC3000年頃から利用されていたとされる．ナツメヤシは，乾燥地帯で栽培できる数少ない常緑果樹である．同じヤシ科に属するので，ここで簡単に記述する．

ナツメヤシは，−15〜50℃の極端な温度にも耐え砂漠に生育するヤシで，塩害に強く，根は深く30mも伸びて砂漠の地下水を吸水するといわれている．砂漠地帯住民の必需食料である．雌雄異株である．果実は多数が房状に結実し，石果で，果形の多くは円筒形，長さ2.5〜7.5cm，可食部の中果皮は多肉で糖度が極めて高い．中に非常に硬い外種皮で包まれた種子を含む．熟果の果皮は黄褐色ないし赤褐色，果肉も同色である．果肉を生食する他，ジャム，ゼリー，砂糖漬け，ヤシ酒等に加工される．乾果としての利用が多く，乾しナツメのような風味がある．花序の基部を切って，その切り口から出る液を利用するのはココヤシと同じである．種子は炒り粉末にしてコーヒーの代用とされる．若芽は野菜として利用される．

ナツメヤシの伝承は多い．アラビア半島のセム語族は，ナツメヤシが食料と酒を与えてくれるばかりではなく，人間と同じく雌雄の区別があることから，宗教的にこれを「生命の樹」として神聖化していた．初期のキリスト教徒は，ナツメヤシの葉を死の克服と信仰の勝利の象徴とみなしている．中世には聖地巡礼の記念にヤシの枝や葉を持ち帰る風習が生じ，巡礼者のことを英語でpalmerという．受難を前にしたキリストがエルサレムに入った時，信者が通路にナツメヤシの葉をまいて迎えたという．この故事にちなみ，今日でも復活祭前の日曜日をpalm Sundayといい，ナツメヤシの葉を切って祭壇に供える．

4）ゴレンシ（Carambola, Starfruit）

ゴレンシは，カタバミ科ゴレンシ属の常緑樹である．原生地はマレー半島，モルッカ諸島，インド，ジャワ島等と諸説あり，不明である．中国へのゴレンシは，恐らくマレー地方を経て伝播したとされ，紀元前（BC400

以前)から栽培されていた．五斂子，羊桃等とよばれ，羊桃の羊は洋，即ち異国からきた果実（中国では桃が果実の総称）という意味である．現在，栽培面積が最も多いブラジルに導入された時期は不明であるが，確かな導入記録として1817年フランス人によってもたらされている．わが国への導入時期は，1793年ともいわれているが明確ではない．大正3年（1914）に台湾から鹿児島県に導入され，温室栽培されている．わが国では，現在沖縄県，宮崎県，鹿児島県等で栽培されている．

ゴレンシの生育適温は20～30℃，経済栽培を行うには14℃以上が必要で，降霜があるところでは困難であるが，弱い霜には耐える．繁殖は実生，接ぎ木，挿し木，取り木で行う．実生苗でも4～5年で結実するが，品質等の変異を考えると，栄養繁殖がよい．

ゴレンシは両性花で，花には長い雌ずいと短い雄ずいをもつ長柱花と，短い雌ずいと長い雄ずいをもつ短柱花がある．自家不和合性や交雑不和合性があるため，異品種・系統を混植する．受粉は虫媒による．熱帯地方では，年2～3回開花・結実するため，年間を通じ花，若果，熟果を見ることができる．開花から収穫までの期間は，適温下で120～130日であるが気温が低いと多くの日数を要する．

果実は液果で，楕円形，長さ5～14cm，幅4～8cmで，縦に5本の陵がある．果実の横断面が星形をしていることから，スターフルーツという英名が付いた．果実の中に軟らかく平たい種子が数個入る．熟すと果皮は

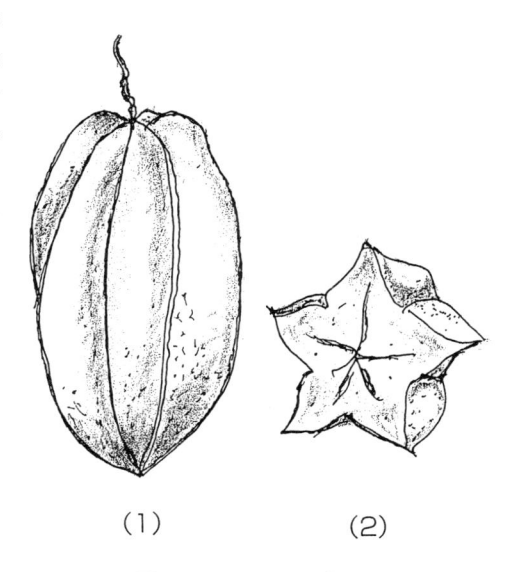

図17　ゴレンシ果実
(1)：果実　(2)：果実の横断面
(池上　徹　画)

黄色となり，多汁質の果肉にはウメのような芳香がある．普通，完熟した果実を収穫するが，少し未熟な果実でも追熟することにより生食可能になる．果皮と果肉の分離は困難であるが，果皮ごと食べることができる．

酸味の多少により甘味種と酸味種があり，甘味種の果実の方が大きい．甘味種は，淡白なナシに似たさわやかな食味で生食し，薄く切ってサラダ等にも入れる．食塩を振り掛けて食べると格別の味である．砂糖漬，乾果にもされる．ペクチンを多く含むためジャム，ゼリーに向く．酸味種は，生梅に似ておりピクルス，砂糖漬，酸味料等に利用される．なお，両種とも若い果実を野菜として利用する．花はサラダの材料になる．未熟果はシュウ酸を多く含むため，金属製品のさび落としや真鍮製品を磨くのに利用される．樹姿が女性的な風情があり，花も可愛らしいため庭木として楽しめる．

良質果は，果皮に光沢があり，重みのあるものである．褐色の斑点のあるものは鮮度が落ちている．5～10℃で高湿度に保つと4週間ほど貯蔵が可能である．

5) バンレイシ（シャカトウ，Sugar apple）

バンレイシは，バンレイシ科バンレイシ属の半落葉性の果樹である．原生地は西インド諸島とされている．果皮は，貝殻を伏せたような肉質状のもので覆われ亀甲状を呈し，釈迦像の頭に似ることから，本種をシャカトウ（釈迦頭）ともよぶ．バンレイシ（蕃荔枝）という名称は，外国（蕃）から渡来したレイシ（荔枝）に似た果物という意味である．

世界各地には，新大陸発見以降（1492），スペイン人やポルトガル人により伝播されたといわれている．しかし，インドではアジャンタの壁画（紀元前後から7世紀頃）等にバンレイシ果実が描かれている他，サンスクリットの古文献にも記載があることから，インドには少なくとも新大陸発見のはるか以前にバンレイシが存在したことになる．これに対して，この果実は，インド原産のパラミツ（ジャックフルーツ）であるという説，新大陸以前にインドに伝来した説等あり，真偽のほどは明らかではない．

バンレイシは，年間平均気温21℃以上の霜や寒気のない熱帯地方に適し，

比較的土壌乾燥には強い．一般には種子繁殖を行ってきたが，これは種皮が硬く発芽能力を長期間（4年前後）有すること，実生苗でも3～5年と短期間に開花・結実すること等による．しかし，均一な品質の果実を得るためには，ヒコバエを利用する株分け等の栄養繁殖を行うことが望ましい．

バンレイシは，両性花で虫媒花である．自家和合性であるが雌雄異熟であるため，人工受粉の効果が大きい．果実は，花床と多数の雌しべが融合した集合果である．果形は卵形，心臓形，球形，果径は6～10cmである．中に多くの硬い種子を含む．完熟すると果皮が極めて軟弱で割れやすく，果肉が崩れやすく取り扱いが難しくなることから，少し早めに収穫し追熟させて食べる．成熟果の果皮は黄緑色と赤色となる2系統があり，果肉は白くカスタード状で，芳香があり甘く，やや酸味を伴う．果皮に近い果肉に石細胞があり，舌に感じるが果肉は非常に美味しい．果実は生食する他，ジュース，ジャム，シャーベット等に加工される．

台湾南部では，バンレイシを釈迦頭というのはお釈迦様に対して不敬であるとして，その地域の住民は「梨子」と改称しているとか．貯蔵，輸送方法の改善により，消費が拡大する可能性がある果樹の1つである．なお，近縁種にチェリモヤ，トゲバンレイシ，アテモヤがある．

6）フェイジョア（Feijoa）

フェイジョアは，フトモモ科フェイジョア属の常緑樹である．原生地は，ウルグアイ，パラグアイ，ブラジル南部，アルゼンチンとされている．1890年フランスのベルサイユ園芸学校教授アンドレ（E.F. André）によりウルグアイからフランスに導入され，それ以降，世界各地に広まった．わが国には，昭和時代初期に林博太郎伯爵が米国から種子を持ち帰り栽植したのが最初である．

フェイジョアは－9℃前後でも寒害を受けず，わが国の温暖地で結実可能である．繁殖は普通，挿し木，接ぎ木で行い，挿し木苗や接ぎ木苗では定植後2～3年で開花・結実する．

フェイジョアは両性花で，'マンモス''トライアンフ'等のように'自家不和合性で受粉樹の混植が必要である品種と，'アポロ''アンドレ''クーリッ

ジ''ジェミニ'等のように自家和合性の品種がある。なお、フェイジョアの受粉は昆虫以外に、鳥によって行われる特殊な例として知られている。

　果実は液果、果頂部には宿存ガクを残し、グアバに似た形状を示す。熟期は10下旬～11月下旬で、熟した果実の果形は卵形～長楕円形、果実重50～150gである。果皮は緑色地にやや赤みを帯び、白色の果粉でおおわれる。果皮の近くに石細胞があり、中央部の果肉は黄白色半透明のゼリー状で多汁、甘味に富み芳香があり美味しい。20～40粒の種子を含むが、小さくて食しても気にならない。パイナップルの香りがし、「パイナップルグアバ」ともよばれている。早取りすると芳香に欠ける。手で触って落ちる頃が熟期である。収穫後、12～15℃で7～10日間置いた方がさらに風味を増す。果実はビタミンCに富み、生食する他、ジャム、ゼリー等に加工される。肉厚の花弁は甘みと香りがあるので食用となり、サラダに添えるとよい。

　フェイジョアは耐寒性があり、比較的病害虫が少なく、花（花弁の外面は白色、内側は紫赤色で、暗赤で直立した雄ずいと雌ずいが白色の花弁と鮮やかな対照をなす）や葉（上面は光沢のある濃緑色、下面は綿毛でおおわれ銀灰色）は美しく、温暖地において庭木としての利用価値が高い。比較的低木なので、鉢植えの観賞用植物としても楽しめる。

7) ホワイトサポテ（シロサポテ，White sapote）

　ホワイトサポテは、ミカン科シロサポテ属の常緑樹である。原生地は、メキシコから中央アメリカ高地にかけての温帯～亜熱帯地方である。

　米国に導入されたのは1800年代の初め、ヨーロッパには1800年代中期とされる。わが国には、昭和35年にハワイから鹿児島大学に種子で導入されたのが最初であろう。

　樹は比較的低温に耐え、耐寒性はアボカドに勝るが、開花期が冬から春にかけてであるため霜害を受けて花が枯死する。したがって、沖縄県では露地栽培が可能であるが、九州で安定生産を行うには、施設栽培を行う必要がある。土壌の過湿には弱いが、乾燥には比較的強い。繁殖は実生、接ぎ木、挿し木、取り木で行うが、接ぎ木が一般的である。

　ホワイトサポテの花は、虫媒花で形態上は両性花であるが、花粉をもた

ない品種も多い．花粉を有する品種も自家和合性が低いので，花粉を有する他品種の混植が必要である．果実は形態学的には液果様石果とされてきたが，石果の特殊なタイプとする意見もある．果実には通常5個の種子が形成されるが，稔性種子は1～3個で他は不稔種子である．果形はオレンジ形または扁平形で，果実重は200～300gの品種が多い．

図18　ホワイトサポテ
（中村，1978）

　沖縄県の露地栽培では，12～2月に開花・結実し7～9月に成熟する．成熟果の果皮は品種により，緑色または黄色を呈する．果実は硬いうちに収穫し，追熟させて食べる．果肉はカスタードのような食感で，非常に甘く，酸味が少なく美味である．果皮が薄く，軟化した果実は輸送性が極めて悪く，このことが経済栽培の妨げとなっている．果実は生食する他，シャーベット，アイスクリーム等に加工される．追熟後の果実は冷蔵庫でも数日しか保存できないので，すぐ食べるか冷凍しないと過熟となり，発酵が始まる．冷凍しても風味の減少は少ない．遠距離輸送にはモモのように果実を丁寧に取り扱うとともに，5℃以下の低温輸送が必要である．果実にはカリウム（220mg/100g），リン（28mg/100g），葉酸（36μg/100g）を多く含む．

　樹皮，葉，種子には血圧降下作用があり，葉をお茶として飲用すると睡眠効果があるとされる．果肉は容易にアルコール発酵するので，酒や燃料としての利用もある．

8) マンゴスチン (Mangosteen)

　マンゴスチンは，オトギリソウ科ガルシニア属の常緑樹である．原生地はマレー半島，スンダ列島とされているが，明らかでない．熱帯果樹の女王といわれている．

　マンゴスチンは栽培適地が少なく，高温多湿で温度変化の少ない地域が適地とされている．低温にも弱く，5℃が生育の限界温度である．

　花は雄花，雌花があり，雌雄異株といわれているが，雄株はまず見つからないといってよい．マンゴスチンは，単為生殖（受精しなくても発芽力のある種子ができること）で結実する．単為生殖のため実生は母系の形質を受け継ぐ．このため，実生苗でも果実品質等に変異が少なく，実生繁殖が行われている．しかし，実生苗が開花・結実するのに10～20年を必要とし，根の発達が悪いこと等から接ぎ木，取り木が行われるようになっている．マンゴスチンは，50～100年は結実するという．

　マンゴスチンの果皮は，熟すと赤紫色，紫色，褐紫色となり，果形は球形，果径は5～8cmで，果頂部に梅鉢状の柱頭痕があり，果梗部に4枚のヘタ（宿存ガク）がある．果実の外観はカキに似る．果皮は厚いが赤道部に切れ目を入れると容易に2分でき，中に4～8個の白い果肉状の仮種皮が並んでおり，これを食べる．仮種皮には，種子を含まないものと含むものとがある．可食部は多汁でやや酸味の

図19　マンゴスチン
　　　（中村，1978）

ある上品な甘みがあり，極めて美味である．

果実は生食する他，ジュース，ゼリー等に加工される．果皮には黄色色素マンゴスチン（$C_{23}H_{24}O_6$）とタンニンを多く含み，前者は退色しないため更紗（さらさ）の染料として重用され，後者は皮なめしに利用される．乾燥樹皮も黒色染料となる．果皮の汁を衣服につけると，なかなか取れないので注意する．

イギリスのビクトリア女王（1819～1901）は，"我が領土に天下第1の美味果といわれるマンゴスチンがありながら，日持ちが悪いため味わうことができないのは遺憾の極みである"と嘆き，"7つの海を失うとも，マンゴスチンを食べたい"と言わしめた．

9）ランブタン（Rambutan）

ランブタンは，ムクロジ科ランブタン属の常緑樹である．原生地はマレー半島とされているが，明らかでない．ランブタンの名はマレーシア語のrambut（毛，髪）とan（物）に由来する．リュウガン，レイシとともに，ムクロジ科の珍果として古くから知られている．

ランブタンは完全な熱帯果樹で，温暖，湿潤な気候を好む．実生苗は，多くが雄株であるため雌株を選別する必要があること，品質等に変異が多いことから，繁殖は接ぎ木，取り木で行う．

ランブタンには，花弁を欠く直径約5mmの小さい花が，多数円錐状に着く．小花には雄花，機能しない雌ずいをもつ雄性完全花，機能しない雄花をもつ雌性完全花の3種類がある．普通は雌雄同株または雌雄異株で，虫媒受粉を行う．果実はレイシと同じく，枝ごと収穫する．果実は卵形，石果で仮種皮を食する．熟すと果実重は50g前後となり，果皮は多くは鮮紅色～橙色で，果面は同色の1cm前後の軟毛で覆われているので，ランブタンとすぐ分かる．果皮をねじるようにすると，果皮は容易に剥がれ，中の仮種皮は白い半透明で上品な香りがあり，多汁で甘酸適和し，高級ブドウのような食味で美味しい．果実は生食する他，ジャム，酒等に加工される．

10）リュウガン（龍眼，Longan）

リュウガンは，ムクロジ科リュウガン属の常緑樹である．古い果樹であ

り原生地は特定し難いが，中国南部からミャンマー，インドにわたる地域のいずれかであろう．中国では，『後漢書』に匈奴の単于(君主の称号)への貢物に龍眼，茘枝の名があることから，2000年前から栽培されていたと思われる．わが国には，万治2年(1659)に薩摩藩主島津光久が御薬園を作り，導入したリュウガンを植えたとされる．現在，沖縄県，鹿児島県，八丈島等で栽培されている．

リュウガンは熱帯より亜熱帯地方に適し，レイシより低温に強い．−4℃でも短時間なら耐える．繁殖は，実生，接ぎ木，取り木で行う．ただ，実生苗は，取り木苗，接ぎ木苗より開花に要する年月が長い．

リュウガンには，直径6mm程度の小花が，多数円錐状に着く．小花には雄花と両性花があり，雌雄混株である．虫媒であるが，花粉は風によっても飛散する．果実は球形の石果で仮種皮を食し，果実重は普通4〜5gであるが，中には30g程度になるものもある．果皮は熟すと淡褐色，灰褐色，黄褐色になり，所々に皺があるがほぼ滑らかで，ジャガイモの表皮に似るが，やや硬く薄い殻状である．果肉は寒天状で多汁，甘味と芳香があり美味である．生食，乾果として利用される．乾果には，全果を乾燥させた乾

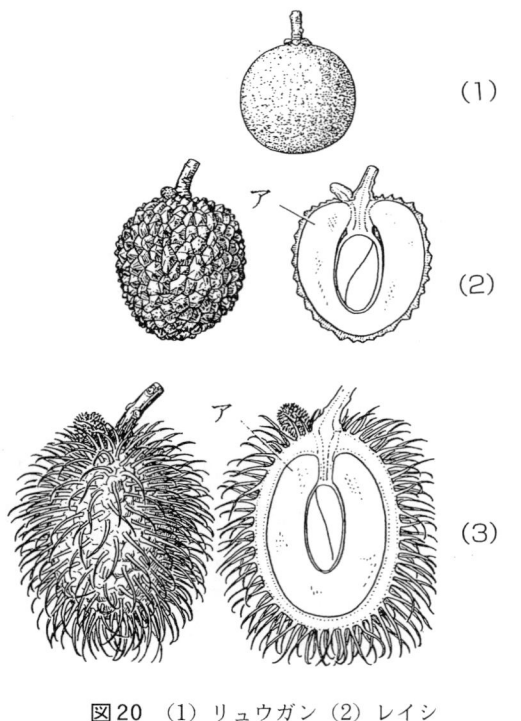

図20 (1) リュウガン (2) レイシ (3) ランブタン 果実
ア；仮種皮
(小学館，園芸植物大事典より梅林正芳 画)

龍眼と仮種皮だけを取り出して乾燥させた龍眼肉とがある．果肉にはアデニン，コリン等を含み，乾果は強壮剤，鎮静剤，保温薬等の漢方薬として重用される．リュウガンの可食部は，レイシと類似するが，果実はレイシより小さいものが多く，種子が果実の割りに大きい．風味も劣る．しかし，缶詰はレイシのそれより美味で品質がよい．リュウガンは豊産性で栽培容易であるため，庶民的果樹として人気がある．

リュウガンという名のいわれは，伝説によると福建興化の桂元という青年が，害をなす龍を退治しに行き犠牲になるが，えぐり取った龍の眼を彼の墓に一緒に葬ると，木が生え実をならせたという．

11）レイシ（ライチー，茘枝，Litchi）

レイシは，ムクロジ科レイシ属の常緑樹である．原生地は，中国南部，あるいは中国南部からミャンマー，マレー半島といわれている．中国では，BC 1世紀には既に栽培されていたとされる．中国人が格別好む果物であり，レイシを口にしないと食事を終えた気がしないとまでいわれ，また婚礼や宴会の引き出物として，日常生活に欠かせないものとなっている．わが国では，薩摩藩主島津斉彬（1809～1858）が外国の有用植物を導入し，現在の鹿児島県佐多町に植えたのが最初とされる．現在，沖縄県等で少し作られている．

レイシは低温に弱く，霜害を受けやすく，南北回帰線付近で産地が成立している．ただ，花芽分化のためには，秋から冬にかけて一定期間の低温が必要である．レイシの根は根粒を生じ窒素固定菌と共生するが，この菌は中～酸性を好むため，土壌もやや酸性がよい．繁殖は，取り木か接ぎ木で行うが，接ぎ木の活着率はやや低い．レイシは，枝ごと収穫される．これは，果実の萎凋を遅らせ鮮度を保持するためと，剪定と同じ効果を期待するためという．レイシの中国名には茘枝のほか離枝，丹枝等"枝"の付いた名が多いが，これはこの収穫法に由来する．

レイシには，花弁を欠く直径9mm前後の小花が，多数円錐状に着く．小花には，雄ずいの発達が不完全な雌花，雌ずいの未発達な雄花があり，雌雄同株である．虫媒受粉される．

果実は石果で、果形は球形ないし倒卵形、成熟すると果皮は濃赤色、赤色、ピンク色となり美しい。剥皮は容易である。果実重は普通12～25gで、果面に亀甲紋があり、硬いイチゴとでも称すべき外観を呈する。可食部は仮種皮で、透白色、ゼリー状である。糖含量は16～20％と多く、酸含量は0.3～0.5％で甘酸適和し、芳香があり多汁で、甘いだけのリュウガンよりはるかに佳味である。乾果の利用も多いが、乾果、缶詰についてはリュウガンの方が美味しい。レイシの収穫果実をそのまま放置すると果皮から水分が失われ、常温では収穫後2日程度で暗褐色に変化し、味と香りも変わる。そこで、収穫後は果実をポリエチレン袋に入れ、なるべく空気に触れないようにして、低温・多湿条件下で貯蔵する。5℃程度で貯蔵すると20日前後、0℃では1～2カ月保存できる。

中国では古来、レイシを強壮剤として珍重し、また煎じて飲めば咳止めに効果があるという。ただ、過度の摂取は鼻血等の原因になるといわれている。

レイシを非常に好んだ楊貴妃（719～756）のために、唐の玄宗皇帝（685～762）が嶺南地方（現在の広東省、広西省）から長安（現在の西安）までの数千里を8日8晩かけて果実を運ばせた話は有名である。また、北宋の詩人であり、政治家である蘇軾（そしょく）（1036～1101）は流罪地において、"1日300個の茘枝を食べることができるのなら、嶺南の人となってもよい"と言わしめたほど美味果である。

◆レイシとリュウガン果実の見分け方◆リュウガンの果皮は淡褐色、灰褐色、黄褐色で、所々に皺があるがほぼ滑らか、ジャガイモの表皮に似るが、やや硬く薄い殻状である。レイシの果面は濃赤色、赤色、ピンク色で、亀甲紋がある（図20）。

12）その他

以下の表に、他の熱帯・亜熱帯果樹の特徴を示す（次頁）。

その他の熱帯・亜熱帯果樹の特徴

樹種名	分類	原生地	果樹の特性
サポジラ (チューインガムノキ)	アカテツ科 サポジラ属	中央アメリカ, メキシコ南部, カリブ海沿岸	自家和合性の品種もある. 年中開花. 比較的耐寒性があり, 耐塩性, 耐病性も強いので栽培容易. 追熟性. 果形はジャガイモに似, 75～200g. カキに似た風味でタンニンが多い. 非常に甘く生食, ジャム等. 樹液はチューインガムの原料.
トゲバンレイシ	バンレイシ科 バンレイシ属	西インド諸島	年中開花. 雌雄異熟で受粉が必要. 果実重は2～4kg. 果皮には軟らかいトゲがある. 果肉は多汁で飲用, 加工.
ババコ	パパイア科 パパイア属	エクアドル	両性花. 単為結果性あり. 無霜地帯であれば栽培容易. 果実重は1～2kgで, 果肉は多汁質で甘味はパパイヤより少なく, やや酸味がある. タンパク質分解酵素を含む. 生食.
パラミツ (ジャックフルーツ)	クワ科 パンノキ属	インドの西ガッツ地方	雌雄同株. 条件がよければ年中開花・結実. 果実は幹生し, 果実表面はトゲでおおわれる. 果実重は10～20kg, 中には40kgと世界最大の果実. 仮種皮を食す. 果肉は甘いが独特の刺激臭がある. 生食のほか, 煮たり揚げたりする. 未熟果は, 野菜として利用.
パンノキ	クワ科 パンノキ属	ポリネシア	雌雄同株. 雄花は年中, 雌花は2～3月と7～8月に開花. 有核果もあるが, 普通無核なので吸芽, 根挿し等で繁殖. 果実重は1～5kgで, 多量のデンプンを含み, 肉質はサツマイモに似る. 煮る等料理用. 有核果は果肉が少なく, 種子を食用にする. 種子は径2.5cm, 1果実中50～100個含む. 英国で, 18世紀に奴隷の食料にするために, 西インド諸島にパンノキの苗木を輸送する途中にバウンティー号の反乱が起きる.
フトモモ	フトモモ科 フトモモ属	不明. 東南アジアか	両性花. 果径は長さ3～5cm, ガクが残る. 肉質が荒く生食よりは, バラに似た芳香があるので, ゼリー等に加工する方がよい.
レンブ	フトモモ科 フトモモ属	マレー半島, マレー群島	両性花. 単為結果性で無核のものもある. 果頂部にはガクが残る. 果実重は30～100g, 淡白なリンゴ風味で生食もするが, 砂糖水か食塩水に漬けて食べる. 果実, 花は観賞用として価値が高い.

参考−1　果実の機能性成分と効用

機能性成分	効用	機能性成分を含む果実（生果）
[食物繊維]	…大腸ガン予防，心臓病予防，	…果実全般
・水溶性食物繊維	…コレステロール低下作用，急激な血糖値上昇抑制，高脂血症予防	…果実全般
・不溶性食物繊維	…便性状の改善，便秘の改善，痔疾の予防・軽減	…果実全般
[ビタミン]		
・ビタミンA	…夜盲症・角膜乾燥症の予防，骨の発育・機能の維持，上皮・器官・臓器の成長・分化に関与するため妊婦や乳児に特に必要	…アンズ，温州ミカン，タンゼロ，ビワ，ポンカン，マンゴー
・ビタミンB_1	…脚気の予防，糖・アミノ酸代謝に関与，正常な発育・生殖作用等に不可欠〈授乳婦は通常より多く摂取〉	…ドリアン，ニホングリ，マンゴスチン，バレンシア，アボカド，タンゴール，チェリモヤ，温州ミカン
・ビタミンC	…コラーゲンの生成に関与，メラニン色素生成抑制，脳卒中・脳血栓の減少，発ガン予防，免疫能増強，抗酸化作用，欠乏は壊血病を起こす〈授乳婦は通常より多く摂取〉	…果実全般
・ビタミンE	…動脈硬化の予防，冠状動脈性心臓病のリスク低減，アルツハイマー型痴呆の発症軽減効果，抗酸化作用により不飽和脂肪酸の酸化抑制〈授乳婦は通常より多く摂取〉	…オリーブ，アボカド，キンカン，グミ，ドリアン，マンゴー，アンズ，ブルーベリー
・葉酸	…神経管発育不全予防，心臓等血管性疾患予防，成長と妊娠の維持に不可欠〈妊娠を予定している女性，妊婦，授乳婦は通常より多く摂取〉	…ドリアン，レイシ，チェリモヤ，パッションフルーツ，マンゴー，アボカド，ニホングリ
[ミネラル]		
・カリウム	…ナトリウムの排出を促し，血圧の正常化（脳卒中・高血圧予防），エネルギー代謝・細胞膜輸送・細胞内外の電位差の維持に必要〈授乳婦は通常より多く摂取〉	…果実全般
・鉄	…鉄欠乏性貧血予防〈妊婦，授乳婦は通常より多く摂取〉	…スグリ，ギンナン，ニホングリ，ラズベリー，アボカド，ウメ，ハスカップ，パッションフルーツ
・銅	…コラーゲン形成機能の強化（骨折予防），鉄輸送とコレステロール代謝・糖代謝等に関与〈妊婦，授乳婦は通常より多く摂取〉	…アボカド，ドリアン，オリーブ，レイシ，セイヨウナシ，ラズベリー，キウイフルーツ
・マグネシウム	…心臓病・糖尿病・骨粗しょう症・動脈硬化・高血圧予防〈妊婦は通常より多く摂取〉	…ニホングリ，アボカド，バナナ，ドリアン，パパイア，ラズベリー，キンカン

[フラボノイド] ①フラバノン	…血糖値低下作用, インスリン感受性上昇作用	…カンキツ
・ヘスペリジン	…毛細血管強化, 抗アレルギー作用, 循環器系疾患の予防, 抗酸化作用	…温州ミカン, オレンジ, イヨ
・ナリンギン	…毛細血管強化, 循環器系疾患の予防	…ナツミカン, ハッサク, ブンタン, グレープフルーツ
②フラボン ・ポリメトキシフラボノイド(ノビレチン, タンゲレチン等)	…抗炎症作用, 抗アレルギー作用, 抗ガン作用, 糖代謝改善, 脂質代謝改善, 抗酸化作用	…ポンカン, タンカン, 紀州ミカン, シィクワシャー
③アントシアン	…血圧上昇抑制, 毛細管強化, 眼精疲労回復, 抗ガン作用, 肝機能改善, 抗酸化作用	…ブルーベリー, ブドウの果皮, リンゴ, オウトウ
④カテキン	…腫瘍・ガン・循環器系疾患の予防, 血小板凝集抑制, 血圧上昇抑制, 抗アレルギー作用, 抗変異原性作用, 抗酸化作用	…オウトウ, モモ, アンズ, スモモ, ウメ, カキ, リンゴ, ブドウ, クリの渋皮
⑤フラバノール ・ケルセチン	…抗酸化作用, 動脈硬化抑制, 抗う食・抗菌作用, 血圧上昇抑制, 抗アレルギー作用	…バナナ, リンゴ, カキ, ブドウ, ブルーベリー, ウメ
[リモノイド] ・リモニン, ノミリン, オーバクノン	…発ガン予防, 抗腫瘍効果	…カンキツ
[カロテノイド] ・β-クリプトキサンチン	…発ガン予防, プロビタミンAとしての作用	…温州ミカン, カキ, ネクタリン
[タンニン] ・プロアントシアニジン	…動脈硬化症・心筋梗塞・脳卒中の予防, 抗酸化作用	…リンゴ, カキ, クリの渋皮
[クマリン類] ・オーラプテン	…発ガン抑制	…ブンタン・ハッサク・ナツミカン・グレープフルーツの果皮
[レスベラトロール]	…発ガン抑制, 心臓病予防	…ブドウの果皮
[糖関係] ・ソルビトール	…便秘の改善	…オウトウ, ネクタリン, スモモ, リンゴ, ニホンナシ
・フラクトオリゴ糖	…ビフィズス菌の増加, 便秘の改善	…バナナ

ビタミン, ミネラルの「機能成分を多く含む果実」は『五訂日本食品標準成分表』より, 他の項は『果物の真実』(化学工業日報社, 2000) より抜粋.

参考-2　明治時代以降の果樹園芸の変遷

年号	果樹技術等	農業技術等
明治4～10	米国,フランス,清国から果樹導入・苗木育成・配布	明元：江戸を東京と改称. 明2：東京遷都,戊辰戦争終結,開拓使設置,蝦夷地を北海道と改称. 明4：東京・青山に開拓使官園設置（導入果樹の試作・苗木育成）,廃藩置県（3府302県）,県改廃（3府72県）. 明5：大蔵省内藤新宿試験場（現新宿御苑）設置（導入果樹の試作・苗木育成）.開拓使仮学校開設（明8札幌に移し,明9札幌農学校と改称,教頭にクラーク博士着任）.総人口,3311万人.学制公布.
明治6	開拓使,『西洋菓樹栽培法』	明6：石高を廃し反別制とする. 明7：内務省勧業寮設置（内藤新宿試験場を大蔵省より移管し果樹・野菜の栽培試験・加工試験実施）.内藤新宿試験場に農事修学場開設決定（明11駒場農学校として開校）.
明治10	山梨県で民間企業による本格的ブドウ醸造開始.	明10：東京開成学校・東京医学校を合併し帝大と改称（後の東京帝大）.内務省勧業寮を廃止し,勧農局設置,内藤新宿試験場を勧農局試験場と改称,三田育種場開業. 明12：勧農局試験場廃止,宮内庁に移管し植物御苑となる.
明治13	三田育種場,播磨葡萄園設置（明14ガラス温室設置）.	
明治14	福羽逸人（植物御苑）,『甲州葡萄栽培法』	明14：農商務省設置. 明15：開拓使廃止.
明治17	三田育種場,『舶来果樹要覧』	明18：三田育種場でブドウ害虫フィロキセラ発見.
明治19	山内善男（岡山）,モモに和紙袋を掛け害虫防除に効果あげる.また,播磨葡萄園の温室をモデルに温室'マスカット・オブ・アレキサンドリア'の栽培行う.	
明治20	田中芳男（東京）,ビワ'田中'初結実,翌年公表.	
明治21	朝武士干城（沖縄）,沖縄県にパイナップル導入.	
明治22	川上善兵衛（新潟）,欧米より多数の品種導入・栽培.農商務省,種子島でハワイより導入したレモンの栽培に成功.	明22：大日本帝国憲法発布（明23施行）.温州ミカンの輸出開始（主にカナダ向け）.
明治23	佐藤谷次郎（岩手）,リンゴの害虫防除に袋掛けを行う.	明23：帝大に農科設置.

明治24	川上善兵衛，ブドウ栽培に本格的着手．	
明治25	川野仲次（大分），温州ミカン'青江早生'（早生温州第1号）を発見（年次には異説あり）．	明25：総人口4109.0万人（明26，東京123.5万人）． 明26：農商務省農事試設置（東京・西ヶ原）． 明27：日清戦争勃発（死者・疾病者1万7000人，軍費2億47万円）．北里柴三郎，ペスト菌発見．
明治28	当麻辰次郎（神奈川）のナシ園で'長十郎'発見．	明28：この頃から果実が東京市の店頭に出る．洋食屋煉瓦亭開店（銀座，カツレツを考案し大当たり）．
明治30	神谷傳兵衛（茨城），フランス式ボルドー液によるブドウべと病防除．	明30：京都帝大開設（大13，農学部設置．帝大を東京帝大と改称）．
明治31	ナシ'二十世紀'を「新太白」等の名で発売（松戸覚之助（千葉）が明21に発見したとされ，'二十世紀'という名は明37に命名）．福島才治（岐阜），カキ'富有'命名．	
明治32	農事試でイセリアカイガラムシの防除に青酸ガスくん蒸の試験を行う．	明32：この頃，リンゴ腐らん病が北海道・青森県・岩手県北部・秋田県北部等で激発．リンゴをウラジオストックへ輸出開始．
明治34	大久保重五郎（岡山），モモ'白桃'を発見．	
		明35：農商務省農事試園芸部設置（静岡・興津）．盛岡高等農林学校開設．
明治36	宮部金吾（札幌農学校）ら，リンゴ腐らん病の病原菌を糸状菌の一種と同定．	明36：台湾バナナ初輸入．
明治37	外崎嘉七（青森），シンクイムシ類防除に袋掛けを行う．	明37：日露戦争勃発（死者・疾病者11万8000人，軍費15億2321万円）． 明38：東北地方大凶作．カナダへ輸出された温州ミカンにそうか病等がみられ焼却処分． 明39：農事試園芸部で見習制度を制度化（明36に見習生を受け入れ）．東北地方大飢饉． 明40：東北帝大開設（当初は農科のみ，札幌農学校は農科に編入）．
明治42	川崎栄次郎（新潟）の宅内にあったカキを'平核無'と命名．	
		明43：鈴木梅太郎，オリザニン（ビタミンB_1）を発見．九州帝大開設（大8，農学部設置）．
明治44	井上馨の温州ミカン園に発生したイセリアカイガラムシを台湾から導入したベダリアテントウで防除（天敵利用の第1号）．	

		明45：東京市の依頼により，農事試園芸部が米国に桜の苗木送付（ポトマック河畔の桜）. 大2：北海道・東北地方大冷害. 大3：第一次世界大戦勃発.
大正4	この頃宮川謙吉（福岡），温州ミカン'宮川早生'発見（大14，田中長三郎が命名）.	
大正8	奥徳平（奈良），ナシ黒斑病防除にパラフィン紙袋掛けを考案.	大7：米騒動．北海道帝大開設.
大正9	静岡県でナシの害虫防除に砒酸鉛を使用.	大9：コドリンガ発生地域からのリンゴ・ナシ等の生果輸入禁止.
大正10	矢後正俊，静岡県で害虫ナシヒメシンクイ防除に硫酸ニコチンを使用.	大10：農事試から独立し園試となる．ミカンコミバエ発生地域からのミカン類・マンゴー・スモモ等の生果輸入禁止.
大正11	川上善兵衛，ブドウ交雑育種開始.	
		大12：関東大震災（死者約9万）．園芸学会創設.
大正14	園試，フランス式の整枝・剪定法からわが国の風土に適した整枝・剪定試験をモモで開始．わが国で初めて動力選果機をフロリダより購入・設置（広島）.	大14：農商務省を廃止し，農林省と商工省を設立．『園芸学会雑誌』第1号発刊.
		大15：養賢堂，『農業及園芸』発刊.
昭和2	菊池秋雄（神奈川農事試），ナシ'八雲''菊水''新高'育成・公表．大久保重五郎が発見したモモを'大久保'と命名．加藤正人（広島），温州ミカンのじょうのう膜の酸・アルカリ剥皮法確立.	
昭和3	佐藤栄助（山形），オウトウ'佐藤錦'を命名．青森農事試，リンゴの品種改良開始.	
昭和4	袋掛け，隔年結果防止等の労働集約的技術進む．この頃，鳥取県'二十世紀'でパラフィン紙袋と新聞紙袋の2回掛け実施.	昭4：世界恐慌始まる.
		昭5：豊作貧乏，農村窮乏未曾有の深刻化，農業恐慌甚し.

昭和6	上遠章（青森），米国でリンゴワタムシの寄生蜂ワタムシヤドリコバチを採集して日本に送り，青森県で放飼に成功．	昭6：北日本冷害（昭10まで続く，ある1村で娘457人中50人身売り）．大阪帝大開設．
昭和7	広田盛正（岡山），ブドウ'ネオ・マスカット'育成．	
昭和8	富樫常治・川口正英（神奈川農事試），モモ'白鳳'育成．	
		昭9：東北地方大冷害．
昭和10	河瀬亀太郎（和歌山），ヤノネカイガラムシの防除に硫酸亜鉛加用硫黄合剤を考案．この頃からリンゴ高接ぎ更新行われる．	昭10：東京中央卸売市場開設．
昭和11	青森苹果試，人工授粉に関する研究開始．	
		昭12：臨時肥料配給統制法施行．干ばつで全国各地に水騒動起こる．
昭和13	土屋長男（山梨），フィロキセラ耐虫性台木'テレキ5BB''テレキ5C'導入．	昭13：園試東北支場設置（青森・藤崎）．
昭和14	青森苹果試，英国のイースト・モーリング試験場からリンゴわい性台木'M.2''M.8''M.9'導入．	昭14：名古屋帝大開設（昭26，農学部設置）．第二次世界大戦勃発．肥料配給割当制度実施により果樹への肥料施用規制．
昭和15	川上善兵衛，ブドウ'マスカット・ベーリーA'を育成．	昭15：青果物配給統制規則施行（昭16再公布）．農業薬剤配給統制規則施行．日独伊三国同盟調印．果樹栽培面積ピーク．
昭和16	青島平十（静岡）が発見した（発見年次不明）温州ミカンから苗木を育成する（昭40静岡県の奨励品種，'青島'）．	昭16：太平洋戦争勃発．農地作付統制規則施行．岡山県でクリタマバチの被害初発見．果樹は不急不用の作物として作付制限作物に指定．米屋の自由営業廃止．米国で2,4－D合成．
昭17："欲しがりません勝つまでは"流行．木原均，3倍体種なしスイカ育成理論発表（昭18，種なしスイカ育成）．野菜配給制実施．
昭和18	この頃から，育種に高接ぎ法を用いる．藤田克治（神奈川農試），傾斜地カンキツ園で畦畔を利用したカンショ栽培法を考案し，神奈川県カンキツ園の伐採対象面積を6％に食い止める．	昭18：農林省と商工省が合併し農商務省設立．園芸作物（果樹・花き）の栽培を抑制．学徒出陣開始．
昭19：作付制限作物からブドウ除外（電波兵器等の部品製造原料に必要な酒石酸を採集するため）．

昭和20	大井上康（静岡），ブドウ'巨峰'を育成．安松京三（九大），果樹害虫ルビーロウムシの天敵ルビーアカヤドリコバチ発見．	昭20：東京大空襲（死傷者12万人），広島市に原爆投下（死者20数万人）．太平洋戦争終結（死者数310万人と推定）．農林省復活．並木路子の「りんごの歌」大流行．窒素肥料，最大供給時の1/5，燐酸，カリの供給ほとんど皆無．総人口7199.8万人（沖縄含まず）．
		昭21：果実生産量は戦前ピークの1/3以下．農地改革公布（昭22〜25まで実施）．日本果実協会（日園連の前身）設立．日本国憲法公布（翌年施行）．
		昭22：青果物等統制令廃止．農産種苗法制定（翌年施行）．温州ミカンのカナダ輸出再開，米国は輸入禁止．東北帝大農学部設置．
昭和23	リンゴ園で草生栽培提唱さる．	
昭和24	青森苹果試，リンゴ'陸奥'登録．	昭24：この頃，クリタマバチ全国に蔓延．水田転換による温州ミカン栽培始まる．1ドル360円単一為替レート設定．
昭和25	土田健吉（岐阜），クリ'利平ぐり'登録．川野豊（大分），カンキツ'川野ナツダイダイ'登録．	昭25：肥料統制撤廃決定．植物防疫法施行．果実生産，戦前の水準に回復．研究機関の再編（本場は農技研園芸部，支場は地域農試の園芸部に改組）．ポテトチップ発売．
昭和26	長野県のリンゴ園で定置配管式共同防除開始．ブルーベリー初めて導入．	昭26：DDT，パラチオン剤，2,5-D等の普及進む．
昭和27	大槻只之助（福島），リンゴ'王林'命名．大石俊雄（福島），スモモ'大石早生すもも'登録．松本豊，'松本早生富有'登録．	
昭和28	この頃，竹井栄一郎，藤原正明（岡山）がブドウのビニール被覆栽培開始．	昭28：全ての農作物凶作．NHK，テレビジョン放送開始．
昭和30	宮本晋司（北海道）がリンゴ園でスピードスプレーヤで薬剤散布．農技研園芸部，リンゴ段ボール箱輸送試験開始（一般化は昭36年以降）．	昭30：神武景気始まる（昭32上期まで続く）．温州ミカンの水田転換広がる．東京芝浦電気，自動式電気釜発売．
昭和31	薬師寺清司（愛媛果試），温州ミカンの計画密植栽培提唱．農技研園芸部，モモ'缶詰2号''缶詰5号''缶詰12号''缶詰14号'登録．	昭31：経済白書「もはや戦後ではない」

		昭32：大阪市にスーパーマーケット第1号店開店．インスタント食品という言葉が食生活になじみ始める．「ストレス」流行語になる．なべ底不況（上期〜昭33下期） 昭33：即席チキンラーメン発売．
昭和34	農技研園芸部，ナシ'幸水'，クリ'丹沢''伊吹''筑波'登録．	昭34：伊勢湾台風．岩戸景気開始（昭35下期にかけて）．ナシ'長十郎'の価格大暴落．
昭和35	ジベレリン処理による種なし'デラウエア'の生産開始．東海近畿農試園芸部，ハッサク萎縮病の病原体をCTVと判明．	昭35：所得倍増計画決定．果樹等作物病害虫発生予察実験事業実施要綱（昭40本事業として継続）．電気冷蔵庫普及率10％，洗濯機普及率40％を超える（テレビジョンを加え流行語「三種の神器」）
昭和36	長野県のリンゴ園でキンモンホソガ大発生のためヘリコプター空中散布実施．	昭36：果樹農業振興特別措置法施行．農業基本法施行．研究機関の再編で園試として独立．愛媛県で温州ミカンの機械協同選果開始．この頃，高度経済成長始まる．「食品公害」という言葉が使われ始まる．
昭和37	園試，リンゴ'ふじ'登録，この頃リンゴわい化栽培研究を本格的に開始．	昭37：スーパーマーケット急増．
昭和38	園試，温州ミカン'興津早生''三保早生'登録．	昭38：果樹園の除草剤利用開始．千葉県でナシの花粉銀行設置．生鮮バナナ輸入自由化．農林省，園芸局設置．閣議で，筑波研究学園都市の建設了解．
昭和39	園試，缶桃'錦'を登録．沢登春雄（東京），ブドウ'オリンピア'命名．	昭39：生鮮レモン自由化．愛媛県，阪神地方へのミカン出荷にトラック輸送開始．東海道新幹線開通．オリンピック東京大会開催．
昭和40	園試，ナシ'新水'登録．高田貞楠（和歌山），ウメ'南高'登録．	昭40：いざなぎ景気（上期〜昭45下期）．科学技術庁，食品流通体系の近代化（コールドチェーン）への勧告．
昭和41	宮内義正（愛媛），'宮内伊予柑'登録．	昭41：早川電気，初の家庭用電子レンジ発売． 昭42：農林省，温州ミカンの新規栽植抑制方針．
昭和43	園試，クリ'石鎚'登録．	昭43：温州ミカン・リンゴ（特に'国光'）豊作で価格暴落「山川市場」．園試安芸津支場設置．農林省，蚕糸局と園芸局を統合し蚕糸園芸局設置．
昭和44	温州ミカン摘果剤NAA登録・実用化（51年登録抹消）．	昭44：鳥取県，ナシをハワイ等へ輸出．東名高速全線開通．温州ミカンの価格大暴落．米国のアポロ11号，人類初の月面着陸成功．
昭和45	岩政正男（佐賀大）と佐賀果試が極早生温州の探索開始．園試，カキ'伊豆'登録，リンゴ'ジョナゴールド'，キウイフルーツ'ヘイワード'導入．この頃，湯谷孝行（香川）らが温州ミカンの施設栽培開始．この頃から，クリタマバチ抵抗性品種にクリタマバチの寄生目立つ．	昭45：ケンタキー・フライド・チキン（ファーストフード1号店）名古屋市に開店．穀物自給率48％．果実自給率84％．大阪万博開催．

昭和46	園試，リンゴ高接病の病原ウイルス解明を開始．実用規模でのCA貯蔵庫建設．	昭46：DDT，BHCの発売禁止．生鮮リンゴ・グレープフルーツ自由化．マクドナルド，銀座三越に開店．
昭和47	園試，ナシ'豊水'登録，「興津21号」(後の'清見')と'中野3号ポンカン'を交雑する('不知火')．	昭47：温州ミカン生産量357万トンで大豊作・価格暴落．スナック食品ブーム．カシオ，電卓発売．農林省蚕糸園芸局が農蚕園芸局となる．
昭和48	井川秀雄（静岡），ブドウ'ピオーネ'登録．	昭48：第1次石油危機．温州ミカン栽培面積17.3万haで史上最高．生果の年間1人当たり購入量54.6kgで史上最高．園試，果試と野菜試に分離．果試口之津支場設置． 昭49：果樹栽培面積43.5万haで史上最高．日園連等が温州ミカンの生産調整を決議．セブンイレブン・ジャパン，東京・豊洲に1号店開店．
昭和50	青森りんご試，'つがる'登録．果試，クリタマバチの天敵チュウゴクオナガコバチを中国から導入．東京農試，'高尾'登録．杉浦明（京大），渋ガキの樹上脱渋法開発．	昭50：温州ミカン生産量366.5万トンで史上最高．
昭和51	松尾友明ら（鹿児島大），渋ガキ脱渋法（CTSD法）開発・発表．	
昭和52	植原正蔵（山梨），ブドウ'甲斐路'登録．	昭52：果試，筑波農林研究団地へ移転．リンゴのわい化栽培の普及進む． 昭53：農産種苗法を改正し種苗法と改称．農林省，農林水産省と改称．米国オウトウ'ビング'輸入解禁．日園連，温州ミカン栽培面積2割削減決定．キウイフルーツ栽培始まる．新東京国際空港開港（成田）．
昭和54	果試，モモ'あかつき'，カンキツ'清見'登録．長昭信（鳥取），'おさ二十世紀'登録．	昭54：第2次石油危機．
昭和55	静岡県，ヤノネカイガラムシの天敵ヤノネキイロコバチとヤノネツヤコバチを中国から導入．	昭55：日本果樹種苗協会設立．輸入農産物のポストハーベスト農薬が問題になる．
昭和56	果試，クリ'国見'登録．	
		昭59：中間母本の農林登録制度発足． 昭60：果実の自給率77％．つくば科学万博開催．
昭和61 昭和62	果試，リンゴ'さんさ'登録． 果試，カンキツで人為的にキメラ植物を育成．香川県，キウイフルーツ'香緑'登録．	
		昭63：チリ産ブドウ，米国産ネクタリン輸入解禁．青函トンネル開業．

平成元・昭(64)	岡山県・山梨県，モモで近赤外非破壊選果機導入．	平元：昭61以降，景気上昇続く（バブル景気）．東京・大田市場開場．
平成2	果試等，細胞融合によりカンキツ'オレタチ'登録（育成は昭60）．農業生物資源研究所，ナシ'ゴールド二十世紀'登録．	平2：イスラエル産「スイィティー」輸入解禁．リンゴ果汁・ブドウ果汁輸入自由化．果実自給率63％．
平成3	果試，ブドウ'安芸クイーン'登録．	平3：生鮮オレンジ自由化．雲仙・普賢岳噴火．台風19号により果樹大被害．バブル崩壊始まる．
平成4	福岡総農試，ブドウ'博多ホワイト'登録．果試，クリ'紫峰'登録	平4：オレンジ果汁自由化．温州ミカンのシートマルチ栽培進む．
平成5	果試，カンキツ'天草'登録．	平5：ガット・ウルグアイ・ラウンド農業交渉妥結．ニュージーランド産リンゴ輸入解禁．未曾有の冷害（平成コメ騒動）．
平成6	果試，カキ'太秋'登録．岩手園試，リンゴ'きおう'登録．	平6：米国産リンゴ輸入解禁．関西空港開港．松本サリン事件．製造物責任（PL）法成立（平7施行）． 平7：兵庫県南部地震（死者5413人）．東京地下鉄サリン事件．農林水産省，農蚕園芸局を農産園芸局に改称．
平成8	果試，リンゴわい性台木「JM系」登録（平8〜9），カンキツ'はるみ'登録．四国農試，急傾斜地カンキツ園における小型機械化体系開発．	平8：温州ミカン115.3万トンと大減産．科学技術会議，「科学技術基本計画」答申．
平成9	果試等，温州ミカン果肉に発ガン予防効果のあるβ-クリプトキサンチンについて記者発表．果試，モモ'もちづき'登録．	平9：フランス産リンゴ解禁．
平成10	果試，ナシ'あきづき'，カンキツ'せとか'登録．果試，画期的な貯蔵法として冷温高湿貯蔵法を開発．	平10：種苗法改正・施行．果実自給率49％．
		平13：農林水産省の研究機関，独立行政法人に移行（果試は果樹研究所と改称）．この頃，カンキツ'不知火'市場に出回る．果樹栽培面積28.04万ha．農水省，大幅の組織再編．
平成15	果樹研究所，ブドウ'シャインマスカット'登録．	平15：種苗法の一部改正．

(注) 略称
農事試：農事試験場．園試：園芸試験場．農試：農業試験場．農技研：農業技術研究所．果試：果樹試験場．野菜試：野菜試験場．日園連：日本園芸農業協同組合連合会

2) 農事試験場園芸部の設置について

　わが国の園芸分野における組織的な研究は，明治35年6月に農商務省農事試験場（明治26年設立）園芸部が静岡県庵原郡興津町（現静岡市）に創設されたのに始まる．恩田鉄彌を初代部長とし，民有地3町1反を買入れ，3町9反を借地して開場された．

　園芸部が創設された背景・経緯について，後の園芸試験場2代目場長の熊谷八十三は「一般農事試験の中から園芸の研究を分立させんとの事は明治三十三年頃より出でたる話にて，農事試験場から恩田鉄彌技師を其調査の為に欧州に出張せしむる事となりたるは明治三十三年四月なるが，翌年五月帰朝．其頃尚園芸と云う事は一般には充分に認知されず，内閣の大臣中にも其必要を認むるもの殆どなく，予算の編成にも入れられざりし程なりしかば，時の農商務大臣曾禰荒助氏は閣議毎に自腹で其時々の種々の果物を買い，黙って食堂に出し置かせたるに，大臣達は食後之を取って段々果物と云う物に好感を持ち，之を改良する事が園芸の一部なりと聞かされて，漸く納得が出来，明治三十五年度予算に農商務省所管園芸試験費一万一千円が編入されて通過するに至れるなり．」と記している．

　園芸部発足当時の職員構成は，園芸部長を含め技師4名（果樹3名，蔬菜1名），嘱託3名，雇1名，常農夫5～6名，小使1名であった．病虫害に関しては農事試験場の病理部と昆虫部の協力を仰ぎ，加工は水産試験場の技師が兼務した．

参考-3 果樹の栽培に適する自然的条件に関する基準
(果樹農業振興基本方針,農林水産省,2005)

果樹の種類	平均気温 年	平均気温 4月1日～10月31日	冬期の最低極温	降水量 4月1日～10月31日
温州ミカン	15℃以上 18℃以下		－5℃以上	
イヨカン,ハッサク	15.5℃以上		－5℃以上	
ネーブルオレンジ,甘夏,日向夏,清見,不知火,ポンカン,キンカン	16℃以上		－5℃以上	
ブンタン類	16.5℃以上		－3℃以上	
タンカン	17.5℃以上		－3℃以上	
ユズ	13℃以上		－7℃以上	
カボス,スダチ	14℃以上		－6℃以上	
レモン	15.5℃以上		－3℃以上	
リンゴ	6℃以上 14℃以下	13℃以上 21℃以下	－25℃以上	1,300mm以下
ブドウ	7℃以上	14℃以上	－20℃以上(欧州種では－15℃以上)	1,600mm以下(欧州種では1,200mm以下)
ニホンナシ	7℃以上	13℃以上	－20℃以上	二十世紀では1,200mm以下
セイヨウナシ	6℃以上 14℃以下	13℃以上	－20℃以上	1,200mm以下
モモ	9℃以上	15℃以上	－15℃以上	1,300mm以下
オウオウ	7℃以上 14℃以下	14℃以上 21℃以下	－15℃以上	1,300mm以下
ビワ	15℃以上		－3℃以上	
甘ガキ	13℃以上	19℃以上	－13℃以上	
渋ガキ	10℃以上	16℃以上	－15℃以上	
クリ	7℃以上	15℃以上	－15℃以上	
ウメ	7℃以上	15℃以上	－20℃以上	
スモモ	7℃以上	15℃以上	－18℃以上	
キウイフルーツ	12℃以上	19℃以上	－7℃以上	
パイナップル	20℃以上		7℃以上	

(注) 1.上表の基準は,一般に普及している品種および栽培法によるものである.
2.カンキツについては,冬期の最低極温を下回る日が10年に1回又は2回程度発生してもさしつかえないものとする.
3.上記の基準については,最近20年間の気象観測記録により評価する.

参考文献

1. 浅川　勝ら（2000）近代日本農業技術年表. 農山漁村文化協会.
2. 大東　宏（1996）熱帯果樹栽培ハンドブック. 国際農林業協力協会.
3. 五十嵐　脩ら（1998）食品総合辞典. 丸善.
4. 井上頼　数ら（1984）最新園芸大辞典全（13巻）. 誠文堂新光社.
5. 岩堀修一ら（1999）カンキツ総論. 養賢堂.
6. 岩政正男（1976）柑橘の品種. 静岡県柑橘農業協同組合連合会.
7. 岩佐俊吉（2001）図説熱帯の果樹. 養賢堂.
8. 科学技術庁（2000）五訂日本食品標準成分表. 科学技術庁.
9. 果樹試験場（果樹研究所）（1998〜2004）果樹研究成果情報. 果樹試験場（果樹研究所）.
10. 北村四郎ら（1997）原色日本植物図鑑（木本編Ⅰ〜Ⅱ）. 保育社.
11. 河野友美（1991）果物・種実. 真珠書院.
12. 牧　秀夫（1990）果物屋さんが書いた果物の本. 三水社.
13. 間苧谷　徹ら（2000）果物の真実. 化学工業日報社.
14. 間苧谷　徹ら（2002）新編果樹園芸学. 化学工業日報社.
15. 中村三八夫（1978）世界果樹図説. 農業図書株式会社.
16. 農業技術協会（1983）果樹品種名雑考. 農業技術協会
17. 農林水産省果樹花き課（2003）果樹農業に関する資料. 農林水産省果樹花き課.
18. 農山漁村文化協会（1981〜1989）農業技術体系（果樹編1〜8）. 農山漁村文化協会.
19. 農山漁村文化協会（2001）地域資源活用「食品加工総覧」11. 農山漁村文化協会.
20. 大槻文彦（1982）新編大言海. 冨山房.
21. 志村　勲（2000）果樹園芸. 文永堂.
22. 新村　出（1987）広辞苑（第3版）. 岩波書店.
23. 小学館（2001）日本国語大辞典（第2版）. 小学館.
24. 塚本洋太郎（1994）園芸植物大事典（全3巻）. 小学館, 図版協力：アボック社.
25. 山田常雄ら（1983）生物学辞典（第3版）. 岩波書店.
26. 山口　昭（1982）果樹ウイルス病の基礎知識. 農山漁村文化協会.
27. 吉田義雄ら（1991）最新果樹園芸技術ハンドブック. 朝倉書店.
28. Westwood, Melvin N.（1978）Temperate zone pomology. W. H. Freeman and Company（San Francisco）

索　引

英数字

1 － MCP ……………………… 41
1 －花性集合果実 ………… 43
3倍体 …… 8,50,153,155,202
4倍体 …………… 8,115,202
6倍体 …………… 8,78,119
9倍体 …………………… 8
α型果糖 …………………… 25
β－カロテン ……………101
β－クリプトキサンチン
　　……………141,207,229
β型果糖 …………………… 25
Adam's apple …………… 54
AM菌根菌 ………………… 88
apple of orient …………104
Beauveria brongniartii …… 38
BT剤 ……………………… 38
C_3植物 …………………198
C_4植物 …………………198
CAM植物 …………………198
CA貯蔵 …………………… 41
CTSD法 …………………107
ELISA法 ……………… 29,32
HDL－コレステロール … 52
IPCC ……………………… 2
JM系台木 ……………… 9,50
kaki ……………………105
LDL－コレステロール … 52
M.9 ……………………… 50
M.26 …………………… 50
MA（MAP）包装法 ……… 40
May flower ……………181
M.系台木 ………………… 9
palm Sunday ……………216
Pasteuria penetrans ……… 38
RNA ………………… 29,31
S遺伝子 ………………… 59

あ行

S字型生長曲線 …………… 21
Tiプラスミド ……………… 6
UPOV条約 ………………… 5
USDA ……………………138

アーウイン ………………210
アーモンド ………… 19,76,95
青島温州 …………… 23,140
アオナシ ………………… 55
青ナシ …………………… 60
あかつき ……………… 65,67
赤ナシ …………………… 59
アカフサスグリ …………183
アカミグワ ………………179
赤ラズベリー ……………176
赤ワイン …………………117
秋果 ………………………125
アキグミ …………………178
秋肥 ……………………… 1
あきづき ………………… 61
アクチニジン ………121,122
アクバル皇帝 ……………209
アグロバクテリウム ……… 6
アケビ ……………………163
アケビン …………………164
揚げ接ぎ ………………… 10
安下座のシナノシ ……… 58
アザミウマ目 …………… 35
足守藩 …………………… 63
亜主枝 …………………… 16
アジア野生ブドウ … 111,113
アセトアルデヒド … 106,107
アセロラ …………………211
アダムとイブ ………… 54,127
圧条法 …………………… 12
アテネ ……………………169
アテモヤ …………………193

アデニン …………………225
アナカルディック酸 ……… 97
アニュモン ……………… 37
アビシニアバショウ
　　………………… 203,205
アブシジン酸 …………… 25
油桃 …………………… 64,65
阿部源太夫 ……………… 56
アボカド …………………189
甘ガキ ……………… 104,106
天草 ………………………149
網掛け …………………… 38
アミグダリン ………… 72,162
アミノ酸 ………………… 26
雨宮勘解由 ………………113
アメリカガキ ……………103
アメリカグリ ………86,87,91
アメリカスグリ …………182
アメリカスモモ ……… 77,78
アメリカハシバミ ……… 99
アメリカフサスグリ ……183
アメリカブドウ
　　……………111,112,114
アラタ体 ………………… 36
有りのみ ………………… 62
アルカリ性土壌 ……… 3,185
アルコール脱渋法 … 106,107
アルベド ……………7,43,144
アレクサンドロス大王
　　………………133,203,209
合わせ接ぎ ……………… 10
淡雪 ……………………… 56
暗きょ …………………… 3
アンコール ………… 134,141
アンズ ……………71,72,74,127
安息香酸 ………………… 72

索引

アントシアニン……………51,52,130,179
アントシアン……………66,229
アントラニル酸メチル……115
杏仁………………74,76
杏仁豆腐………………76
あんぽ柿………………107
安蘭樹…………………170
硫黄くん蒸……………107
イガ……………………88
井川秀雄………………116
育種法………………4,6,7,8
イザナギノ命…………69,117
石ナシ…………………60
イセリアカイガラムシ……37
イチイガシ……………98
イチジク………123,125,127
無花果……………124,125
イチジク状果…………43
イチョウ………………165
イチョウ科……………165
一挙更新法……………13
居接ぎ…………………10
遺伝子組換え法………6
遺伝子診断……………29,31
糸状菌………………27,28,88
イヌビワ………………128
いや地………………42,125
イヨ……………………147
イワテヤマナシ………55,56
陰芽……………………17
隠頭花序………………125
インドール酪酸………11
インドナツメ…………185
インド野生ミカン……132
ウイジック……………51
ウイルス
……………9,27,29,30,32,207
ウイルス無毒化………30

ウイロイド
……………9,27,31,32,151,156
ウイロイドフリー………31
植え付け………………9
ウエルシュ菌……………52
ウォレス…………………194
浮き皮……………138,141
烏梅………………69,71
ウマイヤ朝……………124
ウメ………………69,72
梅酒………………70,73
ウメジュース……………73
梅酢………………………70
梅干し……………………70
裏年………………………22
ウリミバエ………………38
温州ミカン
……………1,135,139,141,158
ヴェーダ………………208
栄養茎頂分裂組織………14
液果………………………43
えき花芽…………………17
エクソコーティス・ウイロイド
………………151,156
エゾノコリンゴ………47,49
枝変わり……4,132,139,153
枝挿し……………………11
枝接ぎ……………………10
枝別隔年交互結実法……23
エチレン
………24,25,41,60,121,205
エトローグ……………151
エビカズラ……………113
エビヅル………………113
エリオロブス区…………47
延喜式……56,74,86,99,104,
………160,165,177,185,187
円珠庵雑記……………62
園地別隔年交互結実法……23

エンド型キシログルカン転移酵素……25
オーキシン………………17,21
オーラプテン……………229
オーランド………………149
黄金時代…………………95
王秋………………………61
オウトウ………………81,84
黄肉桃……………………64
欧米雑種群……………113
大石早生すもも………78,79
大井上康………………116
大蔵永常………………109
オオコウジ……………134
大伴家持…………………69
大苗育苗法………………13
大房…………………160,162
オオベニミカン………132,134
オオミサンザシ………181
オオミノツルコケモモ…178
王林………………………49
興津早生………………140
おさ二十世紀……………59
汚損果…………………108
鬼皮……………………88,90
オハツキイチョウ……167
オホカムヅミノ命………69
表年………………………22
オリーブ……………167,170
オリュロペイン………169
オレイン酸………97,99,101,
………102,103,169,191
オレタチ……………………6
オロブランコ…………153
温室効果ガス……………2

か行

カイエン群……………197
開花期……………………18
廻国奇観………………167
開心形……………………15

開心自然形 …………… 15	果段 ………………… 203	川中島白桃 …………… 65
海獣葡萄鏡 …………… 118	搗栗子 ………………… 86	川野ナツダイダイ …… 144
塊状 ……………… 114,116	花柱部突然変異 ……… 59	簡易茎頂接ぎ木法 …… 30
回青 …………………… 139	果頂軟化 …………… 108	乾果 …………………… 43
貝原益軒 …………… 57,179	果頂部 ………………… 26	乾果イチジク ………… 124
懐風藻 ………………… 70	果頂裂果 …………… 108	甘果オウトウ ……… 81,83
カイロモン …………… 37	褐斑 …………………… 106	甘果ライム …………… 150
化学的防除 ………… 33,36	カテキン …… 26,130,229	カンキツ ……… 45,127,
花芽形成 ……………… 14	果糖 ……………… 25,107	……………… 130,131,132
花芽形成期 …………… 14	カドゥケウス ………… 100	柑橘 ……………… 156,157
花芽分裂組織 ………… 14	花のう …………… 125,126	カンキツエクソコーティス病
カキ ……… 23,24,45,103	果皮 …… 44,51,59,66,139	………………………… 31
夏期剪定 ……………… 15	下皮細胞層 …………… 44	カンキツグリーニング病
垣根仕立て …………… 15	かび …………………… 27	…………………… 32,34
核果 …………………… 43	果粉 …………………… 117	カンキツ属 ……… 131,135
核果類 ……………… 31,43	花粉親 ………………… 5,90	カンキツトリステザウイルス
核酸 …………………… 29	花粉管 ……………… 59,166	……… 30,144,150,156
殻斗 ……………… 43,88,98	株仕立て ……………… 15	カンキツ連 …………… 130
隔年結果	カブス ………………… 154	環境適応性 …………… 9
……… 20,22,23,101,138,187	株分け ………………… 12	菅公の飛梅 …………… 73
隔年交互結実法 …… 23,138	カプリ系 ……………… 126	感謝祭 ………………… 179
仮茎 ………… 203,205,206	カベルネ・ソービニヨン	干渉作用 ……………… 31
果梗部 ………………… 26	………………………… 117	環状剥皮 ……… 12,110,185
カシ …………………… 98	カボス ……………… 135,154	幹生花 …………… 194,227
果指 ………………… 203	カミキリムシ類 …… 38,125	完全甘ガキ …………… 106
カシュー ……………… 97	カメムシ目 …………… 35	完全渋ガキ …………… 106
カシューアップル ……… 97	可溶性タンニン …… 106,107	完全変態 ……………… 35
カシューナッツ ………… 97	カラーチャート ……… 40	間伐 …………………… 138
花床 ………… 17,19,43,44	カラタチ ……… 9,50,132,	甘味 …………………… 25
芽条変異 ……………… 4	……………… 134,141,156	外果皮 ……………… 43,44
カシワ ………………… 98	カラタチ属 …… 131,135,136	外種皮 ………… 45,46,173
カジイチゴ …………… 177	カラミザクラ ………… 81	外生菌根菌 …………… 88
果実 …………… 1,25,44	カラムナータイプ …… 51	害虫 …………………… 34
果実の甘い部分 ……… 26	カリウム …… 26,101,191,	害虫個体群管理システム
果実の可食部 ………… 46	……………… 204,221,228	………………………… 39
果実の軟化 …………… 25	仮種皮 …… 44,46,195,222,	ガク …… 43,44,173,197,213
果樹 …………………… 1	……………… 223,224,226,227	学名 …………………… 131
果樹農業振興基本方針 … 2	カリン ………………… 170	臥竜梅 ………………… 73
花序軸 ………………… 44	カルドール …………… 97	ガン …… 27,52,141,228,229
果水 ………………… 215	カワチバンカン ……… 145	キイチゴ ……………… 176

(243)

キイチゴ状果 …………… 43	切り返し剪定 …… 16,105,173	…………………… 87,89,91
キウイ ………………… 123	キリスト … 85,112,117,118,	クリタマバチ抵抗性品種
キウイフルーツ …… 119,199	……………… 181,199,201,216	…………………………… 87,89
菊池秋雄 ………… 56,64,75	切り接ぎ ………………… 10	クリメニア属 ……… 131,135
気孔 ………………… 44,198	キンカン ……………… 132,155	クルミ ……………… 92.101
気根 …………………… 167	キンカン属 ………… 131,135	クロールピクリン ……… 42
キザハシ ……………… 104	キンケンボ …………… 134	クロフサスグリ ……… 183
鬼子母神 ……………… 173	キング ……………… 134,141	クロマメノキ ………… 129
紀州ミカン …… 134,142,157	菌根菌 …………………… 88	クロミグワ …………… 179
気象災害 ……………… 23	菌糸 …………………… 28	クロミノウグイスカズラ
気象条件 …………… 2,170	近赤外線 ………………… 40	…………………………… 174
キシログルカン ………… 25	禁断の木の実 …… 54,127	黒ラズベリー ………… 176
キズ ……………… 135,155	巾着叩 ………………… 62	クロロメレス区 ………… 47
キセニア ………………… 90	偽果 …………………… 44	クワ …………………… 179
拮抗微生物 …………… 34	偽単為結果 ……… 20,115	クワ状果 ……………… 43
キヌカワ ……………… 145	ギリシア神話 …… 7,54,68,	グアテマラ系 ………… 190
機能性成分 …………… 228	…………… 100,169,193	グアバ ………………… 212
紀国屋文左衛門 ……… 157	ギルガメシュ ………… 118	偶発実生 ………………… 4
希房 …………………… 162	ギンナン …………… 166,167	グミ …………………… 177
キマイラ ………………… 7	銀寄 ……………………… 86	グリーン・オリーブ …… 169
キメラ …………… 4,7,153	クエン酸 …………… 26,151	グリーンレモン ……… 151
キメラ育種法 …………… 7	クセルクセス …………… 127	グレープフルーツ
鬼門なし ……………… 62	クダモノトケイソウ …… 199	……………… 13,134,153
キャベンディシュ系統 … 204	クチクラ層 ………… 44,125	グロス・ミッチェル系統
キャリヤータンパク質 …… 21	クヌギ …………………… 98	…………………………… 204
キャンベル・アーリー … 115	クネンボ ……………… 134	蛍光抗体法 …………… 30,32
きゅう果 ………………… 88	区分キメラ ……………… 7	経済的被害許容水準 … 33,39
吸枝 ………………… 12,99	クライマクテリック型果実	形質転換植物 …………… 6
休眠 ………………… 11,41	…………………………… 24	茎頂 …………………… 30
休眠期接ぎ …………… 10	クライマクテリック現象	茎頂培養 ……………… 30
休眠枝挿し …………… 11	…………………………… 24	系統 …………………… 131
旧約聖書 ……… 54,96,117,	クライマクテリックライズ	系統適応性検定試験 …… 5
…………… 123,127,170	…………………………… 24	警報フェロモン ………… 37
貴陽 …………………… 79	クラブリンゴ …………… 48	結果習性 ……………… 14
強勢台木 …………… 9,138	クランベリー ………… 178	結果年齢 …………… 9,16
強剪定 ……………… 15,16	クリ …………………… 86	血漿コレステロール …… 94
杏林 …………………… 77	クリシギゾウムシ …… 38,89	血清学的診断 ………… 29
鋸歯縁 ………………… 171	クリスタル・チェリー …… 84	毛吹草 ………………… 104
巨峰 ……………… 114,115,116	栗節句 ………………… 92	ケヨノミ ……………… 174
清見 ……………… 147,149	クリタマバチ ……… 36,38,	ケルシー ……………… 80

ケルセチン……130,229	ココヤシ………214	細胞間隙………51
堅果………43	湖棲民族………47,81	細胞数………20
ケンペル……166,167	狐臭………112,115	細胞の肥大………22
ゲッキツ………33,34	古事記……64,69,70,77,	細胞分裂期間………20
ゲノム………8	……103,113,117,157	細胞壁……22,25,32
玄宗皇帝……62,226	胡頹子………178	細胞融合法………6
こうあ部………26	コネリ………104	西遊記………68
公益国産考………109	子のう………28	朔果………195
硬核期………22	子のう菌類………28	刪樹………185
光学顕微鏡………28	こ斑症………138	サクラ亜属………81
後期落果……22,53,54	コバチ……124,126	挿し木……11,123
抗原………29	コバヤシミカン………7	殺虫剤………37
抗原抗体反応………29	コブナッツ………98	佐藤錦………82,84
交差抵抗性………37	コプラ………215	サネブトナツメ………184
交雑育種法………4	コリン………225	佐野常民………168
交雑不和合性……19,58,59	コルヒチン………8	サビ果………52
甲州……112,113	コレステロール………191	サポジラ………227
甲州三尺………113	ころ柿……107,108	サマーゴールド………198
甲州大巴旦杏……78,80	コロンブス……133,196	サマーレッド………124
耕種的防除……33,38	根域制限栽培………23	サラミスの海戦………127
高しょう系………141	コンコード………93	サルナシ………122
交信攪乱法………37	混合花芽………14,18	サワーオレンジ……132,147
コウジ……134,142	根頭がんしゅ病……32,105	さわしガキ………106
幸水……56,61,62	根部疫病………50	酸果オウトウ……81,83
後生カンキツ亜属………131	根粒……89,177,187,225	サンカクヅル………113
酵素結合抗体法（ELISA法）	根粒菌………177	山家集………165
………29	ゴールド二十世紀……7,33	酸果ライム………150
抗体………29	合成周縁キメラ………7	サンザシ………180
コウチュウ目……35,37	後漢書………224	産雌単為生殖………36
弘法大師………170	極早生温州………140	三出羽状複葉……135,156
コウモリ………195	ゴマ斑………106	三尺バナナ………204
香緑……120,121	ゴヨウアケビ………163	三重S字型生長曲線………21
黒海系………111	ゴレンシ………216	酸性土壌……3,129,178,187
コクタン………110	**さ行**	酸棗仁………185
黒斑病……27,61	歳寒三友………73	三代実録……56,160
国連旗………170	細菌……27,32	サンペドロ系………126
コクワ………122	サイトカイニン……17,21	サンボウカン……135,145
コケモモ………179	栽培型ヨーロッパブドウ	酸味………26,
ココナッツ……215,216	………111	産雄単為生殖………36
ココナッツミルク………215	栽培面積………47	ザクロ………172

雑柑類……………139,143
雑草防除………………… 1
ザボン……………152,158
シートマルチ栽培……… 23
シイ…………………… 98
シィクワシャー
……………132,142,159
シイナ…………………125
雌花………… 17,105,125
史記…………………… 87
シキキツ………………132
雌ずい………… 17,59,190
枝生花…………………194
雌性不稔性…… 20,137,202
施設栽培……………… 41
自然交雑実生…………… 4
シダレグリ…………… 87
枝垂れ性……………… 50
シトレンジ類……135,156
シトロン………132,133,151
シナノグルミ………… 93
シナノゴールド……… 53
シノモン……………… 37
紫斑症…………………161
シバグリ……………… 86
指標植物…………… 29,31
渋皮………88,91,94,167
渋皮の剥き方………… 91
渋ガキ……………104,106
師部局在細菌………… 32
渋戻り…………………110
子房………………… 44,165
子房壁……………… 19,44
シャインマスカット……116
釈迦頭…………………219
斜立主幹形…………… 15
シャルドネ……………117
上海水蜜桃………… 4,65
種………………………131
雌雄異株……………… 17

雌雄異熟…………… 19,190
周縁キメラ……………… 7
周縁区分キメラ………… 7
収穫…… 39,60,102,121,225
臭化メチル…………… 89
雌雄混株……………… 17
集合フェロモン……… 37
シュウ酸………………218
雌雄同株……………… 17
秀峰…………………… 66
雌雄両全株…………… 18
主幹形………………… 15
種間雑種………………193
縮果症……………… 21,115
宿存ガク
………173,181,184,220,222
主枝…………………… 16
種子…… 5,11,20,21,31,45,
………………106,136,166,
………………195,202,216
種子親………………… 5
珠心細胞…………… 6,137
珠心胚……………135,137
珠心胚実生………… 6,132
珠心胚実生選抜法……… 6
酒石酸………………… 26
酒造法………………… 70
種皮…………… 11,45,46
種苗法………………… 5
シュメール人…………118
子葉………………44,45,167
漿果…………………… 43
小果類…………………183
正倉院…………………160
食物繊維………………228
初霜害………………… 18
ショ糖……………… 21,25
不知火…………………143
シルクロード‥48,64,93,112
シルバーベル………… 58

シロイヌナズナ……… 13
白加賀……………… 71,72
シロハナカラミザクラ… 81
白紋羽病……………… 28
白ワイン………………117
しわ果…………………161
真果…………………… 44
シンクイムシ類……34,66
真茎…………………203,205
信州大実……………… 75
真正ナシ区…………… 55
真正リンゴ区………… 47
新撰字鏡………………156
新約聖書………………117
自家不和合性……… 19,58
自家和合性…………… 19
直花……………………136
自動的単為結果……19,115
自発休眠…………… 41,125
ジベレリン…19,20,21,212
ジャイアント・キャベンディ
シュ…………………204
弱剪定………………… 16
弱毒ウイルス…… 31,34,144
十字軍…………………133
従属品種……………… 5
熟しガキ………104,106,107
樹形………………15,51,188
樹形改造……………… 50
樹上脱渋法……………107
樹勢調節……………… 9
寿星桃……………… 64,67
受粉競争……………… 19
聚楽……………………113
純系…………………… 8
純粋アンズ………… 72,75
純粋ウメ…………… 71,72
純正花芽…………… 14,18
条件的休眠…………… 41
ジリンゴ……………… 49

仁	46,74,76	西洋リンゴ……48,49
人為突然変異育種法……6	生理障害	
仁果	43	……52,60,108,115,138
甚四郎	75	生理的落果……22
す上がり	138	関口長左衛門……63
スイートオレンジ		石榴果皮……173
……132,145,153	接合菌類……28	
スイティー	153	折衷法……44
水分ストレス	24	せとか……149
水蜜桃	64	セミノール……149
スイングル	130,149	セミヨン……117
スイングルシトルメロ…138	セルラーゼ……6	
菅原道真	73	セルロース……25
スグリ	181,182	潜芽……17
スグリ類	181	山海経……64,87
スターフルーツ	217	染色体……8
スダチ	135,154	線虫類……35,125
ステムピッティング病…30	剪定……1,15	
ズバイモモ	65	仙人蕉……204
スミルナ系	126	全縁……171
スモモ	77	前胸腺……35
瑞光	187	漸次更新法……13
ズミ区	47	禅寺丸……104,110
西王母	68	痩果……43
清耕法	42	早期落果……22
青酸	72,201	総合的害虫管理（IPM）…39
青酸配糖体	72,162,167	桑椹子……180
整枝	1,15	草生法……42
成熟促進法	126	総苞……43,88,98,99
生長曲線	21	草本検定……29
性フェロモン	37	側芽……17
生物的防除	33,37,38,90	側枝……23
生物農薬	38	側生花芽……14
斉民要術	69	粗皮病……52
セイヨウカリン	184	ソフトタッチ……198
西洋系	112	ソルダム……78,79
西陽雑組	124	ソルビトール……21,25,26,
セイヨウスグリ	182	……51,60,229
セイヨウナシ	58,60,62	ソロ種……207
セイヨウハシバミ	99	ソロモン王……95,173

属間交雑	156
た行	
耐寒性	3,137
耐干性	3
体細胞雑種	6
耐湿性	3
太秋	105,109
耐性菌	33
大棗	185
太陽	78
平将門	73
大量誘殺	37
高畝栽培	24
高砂	82
多花性集合果実	43
高接ぎ	10,13
高接病	13,50
高接法	13
高取り法	12
多識編	75
田道間守	157
多田錦	154
立木仕立て	15
タチバナ	132,134,142,157
他動的単為結果	20,115
田中	160,161
田中長三郎	130,131,
	135,140,157
棚仕立て	15,56
多肉果	43
多胚性	135,136,209,210
多胚生殖	36
他発休眠	41
タヒチライム	150
単為結果	19,115,125,
	126,127,137,148,
	202,205,207,227
単為生殖	6,36,222
単果	43
タンカン	147,148

タンゴール……………147
炭酸ガス脱渋法…………107
丹沢………………………90
担子菌類……………………28
単性花………………………17
タンゼリン……………139
タンゼロ………………147
タンニン……………90,91,92,
　………98,106,107,117,
　………178,214,223,227
タンニン細胞…………106
単胚性……………135,136,
　………………137,209,210
丹波グリ…………………86
タンパク質分解酵素
　……121,197,198,207,227
ダイオウグミ……………178
台勝ち………………………9
台木………………9,10,50,
　………………60,105,113,
　………………156,184,189
ダイダイ
　…………132,134,147,158
台負け………………………9
脱皮ホルモン……………35
ダニ目………………………35
チェリモヤ………………192
誓いの梅…………………73
地球温暖化…………2,32,33
地錦抄附録………………201
乳………………………167
窒素固定………177,187,225
地表面管理………………42
チャイニーズ・グーズベリー
　…………………119,123
チューインガム…………227
秋子梨系…………………57
虫えい………………89,122
中果皮…………………43,44
中間宿主…………………34

中間台……………………10
チュウゴクオウトウ
　…………………81,82,83
チュウゴクオナガコバチ
　……………………38,89
チュウゴクグリ……86,87,91
チュウゴクコナシ………57
チュウゴクサルナシ……119
虫媒花……………………18
頂芽………………………17
頂芽優勢…………………17
張騫…………93,112,172
長興寺……………………86
鳥獣害……………………39
鳥獣保護法………………39
長十郎……………………57
頂生花芽…………………14
チョウセンマメナシ……55
頂側生花芽………………14
鳥媒花……………………18
チョウ目………………35,37
チリカブリダニ…………38
チルユニット……………42
慈梨………………………57
追熟…………60,121,122,
　………………191,193,204,
　………………208,210,221
つがる…………………49,53
接ぎ木………9,10,29,31,
　………………48,56,64,86,
接ぎ木親和性……………9
接ぎ木の要領……………11
筑波………………………90
ツツジ型菌根菌…………88
ツノハシバミ……………99
爪紅………………………92
つる割れ…………………52
つわり……………………68
ツンベルグ………………160
ていあ部…………………26

低温貯蔵法………………40
低温要求………………41,129
定芽………………………17
庭訓往来…………………104
抵抗性の発達……………37
低しょう系………………141
低樹高化………………50,138
低木………………………174
テウチグルミ……………93
テオフラストス…………48,81
摘果………………1,20,23
摘花………………………1,20
摘蕾………………………1,20
鉄………………………175,228
手々打栗…………………86
テリハバンジロウ………214
テルペン油臭……………210
テレキ系台木……………9
天津甘栗…………………87
天津水蜜桃………………65
天敵昆虫…………………37
デコポン…………………143
デューベリー……………176
デラウェア……114,115,116
電子顕微鏡………………29
東印東京青果……………120
陶淵明……………………69
桃花源記…………………69
冬期剪定…………………15
唐キンカン………………132
透水性……………………3
董奉………………………77
当麻辰次郎………………57
東洋系（ブドウ）……112,114
非時香菓…………………157
特性検定試験……………5
トゲナシグリ……………87
トゲバンレイシ…………227
土佐ブンタン……………153
徒長枝……………………15

刀根早生 …………104,108	ナラ ………………… 98	胚軸 ……………… 45
トムソン …………7,153	成木責め …………109	胚珠 ………44,45,165
共台 ……………105,106	ナリンギン ……26,229	排水性 ……………… 3
トランスジェニック植物… 6	ナルト …………135,145	胚乳 ………………45,90
取り木 ……………… 12	南高 …………………71,72	胚乳種子 ………… 45
取播 ………………… 11	新潟大実 ………… 75	胚乳層 ……………215
トリム ……………121	新高 ………………… 56	胚培養法 ………… 8
ド・カンドル ……… 48	西インド諸島系 ……190	胚皮 ……………… 45
独逸 ………………… 62	錦 …………………… 67	ハイブッシュ・ブルーベリー
銅 …………………228	二十世紀 …………56,57	…………………128
胴枯病 …………28,76,91	二重S字型生長曲線 … 21	ハウスミカン ……140
土壌改良 …………… 3	日葡辞書 …………151	バウンティー号の反乱 227
土壌消毒 ………… 42	ニホングリ ………86,89	ハエ目 …………… 35
土壌病害虫抵抗性 … 9	日本釈名 ………57,179	白桃 ………………… 4
土壌pH …………… 3	日本書紀 ……56,64,70,77,	白鳳 ………………65,67
土壌母材 …………… 3	………86,103,157,179	葉挿し …………… 11
ドメスチカスモモ…77,78,79	日本食品標準成分 … 27	ハシバミ類 ……… 98
ドリアン …………194	ニホンスモモ …77,78,81	ハスカップ ………174
ドレイン・チェリー … 84	ニホンナシ…55,59,60,61,62	巴旦杏 …………… 80
ドングリ …………… 98	ニュートン ……… 53	ハダニ ……………35,38
な行	ニワウメ …………189	ハチ目 ……………35,36
ナイアシン ………201	妊娠 ……………… 68	発育期接ぎ ……… 10
内果皮 ……………43,44	ンポウキンカン	発芽抑制物質 ……11,208
内種皮 …………… 45	…………135,155,159	ハッサク …………144
内生菌根菌 ……… 88	ネーブルオレンジ…145,146	八朔 No.55 ………144
ナガキンカン …134,155	ネクター ………… 68	発生予察 …………33,36
長崎早生 ………160,162	ネクタリン ………64,66	花梅 ……………… 73
永田徳本 …………113	ネコブセンチュウ…35,38	花振るい … 22,115,116
ナシ ……………… 55	根挿し …………… 11	花桃 ………………65,67
梨営造育秘鑑 …… 56	根接ぎ …………… 10	ハナユ …………134,155
ナシ状果 ………… 43	熱処理 …………… 30	葉焼け …………… 60
なつおとめ ……… 67	ねむり病 …………115	林道春 …………… 75
夏果 ………………126	粘核 ……………66,72,75	腹接ぎ …………… 10
ナツグミ …………178	農業全書 ……65,187,188	春肥 ………………… 1
夏肥 ………………… 1	農産種苗法 ……… 5	はるみ ……………143
ナツダイダイ ……143	農事試験場園芸部…85,238	バージンオイル ……169
ナツメ ……………184	農薬 ……………… 37	バートレット …… 58
ナツメヤシ ………216	喉仏 ……………… 54	バイア・オレンジ……134
ナトリウム ……… 26	**は行**	倍数性育種法 …… 8
ナポレオン ……… 82	胚 ………45,90,136,137	倍数体 …………… 8

(250)索　引

媒染剤　70
バイテク育種法　6
白梨系　57
バクテリア　32
バナナ　201
バハコ　227
バラ状果　43
バラモン教　208
バルセロナ　99
バレンシア・オレンジ　134,145
バンジロウ　213
晩霜害　18
蟠桃　64,66,68
バンペイユ　152
万有引力の法則　53
バンレイシ　218
パイナップル　24,196
パイナップルグアバ　220
パッションフルーツ　199
パナマ病　203
パパイア　206
パパイアリングスポット　207
パパイン　207
パラミツ　218,227
パルミトレイン酸　103
パンノキ　227
光呼吸　198
光センサー　40
非クライマクテリック型果実　24
被子植物　166
ヒッコリー　102
非破壊品質評価法　40
非病原性フザリウム菌　34
ヒメバショウ　206
ヒュウガナツ　135,144
氷温貯蔵法　40
氷核活性細菌　18
表皮細胞　44,66,125

平栗子　86
平瀬作五郎　166
平棚仕立て　15,16
平核無　20,104,107,108
ヒリュウ　50,156
品種　4,5,131
品種登録　5
ヒンズー教　211
ビクトリア女王　223
ビターピット　52
ビタミンA　181,210,228
ビタミンB_1　228
ビタミンC　121,175,207,212,214,220,228
ビタミンE　96,99,175,191,228
ビフィズス菌　52
病害虫発生予察事業　36
ビワ　159,163
枇杷葉　163
ビング　82
ピオーネ　115,116
ピスタチオ　100
ファイトプラズマ　27,32
ファンタジア　66
フィシン　126
フィロキセラ　12,112
フィロキセラ抵抗性台木　12,113,114
フィルバート　98
風媒花　18
フェイジョア　219
フェイバナナ　205
フェルガナ　112,114
フェルテ　190
フェロモン　37
フェロモントラップ　37
不完全甘ガキ　106
不完全菌類　28
不完全渋ガキ　106

不完全変態　35
袋掛け　20,52,66,139,141,161
フサスグリ　181,183
ふじ　49,52,53
双子果　83
普通温州　140
普通オレンジ　145
普通系（イチジク）　126
普通接ぎ　10
不定芽　17
フトモモ　227
不妊虫放飼法　38
不妊雄放飼法　38
不変態　35
不飽和脂肪酸　94
富有　104,108
不溶質（モモの）　66
フラクトオリゴ糖　204,229
フラバノン　229
フラベド　7,43
フラワー・オブ・ケント　53
フランケット　93
フリースピンドルブッシュ　15
フレーバートップ　66
仏教五木　211
ブッシュカン　134,151
物理的防除　33,38
ブドウ　8,19,23,45,110
ブドウ亜属　110
ブドウ酒　117,118
ブドウ糖　25,107
ブドウネアブラムシ　12
ブラック・チェリー　81
ブラックベリー　176
ブラッドオレンジ　146
ブルーノ　120
ブルーベリー　128

(251)

ブンタン‥132,134,152,153
ぷちまる……………155
プラジャパティ…………211
プランティン…………204
プリニウス…………48,123
プルーン……………80
プルナシン……………72
プロアントシアニジン
　…………………214,229
プロトプラスト…………6
プロトンポンプ…………21
プロメライン…………197
ヘーゼル………………98
平和……………………75
ヘイワード………120,121
ヘスペリジン……141,229
へそ…………………146
ヘタスキ………108,109
変形菌類………………28
変種…………………131
変則主幹形……………15
変態…………………35
扁桃……………………95
扁桃腺…………………95
ベイズ………………193
ベクター………………6
ペダリアテントウ………37
紅秀峰…………………84
ベレーゾン……………21
ベンヅアルデヒド………72
べん毛菌類……………28
ペカン………………101
ペクチナーゼ……………6
ペクチン……25,107,210
ペリカンマンゴー……210
ペルシアグルミ…………93
ペレチェリン…………173
ホート16A…………122
崩壊性………114,116
縫合線…………26,66

豊水………………56,61
豊水は誰の子…………61
ホウセンカ……………92
放線菌………………177
苞葉……………………43
蓬莱柿…………124,127
鳳梨…………………198
飽和脂肪酸……………94
穂木品種……………9,105
ホクシヤマナシ……55,57
北蕉…………………204
干しガキ……104,106,107
細型紡錘形……………15
頬叩……………………62
ホワイト……………193
ホワイトサボテン……220
ホンアンズ……………75
本草綱目啓蒙…………170
本草和名
…49,74,82,94,99,104,159
本朝食鑑……………118
膨圧……………22,83
防寒……………1,138
棒仕立て………………15
防除……………33,36
ボゴール……………198
牡丹杏…………………80
ポストハーベスト農薬…150
ポセイドン…………169
ポトマック河畔の桜……85
ポポー………………185
ポマト…………………6
ポメロイ……………138
ポリアクリルアミドゲル電気
泳動…………………31
ポリガラクチュロナーゼ
…………………………25
ポリフェノール………175
ポリメトキシフラボノイド
…………………………229

ポンカン…………132,141
|ま行|
マーコット…………148
マーシュ…………7,153
マーマレード……147,155
マイコプラズマ様微生物
…………………………27
マカダミア…………102
マガタマノキ…………97
牧野富太郎…………157
枕草子………………187
マグネシウム………228
マグワ………………179
マジパン………………96
魔女の木………………95
桝井ドーフィン
…………19,124,126
桝井光次郎…………124
マスカット・オブ・アレキサ
ンドリア……………115
マスカット香…………114
マスカット・ベーリーA
…………………………115
マスカディニア亜属
………………110,113
マスカディンブドウ
………………111,113
マタタビ……………122
マタタビ反応………122
マタタビラクトン……122
末期上昇型果実………24
松戸覚之助……………57
マニキュア……………92
マニラ麻……………206
間引き剪定………16,173
マメガキ……………103
マメガキ台…………105
マメキンカン………155
マメナシ………………55
マメナシ区……………55

索　引

マラスキノ・スタイル・チェリー …………………… 84
マルキンカン ……… 134,155
マルチ法 ……………………… 42
マルバカイドウ …… 47,49,50
マルメロ ………………… 171
マロングラッセ ……… 91,92
マンゴー ………………… 208
マンゴスチン …………… 222
マンザニロ ……………… 169
マンシュウアンズ ……… 75
マンシュウマメナシ … 55,60
マンダリン ……………… 139
万葉集
…… 64,69,70,71,74,77,103
実梅 ……………………… 70
ミカンキジラミ …… 33,34
ミカンクロアブラムシ … 30
ミカン状果 ……………… 43
ミカン類 ……… 135,139,147
三島通庸 ………………… 82
実生 …… 4,5,8,11,12,13,31
水菓子 …………………… 105
水ギンナン ……………… 166
みつ ………………… 26,51
みつ症 …………………… 60
ミッション ……………… 169
ミツバアケビ …………… 163
ミツバカイドウ …… 47,49
ミネオラ ………………… 149
宮川早生 ……………… 140
宮崎安貞 ……………… 65
無核 ……… 8,19,115,135,
 ……… 137,154,162,202
無核ユズ ……………… 154
ムガル帝国 ……………… 209
ムサ・アクミナータ
 ………………… 201,202
ムサ・バルビシアーナ
 ……………… 201,202,205

無酸オレンジ …………… 147
無袋栽培 ………… 67,161
無胚乳種子 ………………… 45
ムベ ………………… 163,165
ムメ ……………………… 71
紫紋羽病 ………………… 28
紫ラズベリー ………… 176
明きょ …………………… 3
名称登録 ………………… 5
命名登録 ………………… 5
メキシカンライム ……… 150
メキシコ系 …………… 190
メタキセニア ……………… 90
芽接ぎ …………………… 10
メルロー ……………… 116
モーパングリ …………… 88
モウコアンズ …………… 75
茂木 ………………… 160,161
木通 ……………………… 164
木天蓼 ……………… 122
木部局在細菌 …………… 32
木本検定 ………………… 29
もちづき ……………… 67
モモ ………………… 63,68,69
モモチョッキリゾウムシ 161
桃の節句 ……………… 69
モラード ………………… 204
森口 ………………… 187
盛り土法 ………………… 12
森のバター …………… 191

や　ゆ　よ行

鴨梨 ……………………… 57
薬剤散布 ……… 1,161,214
葯培養法 ………………… 8
野生ブドウ …… 111,113
ヤノネカイガラムシ ‥38,154
ヤノネキイロコバチ …… 38
ヤノネツヤコバチ ……… 38
ヤマナシ ……… 55,56,57
ヤマブドウ ……………… 113

ヤマモモ ………………… 187
ユーレカレモン ………… 151
雄花 ……… 17,105,125
有効土層 ………………… 3
雄ずい ……………… 17,190
雄性不稔性 ……………… 137
遊走子 ……………… 28
有袋果 …………………… 20
ゆうふつ ……………… 175
有毛モモ ………… 64,66
有葉花 ………………… 136
ユスラウメ ……………… 188
ユズ ……… 132,134,153
ゆず肌 …………………… 60
湯抜き法 ……………… 106
ヨーロッパグリ …… 86,87,91
ヨーロッパスモモ …… 77,79
ヨーロッパブドウ
 ………………… 111,112,114
幼芽 ……………………… 45
楊貴妃 ………………… 226
幼根 ……………………… 45
葉酸 ……… 191,201,221,228
溶質（モモの）………… 66
幼若期 …………………… 12
幼若性 ……………… 12,13
幼若相 ……………… 5,12,13
幼若ホルモン ………… 36
幼樹開花 ……………… 13
幼樹期 …………………… 13
葉上銀杏 ……………… 167
幼生生殖 ………………… 35
楊梅皮 ………………… 188
葉緑素 ……………… 51,139
寄せ接ぎ ………………… 10
予措 …………… 40,151

ら行

ライ ……………………… 194
礼記 ……………… 82,108
雷神トール …………… 100

ライブ・オリーブ………169	竜峡小梅……………… 71	……………114,115,161
ライム……………132,150	両性花………………… 17	レモン…………132,150
裸子植物……………165	両性生殖……………… 36	連作障害…………42,65
ラズベリー……………176	緑枝挿し……………… 11	レンブ…………………227
ラビットアイ・ブルーベリー	リン………………201,221	ローブッシュ・ブルーベリー
………………………128	リンゴ	………………………128
ラ　フランス………58,61	………13,45,47,59,127,172	露地栽培……………… 41
ラフレモン……………132	林檎…………………… 49	ロゼワイン……………117
ラン型菌根菌………… 88	苹果…………………… 49	ロバート・ホーチュン…119
ランブタン……………223	リンゴ酸……………… 26	わ行
離核……………66,72,75	リンゴワタムシ……38,50	わい性台木……9,50,156,189
陸産貝類……………… 35	ルッカ…………………169	和漢三才図会……156,171
リコピン………………207	ルビーアカヤドリコバチ	ワシントン・ネーブル
リスボンレモン………151	………………………… 38	……………………134,146
リノール酸	ルビーレッド…………153	早生温州………………140
………94,96,97,101,102,191	ルビーロウムシ……… 37	ワセウンシュウ………139
利平ぐり……………… 91	ル　レクチエ………… 58	ワタムシヤドリコバチ… 38
リモノイド…………26,229	レーニア……………… 82	倭名類聚鈔…………… 74
粒化症…………………138	冷温高湿貯蔵………… 41	割り接ぎ……………… 10
リュウガン……………223	レイシ…………………225	ワリンゴ……………… 49
リュウキュウイトバショウ	レスベラトロール…117,229	ワンダフル……………172
………………………205	裂果……………52,76,83,	

著者略歴

間苧谷　徹（まおたに　とおる）

昭和15年生　東京大学農学部卒業

元農林水産省果樹試験場　口之津支場長　同企画連絡室長　同場長

（社）日本果樹種苗協会専務理事

国家公務員採用1種試験委員　専門技術員資格試験審査委員

園芸学会奨励賞　農林水産省職員功績者表彰

農学博士（東京大学）

著書に（含む共著）果実の成熟と貯蔵（養賢堂）果物の真実（化学工業日報社）

新編果樹園芸学（化学工業日報社）くだもののはたらき（日園連）など

JCLS 〈㈱日本著作出版権管理システム委託出版物〉		
2005	2005年5月10日　第1版発行	

果樹園芸博物学

著者との申し合せにより検印省略

ⓒ著作権所有

定価 3990 円
（本体 3800 円）
（税 5％）

著　作　者	間^{ま}苧^{お}谷^{たに}　徹^{とおる}
発　行　者	株式会社　養　賢　堂 代　表　者　及　川　　清
印　刷　者	猪瀬印刷株式会社 責任者　猪瀬　泰一
発　行　所	〒113-0033 東京都文京区本郷5丁目30番15号 ㍿養賢堂　TEL 東京(03)3814-0911　振替00120-7-25700 FAX 東京(03)3812-2615 URL http://www.yokendo.com/

ISBN4-8425-0371-8 C3061

PRINTED IN JAPAN　　　製本所　板倉製本印刷株式会社

本書の無断複写は、著作権法上での例外を除き、禁じられています。本書は、㈱日本著作出版権管理システム（JCLS）への委託出版物です。本書を複写される場合は、そのつど㈱日本著作出版権管理システム（電話03-3817-5670、FAX03-3815-8199）の許諾を得てください。